Enterprise Resource Planning (ERP)

 21世纪高等院校经济管理类规划教材

企业资源规划（ERP）

□ 黄卫东　翟丹妮　洪小娟　编著

人民邮电出版社

北　京

图书在版编目（CIP）数据

　　企业资源规划：ERP / 黄卫东，翟丹妮，洪小娟编
著. — 北京：人民邮电出版社，2012.4（2015.8重印）
　　21世纪高等院校经济管理类规划教材
　　ISBN 978-7-115-27539-4

　　Ⅰ. ①企… Ⅱ. ①黄… ②翟… ③洪… Ⅲ. ①企业管
理－计算机管理系统，ERP－高等学校－教材 Ⅳ.
①F270.7

　　中国版本图书馆CIP数据核字(2012)第022478号

内 容 提 要

　　本书内容分为3部分，共9章。第一部分是ERP的原理，包括第1～3章，内容包括ERP概述、ERP的相关思想和ERP的功能结构；第二部分是ERP的实施，包括第4～8章，内容包括ERP实施概述、ERP的规划与选型、ERP的实施阶段、ERP的实施组织、ERP系统的绩效评价；第三部分是ERP实验，包括第9章，即ERP综合实验。每章开头都有教学知识点和导入案例，每章末尾都有小结、中英文对照的关键词、思考题和阅读书目。

　　本书可以作为高等院校经管专业本、专科学生的教材或参考书，也可以作为相关从业人员的自学用书。

21世纪高等院校经济管理类规划教材

企业资源规划（ERP）

♦　编　著　黄卫东　翟丹妮　洪小娟
　　责任编辑　武恩玉

♦　人民邮电出版社出版发行　　北京市丰台区成寿寺路11号
　　邮编　100164　电子邮件　315@ptpress.com.cn
　　网址　http://www.ptpress.com.cn
　　大厂聚鑫印刷有限责任公司印刷

♦　开本：787×1092　1/16
　　印张：15　　　　　　　　　　2012年4月第1版
　　字数：365千字　　　　　　　2015年8月河北第5次印刷

ISBN 978-7-115-27539-4

定价：32.00元

读者服务热线：(010)81055256　　印装质量热线：(010)81055316
反盗版热线：(010)81055315
广告经营许可证：京崇工商广字第0021号

企业资源计划（Enterprise Resources Planning，ERP）作为现代企业管理理论之一，是指建立在信息技术基础上，以系统化的管理思想为企业运营和决策提供支撑和方法的管理平台。在当今讲究效率、国际化竞争与企业 e 化的环境下，ERP 已成为具有一定规模企业的必需品。

从 1991 年美国加特纳公司（Gartner Group Inc.）首先提出了 ERP 的概念，到我国市场 1997 年首次出现国内自主品牌的 ERP 软件，我国企业开始了 ERP 时代的悲喜剧历程：从"上 ERP 有可能是找死，不上 ERP 就是等死"的忐忑，到"国外的 MRPⅡ软件三分之一可以用，三分之一修改之后可以用，三分之一不能用"的犹疑，慢慢地看到了"信息技术是企业的核心竞争力"，有了紧迫感，蓦然回首，发现"信息技术已不再是专有技术，而是基础性技术"，从而产生了融入的感慨。

ERP 是一门实践性很强的课程。一方面，MBA 的学员和企业人员希望从此课程中透视信息化的奥妙和真谛；另一方面，本科的学生希望通过此课程的学习读懂企业的流程，从而可以从容地面试。本书的作者们也希望能倾尽所知给读者展示 ERP 世界的曼妙和瑰丽，当然限于个人知识结构的局限，作者所能做的是领着大家进入 ERP 世界，尽可能做一个合格的"导游"。

由本书多位作者构成的团队已经将"企业资源规划"建设成为江苏省的省级精品课程，并且围绕该课程构建了一个以信息系统开发应用为主题的课程群体系。该体系包括基础层（企业管理知识）、开发层（信息系统的开发）和应用层（信息系统的应用）等 3 个层次。本课程位于该体系的顶层位置。

作为该课程的配套教材，作者试图把十几年的教学经历融入本书，从理论教学、案例引入再到实验设计，从认识论到方法论，我们提示读者 ERP 不仅仅是个能提升企业效率的软件系统，更多的是开放企业思维、为企业创新提供支撑的管理模式。2011 年，我国政府发布了《关于加快推进信息化与工业化深度融合的若干意见》，提出在重点行业骨干企业推进研产供销、经营管理与生产控制、业务与财务全流程的无缝衔接和综合集成，建设统一集成的管理信息平台，实现产品开发、生产制造、经营管理等过程的信息共享和业务协同。这是 ERP 未来转型的导向，也为 ERP 教学内容的研讨提供了更为丰富的素材。

根据历年的教学情况，建议设置 48 课时进行教学，教学形式可以多样，如课堂讲授、案例讨论、实验环节、企业指导（可以组织学生参观和进入企业进行实训）等。下面给出前 3 个环节的课时分配意见。

内　　容	授 课 课 时	案例讨论课时	实 验 课 时	总　课　时
第一部分　　ERP 的原理				
第 1 章　ERP 概述	4			4
第 2 章　ERP 的相关思想	4			4
第 3 章　ERP 的功能结构	6			6
第二部分　　ERP 的实施				
第 4 章　ERP 实施概述	4			4
第 5 章　ERP 的规划与选型	2	2		4
第 6 章　ERP 的实施阶段	4			4
第 7 章　ERP 的实施组织	4	2		6
第 8 章　企业 ERP 应用绩效的评价	4			4
第三部分　　ERP 实验				
第 9 章　ERP 综合实验			12	12
总计	32	4	12	48

本书是我们团队十几年教学成果的凝练，在长期的教学过程中，也得到了众多同行的支持和帮助，从内部交流讲义到成书，郑会颂、朱卫未、朱恒民、徐建勤、李宏伟、沈建人、林萍等多位老师给予过口头或者书面形式的意见和建议；河南科技大学的郭海佳老师和南京信息职业技术学院的谈慧老师在教材的编写过程中也有着良好合作；在书稿的整理过程中，研究生李旻茜、吴美蓉、陈凌云、丁邦兰、赵佳、于瑞强、崔恒旋承担了资料的收集和书稿的校对等工作，这里一并表示感谢。

由于作者水平有限，书中难免存在不足之处，敬请读者批评指正。

作者联系方式（按照章的次序）如下：

第1、2章由南京邮电大学的黄卫东编写，邮箱为 huangwd@njupt.edu.cn；

第3、4、6章由南京邮电大学的翟丹妮编写，邮箱为 zhaidn1618@163.com；

第5、7、8、9章由南京邮电大学的洪小娟编写，邮箱为 hongxj@njupt.edu.cn。

目 录

第一部分 ERP 的原理

第1章 ERP 概述

【教学知识点】

ERP 的发展历程；

ERP 的基本原理和管理思想；

ERP 的应用状况和发展趋势；

ERP 发展历程中的 MRP II 阶段与 ERP 的内涵和管理思想。

~~~~~ 导入案例 ~~~~~~

湖南长丰汽车内装饰有限公司ERP的应用

据说，非洲羚羊每天需要想的事情就是如何比狮子跑得快，因为只有这样自己才能生存下来。而狮子需要想的事情是如何比羚羊跑得快，因为这样自己才不会饿死。因此只要太阳一出来，羚羊与狮子的赛跑就开始了。在竞争中，不论企业扮演的角色是羚羊还是狮子，都一样需要去赛跑。湖南长丰汽车内装饰有限公司（以下简称长丰公司）陈总经理认为：ERP 便是这场生存赛跑的加速器。

大额订单带来的混乱引爆信息需求

长丰公司是一家中外合资企业，成立于2000年1月17日，位于湖南省永州市冷水滩区张家铺，是湖南省最大的汽车内装饰总成生产基地。公司主营汽车内装饰件及相应的夹具、检具、工装和设备的生产及销售，引进了专业的生产设备及专有技术，拥有年产10万台套汽车地毯、顶蓬、门内饰板、隔音隔热垫、遮阳板等产品的生产线。

在应用ERP之前，随着汽车市场的火爆，长丰公司为了最大限度地满足用户的需求，开始增加产量。增加产量必然要增加采购资金，采购资金增加了，但做不出产品，必然要延长工人的工作时间，延长工作时间后还做不出足够的产品，于是长丰公司为了应付订单就把一些原来自制的部件进行外协，由此导致整个公司物流体系一片混乱。

在这种传统的"革命加拼命"的治理方法中，并没有一套科学的计划体系，而是靠人的主观臆断进行计划。据了解，长丰公司一个月的最高产量达到了11 300台套，而当时公司月均产量仅为6 000台套左右。治理层对为什么会出现这种混乱的局面进行了探讨，认为整个企业的生产能力已经达到极限，除了扩大厂房和投资外，ERP是最佳的解决之道。周边的同行，如东南汽车公司，成功应用ERP的案例让长丰看到了信息化治理的威力，经过考察和选型，最终选择了神州数码ERP，并于2003年8月正式签约。

领导重视和耐心培训是 ERP 成功实施的关键

正如一位IT资深人士所言：ERP建系统容易，应用难。ERP项目是典型的"一把手工程"，没有有力的推动，ERP实施成功的可能性几乎为零，很多企业也都是在此落马的。

在长丰公司ERP项目实施的初期，陈总就遇到了阻力，有些领导干部对实施ERP的必要性提出了质疑，有些员工对于改变原有工作方式和实施规范的操作流程也感到不适应，因此产生畏难和抵触情绪。

在阻力面前，陈总一没有急于求成，二没有打退堂鼓，而是在公司内部做了大量的思想工作，从而为获得成功提供了思想上的保证。陈总说："企业信息化需要的不仅仅是产品，更重要的是一种人的观念上的转变"。长丰公司的成功主要源于其对项目建设的严格控制和对ERP系统的正确理解。ERP是一个系统的治理工程，要想做好，首先要解决的是思想问题，在这一点上是很明确的。当然，在项目建设过程中，一定要充分发挥"一把手"的作用，对于实施中的阻力，一定要通过一把手强制推行才能进行下去。有想法可以，可以给每个人一段时间去想、去体验。想通了接着干，想不通就换岗。

陈总说："当然，实施ERP之后，一些工作程序可能比原来的要复杂，随意性也没以前那么大。应该说从治理上更规范、更严格了。以前每次领料是很宽松的，ERP上线后，计算机上会显示你该领多少，想多领也不行。因此，有些员工刚开始不适应，但我们一直坚持这样要求和执行。时间一长，效果就显现出来了。"

在转变员工思想观念的同时，陈总还十分注重做好培训工作。陈总表示："要重视培训工作，这不仅仅局限于在ERP使用的培训上，更重要的是让员工从整体上熟悉并了解ERP，真正知道ERP带给企业乃至员工个人的好处，从而提高员工使用ERP系统的积极性。此外，制定好相应的奖惩条例对企业实施ERP也是至关重要的。"

排除问题层层推进

长丰公司上线的ERP模块包括：ADM/CMS（基本信息系统）、COP（销售治理系统）、INV（存货治理系统）、PUR（采购治理系统）、ARP（应收应付系统）、ACT（会计总账系统）、AJS（自动分录系统）、BOM（产品结构系统）、MRP（物料需求计划）、AST（设备资产系统）、CST（成本治理系统）、PLA（人事薪资系统）、MOC（工单治理系统）、QMS（质量治理系统）、RGR（报表生成器）。

上线初期仓管人员业务水平较低，账务处理不能做到日清日结，每月靠月底盘点数据调整账务。顾问到场后抽盘了十种料件并核对库存发现相当部分对不上，事后请仓库主管了解情况并责令仓管人员立即盘点库存，并即时对每一笔进出入账，到下次顾问辅导时抽盘料件时，令人惊异的是每种都能核对上库存账了。到目前为止库存账务准确率已达到98%。

ERP上线后很多车间现场的人员感觉到不太理解：大的片材控制领料数量没问题，可就连母扣、铆钉等低价值的材料都控管得很严，少了一个都需要增开领料单去仓库领。有些人凭着与仓管的关系想请仓管"赠送"几个都遭到拒绝，得到的回答是："月底盘点一旦盘损了的要仓管人员负责"。这是ERP上线后无形中产生的效益，相信这样的效益会在很多方面得到体现。

在ERP的实施过程中，公司在MRP运算方面一度面临着较大的阻力。主要在于员工习惯了手工作业方式，简单地按"下月计划生产量-库存量=下月生产量"，"计划生产量×耗用定额-库存量=下月采购量"进行计算，而忽略了预计生产量和预计进货量等其他相关因素，同时一些参数设置也不符合实际（如安全存量、前置天数、批量、最低补量等）。实施顾问经与陈总沟通产生问题的原因后，在陈总严格要求和顾问的不断督促下，MRP终于得以顺利运行，现在操作员工已经能感觉到MRP带给他们的极大方便了。

在生产方面，主要问题在于半成品工单的领料及入库不能及时办理，这是因为员工还不习惯对堆放在现场的半成品办理入库及领用手续，因为作为治理者知道：产品BOM的层次结构决定着必须这样做，顾问师不断查看其生产进度表，要求生产主管及时跟催，半成品治理由各班组长负责录入，现在问题已得到解决。

应用是检验系统适合与否的唯一标准

应收、应付、会计总账的上线克服了销货、进货流程中许多不规范的情况，同时加强对账龄的分析和坏账的提列。ERP上线前由于做账复杂并没有对账龄进行分析，而ERP上线后这些数据本身就存在于系统中，要看账龄分析表只需单击某按钮即可。而账龄分析是编制和实施账款催账计划的基础。通过上ERP对应收账款治理可提供以下信息：应收总数、已收货款以及未收款余额等明细表；应收账款的账龄分析表，拖欠货款的客户及拖欠天数；客户的付款情况及信用情况；赊销状况及货款催收措施、收账对策；反映变化趋势信息的主要比率；在各种风险条件下的信用程度的总评价。

财务业务一体化的实现加强了财务部门和业务部门的沟通，业务数据能够实时反映到财务体系中，大大简化了财务治理的工作，财务部门也能为业务部门提供更准确的业务分析数据和分析报表，从而强化仓库治理，降低了库存，减少企业在库存积压方面的运作资金。同时，公司业务和财务数据的提取速度明显加快，决策层相当多的数据不需要依靠手工报表而由ERP系统直接提供。公司领导和财务部门可以随时察看公司的经营情况，多维度地统计和分析公司的销售、采购、库存、生产情况，以便及时根据市场的变化调整公司的产品结构、产品价格和营运策略，从而实现企业的快速决策。

成本不仅仅是定价的依据，也是协调生产、采购材料的基础数据。由于原先的系统无法将物料和生产数据反映到财务系统中，财务部门也无法核算材料的实际消耗和费用分摊。因此，公司领导多年来一直希望能按实际成本法计算产品成本，但都无法实现。在实施ERP系统以前企业一直采用标准成本法来计算产品的成本。应用ERP的成本治理后，系统可以有效治理物料的消耗和报废、设备和人工的工时消耗，通过各类费用的归集和分摊，从而准确地计算出产品的实际成本。通过将实际成本与标准成本进行比较，不断修改产品的各项标准成本值，从而使得企业的标准成本接近实际成本。公司在成本核算上发生实质性的改变，使产品的成本计算更加真实和准确，这也有助于公司项目招标中能够快速报价。同时，公司年初编制的预算可以更加准确和全面。

治理是把一座又一座山峰抛在身后的过程

市场竞争的白热化，尤其是一个成熟的企业在一个趋于饱和的成熟市场中，要想获得更大的突破和新的发展，仅仅依靠市场开拓显然是不够的。当整个市场已经趋于饱和之后，企业间的竞争势必转向内部潜力的挖掘，这时候节流比开源显得更加重要。这时要比的就是谁的成本更低、谁的效率更高、谁的创新能力更强，而这一切归根结底就是看谁的治理工作做得更精细、更到位。在这方面，长丰公司的信息化治理给我们提供了一个很好的范例。ERP

成功上线后，库存出入单据时差控制在了0.5天以内；库存准确率由原先的60%上升到98%；订单交货追踪准确率达100%；采购进货追踪准确率由原先的60%上升到100%；BOM完整性和准确度达99%；提高了员工的工作效率，数据能够共享，减少了重复工作；提高了对异常事件的反应能力和应变能力，进销存上线两个月即甩掉手工账；生产部门做到时时监控产品的整个过程及进度——现场在制品跟踪；提高生产计划/采购计划执行率；提高应收账款/应付账款对账效率，减少呆账坏账的产生。成本准确率也由原来的80%上升到97%。对订单利润的把握有了强有力的支持，对市场快速反应的能力大大提高。

对于长丰公司来说，治理是把一座又一座山峰抛在身后的过程。在项目不断取得阶段性的成功后，公司又不断续购，目前已主动提出第二次续购，并已顺利签约，定容、定位、定量的三定仓库治理正在导入中，现场的丰田式看板治理也是陈总不远的目标。陈总说："易飞还有什么模块，都可以帮我们规划。希望这个项目能不断地推向完美，不断地推动我们获得更快的速度，在今后的赛跑中胜出。"

案例来自：比特网http://solution.chinabyte.com/csyyjjfa/139/2165139.shtm.

1.1　ERP 的概念与意义

20世纪90年代初，美国著名的IT分析公司Gartner Group Inc.根据当时计算机信息处理技术（Information Technology，IT）的发展和企业对供应链管理的需要，对信息时代以后制造业管理信息系统的发展趋势和即将发生的变革作了预测，提出了企业资源计划（Enterprise Resources Planning，ERP）的概念。

1.1.1　ERP 的概念

最初Gartner Group Inc.是通过一系列的功能来对ERP进行界定的，具体如下。

① 超越MRPⅡ范围的集成功能，包括质量管理、试验管理、流程作业管理、配方管理、产品数据管理、维护管理、管制报告和仓库管理。

② 支持混合方式的制造环境，包括既可支持离散又可支持流程的制造环境；提供了按照面向对象的业务模型组合业务过程的能力，并可支持国际范围内的应用。

③ 支持能动的监控能力，提高业务绩效，包括在整个企业内采用控制和工程方法；提供模拟决策的功能，借助图形化的界面进行生产及运营状况的分析。

④ 支持开放的客户机/服务器计算环境，包括客户机/服务器体系结构，图形用户界面（Graphical User Interface，GUI），计算机辅助设计工程（Computer Aided Design Engineering，CADE），面向对象设计技术（Object-oriented Design，OOD），使用结构化查询语言（Structural Query Language，SQL）对关系数据库进行查询，内部集成的工程系统、商业系统、数据采集和外部集成（Electronic Data Interchange，EDI）。

上述4个方面分别是从软件功能范围、软件应用环境、软件功能增强和软件支持技术上对ERP进行的评价，但仅从功能上衡量并不足以把握ERP的实质，还需把握其功能特点。我们可以从管理思想、软件产品、管理系统3个层次理解ERP，具体如下。

① ERP 是一整套企业管理系统体系标准，其实质是在 MRP Ⅱ 基础上进一步发展而成的面向供应链（Supply Chain）的管理思想。

② ERP 是综合应用了客户机/服务器体系、关系数据库结构、面向对象技术、图形用户界面、第四代语言（4GL）、网络通信等信息产业成果，以管理企业整体资源的管理思想为灵魂的软件产品。

③ ERP 是整合了企业管理理念、业务流程、基础数据、人力物力、计算机硬件和软件于一体的企业资源管理系统。

1.1.2 企业实施 ERP 的原因

1. 有利于企业的可持续发展

21 世纪的现代化企业不仅面临着来自外部的激烈竞争，也面临着企业内部需求的严酷挑战，不能再单纯依靠加大投入增加收益的粗放型模式实现企业的经营与发展，而应将侧重点放在如何提高企业资源利用效率及如何精简企业运作流程的可持续性发展模式上。ERP 系统的主要宗旨就是充分协调和运作企业内部的人力资本、物料资源、生产设备及信息，使得各要素能够充分发挥效用，为企业的可持续发展提供重要保障。

2. 有利于促进学习型组织的形成

实施 ERP 系统的一个重要目的就是使企业内部每一个节点处所产生或存储的信息能够实时地在企业内部和外部之间准确地传递，这为构建学习型组织奠定了技术基础。在 ERP 系统构建的网络化、扁平化组织中，信息传递的渠道更为多样化，而且信息在层级之间的耗散比传统的企业架构更小，这更能够有效保证员工之间的信息共享，形成互相学习交流的浓厚氛围。每个员工对于企业的贡献都会因为网络化而被放大，这能够增强其组织认同感和组织承诺，从而获得一个高效的职业发展平台。

3. 有利于改善企业的财务状况

由于应收账款的管理混乱、采购计划安排不合理、业务流程重叠所造成的资金运营效率低下、成本控制能力差等原因，我国企业（尤其是中小型企业）普遍存在财务状况较差的现象。ERP 不仅可以根据企业内不同部门各自的需求提供多层次的财务管理支持，还可以为企业的最高决策层提供一体化的财务管理支持，即实现不同业务部门财务信息的高度交汇。正是由于 ERP 系统的实施能够完成物流、信息流、资金流三者的统一，企业财务状况才可以得到有效改善。代表性的案例就是 ERP 系统中实时生产计划引起的库存管理的优化，能够有效降低企业不必要的库存投资，提高企业的库存周转率，减少因库存而占用的资金，提升资金的使用效率，增加企业利润。

4. 有利于提高客户满意度

以人为本的企业经营理念正在被越来越多的管理者所接受，而以人力资本和客户为中心的管理方式也正在受到越来越多企业家的推崇。ERP 系统的实施正是以更好地满足客户需求为目标，试图构建以市场为导向的全新运营模式，其核心思想之一的"敏捷制造"（Agile Manufacturing）——时刻保持产品的高质量、多样化和灵活性——充分说明了这一点。应用 ERP 系统对于产品多样化明显的企业更为有利，企业可以将整个生产计划详细地安排到从获取订单至物流发货的所有环节，在合理利用企业产能的前提下，保证企业能够按时、按量、按质地交货，以满足不同类型客户的需求。

1.1.3 ERP 的管理思想

ERP 的核心管理思想就是实现对整个供应链的有效管理，主要体现在以下 3 个方面。

1. 体现对整个供应链资源进行管理的思想

现代企业的竞争已经不是单一企业与单一企业间的竞争，而是一个企业供应链与另一个企业供应链之间的竞争，即企业不但要依靠自己的资源，还必须把经营过程中的有关各方如供应商、制造工厂、分销网络、客户等纳入一个紧密的供应链中，才能在市场上获得竞争优势。ERP 系统正是适应了这一市场竞争的需要，实现了对整个企业供应链的管理。

2. 体现精益生产、同步工程和敏捷制造的思想

ERP 系统都支持混合型生产方式的管理，其管理思想表现在两个方面：其一是"精益生产（Lean Production，LP）"的思想，即企业把客户、销售代理商、供应商、协作单位纳入生产体系，同它们建立起利益共享的合作伙伴关系，进而组成一个企业的供应链；其二是"敏捷制造（Agile Manufacturing）"的思想，当市场上出现新的机会，而企业的基本合作伙伴不能满足新产品开发生产的要求时，企业组织一个由特定的供应商和销售渠道组成的短期或一次性供应链，形成"虚拟工厂"，把供应和协作单位看成是企业的一个组成部分，运用"同步工程（SE）"组织生产，用最短的时间将新产品打入市场，时刻保持产品的高质量、多样化和灵活性，这即是"敏捷制造"的核心思想。

3. 体现事先计划与事中控制的思想

ERP 系统中的计划体系主要包括主生产计划、物流需求计划、能力计划、采购计划、销售执行计划、利润计划、财务预算和人力资源计划等，而且这些计划功能与价值控制功能已完全集成到整个供应链系统中。另外，ERP 系统通过定义事务处理（Transaction）相关的会计核算科目与核算方式，在事务处理发生的同时自动生成会计核算分录，保证了资金流与物流的同步记录和数据的一致性，从而可以根据财务资金现状，追溯资金的来龙去脉，并进一步追溯所发生的相关业务活动，以便于实现事中控制和实时做出决策。

1.2 ERP 理论的发展历程

ERP 是一个庞大的管理信息系统，要讲清楚 ERP 的原理，必须了解 ERP 发展的几个主要的阶段：最初的管理信息系统（MIS）→20 世纪 60 到 70 年代的物料需求计划（MRP）→20 世纪 80 年代的制造资源计划（MRPⅡ）→90 年代的企业资源计划（ERP）→21 世纪提出的下一代企业资源计划（ERPⅡ）。

1.2.1 MIS 阶段

在 MIS 阶段，企业的信息管理系统主要是记录大量原始数据、支持查询、汇总等方面的工作。

1. MIS 的概念与结构

MIS 是一个以人为主导，利用计算机进行信息的收集、传输、加工、存储、更新和维护，支持企业高层决策、中层控制、基层运作的集成化的人机系统。

MIS 主要包括如下四大部件。

- 信息源：产生地。
- 信息处理器：搜集、传输、加工、存储。
- 信息用户：使用者、决策者。
- 信息管理者：负责实现 MIS 并进行维护。

MIS 的结构如图 1-1 所示。

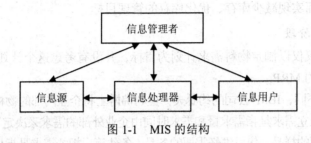

图 1-1　MIS 的结构

2. MIS 的功能

企业是一个复杂的系统，整个系统中各环节的活动构成了企业的生产经营活动。在企业的生产经营活动中贯穿两个最基本的运动过程，一个是物流，另一个是信息流。物流是企业的基本流，它的运动进程产生各种运动信息，而企业管理者针对这些信息做出决策，以决策信息再控制物流运动，规划调节物流的数量、方向、速度、目标，使之按一定目的和规划运动。信息流是管理的基础和管理的体现，管理信息是企业的神经中枢，是生命线，这在信息时代更为重要。MIS 为企业管理提供决策所需要的一切信息，起到了辅助决策的功能。具体而言，MIS 的功能如下。

（1）信息的输入和存储

将收集来的各种信息源，经过一定的校验后，即可输入系统存储，此期间必须保证信息的准确性和一致性。

（2）信息的加工和维护

在信息加工过程中，要确定信息处理过程的标准化，统一数据和报表的标准格式，以便建立一个集中、统一的数据库。信息的维护是信息资源管理的重要一环，信息的维护主要为了保证信息的准确、及时、安全和保密。

（3）信息的查询和使用

信息的查询是使被授权使用系统的用户容易存取数据库中的任何记录或任何数据项。信息的使用是为了实现信息价值的转化，提高工作效率，也是 MIS 设计的最终目标。

（4）提供决策支持功能

支持决策是 MIS 的主要功能，也是最困难的任务。决策是为达到某一目的而在若干个可行方案中经过比较、分析，从中选择合适的方案并实施的过程。决策过程可分为如下 3 个阶段。

① 收集情况。就是指对环境进行调查，获取、加工与决策有关的数据，以获得识别决策问题的因素和线索。

② 设计。就是指发现、分析和模拟决策过程，也就是理解问题、建立模型、进行模拟，提供多种可供选择的方案。

③ 选择。就是指从各种方案中选出一种最佳方案，并付诸实施。

在提供决策支持的过程中，MIS 需要高效低耗地完成日常事务处理业务，优化分配各种资源，包括人力、物力、财力等。并且能够通过充分利用已有的资源，包括现在和历史的数据信息等，运用各种管理模型对数据进行加工处理，支持管理和决策工作，以便实现组织目标。

1.2.2 MRP 阶段

在 MRP 阶段，企业的 MIS 对产品构成进行管理，借助计算机的运算能力及系统对客户订单、在库物料、产品构成的管理能力，实现依据客户订单，按照产品结构清单展开并计算物料需求计划，从而实现减少库存、优化库存的管理目标。

1. 开环 MRP 阶段

最初的 MRP 仅仅以制定物料需求计划为目标，并没有考虑这个计划是否有可能按时完成，因为称为开环的 MRP。

按需求的来源不同，IBM 公司的约瑟夫·奥利佛博士将企业内部的物料分为独立需求和相关需求两种类型。独立需求是指需求量和需求时间由企业外部的需求来决定，例如，客户订购的产品、科研试制需要的样品、售后维修需要的备品、备件等；相关需求是指根据物料之间的结构组成关系由独立需求的物料所产生的需求，例如，半成品、零部件、原材料等的需求。

MRP 的基本任务如下。

① 从最终产品的生产计划（独立需求）导出相关物料（原材料、零部件等）的需求量和需求时间（相关需求）。

② 根据物料的需求时间和生产（订货）周期来确定其开始生产（订货）的时间。

MRP 的基本内容是编制零件的生产计划和采购计划。然而，要正确编制零件的计划，首先必须落实最终产品（在 MRP 中称为成品）的出产进度计划，即主生产计划（Master Production Schedule, MPS），这是 MRP 展开的依据；其次需要知道产品的零件结构，即物料清单（Bill of Material, BOM），把主生产计划展开成零件计划，同时需要知道库存数量才能准确地计算出零件的采购数量。

因此，基本 MRP 的依据如下。

① 主生产计划。确定每一具体的最终产品在每一具体时间段内生产数量的计划。

② 物料清单。用规范的数据格式来描述产品结构的文件。

③ 库存信息。保存企业所有产品、零部件、在制品、原材料等存在状态的数据库。

它们之间的逻辑流程关系如图 1-2 所示。

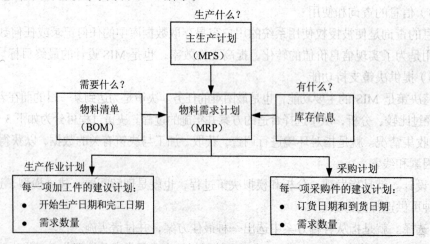

图 1-2　MRP 的逻辑流程图

2. 闭环 MRP 阶段

20 世纪 60 年代开环 MRP 能根据有关数据计算出相关物料需求的准确时间与数量，但其缺陷是没有考虑到生产企业现有生产能力和采购的有关条件的约束，因此，计算出来的物料需求的数量和日期有可能因设备和工时的不足而无法实现，或者因原料的不足而无法实现。同时，它也缺乏根据计划实施情况的反馈信息对计划进行调整的功能。

为解决以上问题，MRP 系统在 20 世纪 70 年代发展为闭环 MRP 系统。闭环 MRP 系统除了物料需求计划外，还将生产能力需求计划、车间作业计划和采购作业计划纳入 MRP，形成一个封闭的系统。

MRP 系统的正常运行需要有一个切实可行的主生产计划。它除了要反映市场需求和合同订单外，还必须满足企业的生产能力约束条件。因此，除了要编制资源需求计划外，还要制定能力需求计划（Capacity Requirement Planning，CRP），同各个工作中心的能力进行平衡。只有在能力与资源均满足负荷需求或采取措施做到时，才能开始执行计划。在能力需求计划中，生产通知单是按照它们对设备产生的负荷而进行评估的，采购通知单的过程与之类似，是检查它们对分包商和经销商所产生的工作量。执行 MRP 时要用生产通知单来控制加工的优先级，用采购通知单来控制采购的优先级。这样，基本 MRP 系统进一步发展，把能力需求计划和执行及控制计划的功能也包括进来，形成一个环形回路，称为闭环 MRP，如图 1-3 所示。

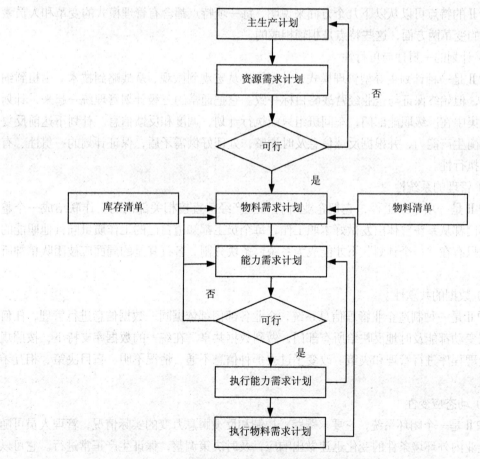

图 1-3　闭环 MRP 逻辑流程图

因此，闭环 MRP 成为一个完整的生产计划与控制系统。

1.2.3 MRPⅡ阶段

闭环 MRP 系统的出现，使生产活动方面的各种子系统得到了统一。但是生产管理只是一个方面，而企业管理是人、财、物和信息等资源，产、供、销等活动组成的综合系统，其中还有动态的彼此紧密相关的物流、资金流和信息流。于是，在 20 世纪 80 年代，人们把销售、采购、生产、财务、工程技术、信息等各个子系统进行集成，并称该集成系统为制造资源计划（Manufacturing Resource Planning）系统，英文缩写还是 MRP，为了区别物料需求计划（缩写也为 MRP）而记为 MRPⅡ。

1. MRPⅡ的概念

在 MRP 管理系统的基础上，MRPⅡ系统围绕着"在正确的时间制造和销售正确的产品"这样一个中心，增加了对企业生产中心、加工工时、生产能力等方面的管理，以实现计算机进行生产排程的功能，同时也将财务的功能囊括进来，在企业中形成以计算机为核心的闭环管理系统，这种管理系统已能动态监察到产、供、销的全部生产过程。MRPⅡ的逻辑流程图如图 1-4 所示。

2. MRPⅡ的特点

MRPⅡ的特点可以从以下几个方面来说明，每一项特点都含有管理模式的变革和人员素质或行为的变革两方面，这些特点是相辅相成的。

（1）计划的一贯性与可行性

MRPⅡ是一种计划主导型管理模式，计划层次从宏观到微观、从战略到技术、由粗到细逐层优化，但始终保证与企业经营战略目标一致。它把通常的三级计划管理统一起来，计划编制工作集中在厂级职能部门，车间班组只能执行计划、调度和反馈信息。计划下达前反复验证和平衡生产能力，并根据反馈信息及时调整，处理好供需矛盾，保证计划的一贯性、有效性和可执行性。

（2）管理的系统性

MRPⅡ是一项系统工程，它把企业所有与生产经营直接相关部门的工作联结成一个整体，各部门都从系统整体出发做好本职工作，每个员工都知道自己的工作质量同其他职能的关系。这只有在"一个计划"下才能成为系统，条块分割、各行其是的局面应被团队精神所取代。

（3）数据的共享性

MRPⅡ是一种制造企业管理信息系统，企业各部门都依据同一数据信息进行管理，任何一种数据变动都能及时地反映给所有部门，做到数据共享。在统一的数据库支持下，按照规范化的处理程序进行管理和决策。改变了过去那种信息不通、情况不明、盲目决策、相互矛盾的现象。

（4）动态应变性

MRPⅡ是一个闭环系统，它要求跟踪、控制和反馈瞬息万变的实际情况，管理人员可随时根据企业内外环境条件的变化迅速做出响应，及时决策调整，保证生产正常进行。它可以及时掌握各种动态信息，保持较短的生产周期，因而有较强的应变能力。

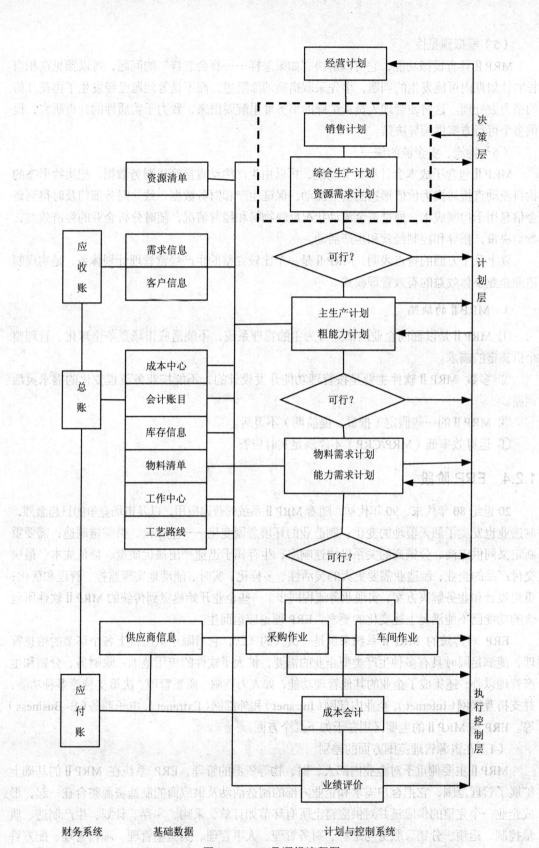

图 1-4　MRP II 逻辑流程图

财务系统　　　　基础数据　　　　　　　计划与控制系统

决策层

计划层

执行控制层

经营计划

销售计划

综合生产计划
资源需求计划

资源清单

可行？

应收账

需求信息
客户信息

主生产计划
粗能力计划

总账

成本中心

会计账目

库存信息

物料清单

工作中心

工艺路线

可行？

物料需求计划
能力需求计划

可行？

供应商信息

采购作业

车间作业

应付账

成本会计

业绩评价

（5）模拟预见性

MRPⅡ具有模拟功能，它可以解决"如果怎样……将会怎样"的问题，可以预见在相当长的计划期内可能发生的问题，事先采取措施消除隐患，而不是等问题已经发生了再花几倍的精力去处理。这将使管理人员从忙碌的事务堆里解脱出来，致力于实质性的分析研究，提供多个可行方案供领导决策。

（6）物流、资金流的统一

MRPⅡ包含了成本会计和财务功能，可以由生产活动直接产生财务数据，把实物形态的物料流动直接转换为价值形态的资金流动，保证生产和财务数据一致。财务部门及时得到资金信息用于控制成本，通过资金流动状况反映物料和经营情况，随时分析企业的经济效益，参与决策，指导和控制经营和生产活动。

以上几个方面的特点表明，MRPⅡ是一个比较完整的生产经营管理计划体系，是实现制造业企业整体效益的有效管理模式。

3. MRPⅡ的缺陷

① MRPⅡ是以面向企业内部业务为主的管理系统，不能适应市场竞争全球化、管理整个供需链的需求。

② 多数 MRPⅡ软件主要是按管理功能开发设计的，不能按业务流程变化的需求灵活调整。

③ MRPⅡ的一些假定（批量、提前期）不灵活。

④ 运算效率低（MRP/CRP）不能满足实时应答。

1.2.4　ERP 阶段

20 世纪 80 年代末、90 年代初，随着 MRPⅡ系统的普遍应用，以及市场竞争的日趋激烈，制造业也发生了翻天覆地的变化：制造业的环境急剧变化——全球化、供需链制造；需要重新定义同供应商、分销商的关系以快速响应；生存属于迅速产出最优质量、最低成本、最快交付产品的企业；制造业需要更大的灵活性、多样化；实时、能动地实现监控、管理和优化；重组设计和业务解决方案，实现业务流程同步。一些企业开始感觉到传统的 MRPⅡ软件所包含的功能已不能满足上述变化的要求，ERP 理论应运而生。

ERP 对传统的 MRPⅡ系统来讲是一次大的飞跃，它着眼于供应链上各个环节的信息管理，能满足同时具有多种生产类型企业的需要，扩大了软件的应用范围：除财务、分销和生产管理以外，还集成了企业的其他管理功能，如人力资源、质量管理、决策支持等多种功能，并支持互联网（Internet）、企业内部网（Intranet）和外部网（Extranet）、电子商务（E-Business）等。ERP 与 MRPⅡ的主要区别在于如下几个方面。

（1）在资源管理范围方面的差别

MRPⅡ主要侧重于对企业内部人、财、物等资源的管理，ERP 系统在 MRPⅡ的基础上扩展了管理范围，它把客户需求和企业内部的制造活动及供应商的制造资源整合在一起，形成企业一个完整的供应链并对供应链上所有环节如订单、采购、库存、计划、生产制造、质量控制、运输、分销、服务与维护、财务管理、人事管理、实验室管理、项目管理、配方管理等进行有效管理。

（2）在生产方式管理方面的差别

MRPⅡ系统把企业归类为几种典型的生产方式进行管理，如重复制造、批量生产、按订单生产、按订单装配、按库存生产等，对每一种类型都有一套管理标准。而在20世纪80年代末、90年代初期，为了紧跟市场的变化，多品种、小批量生产及看板式生产等则是企业主要采用的生产方式，由单一的生产方式向混合型生产发展，ERP则能很好地支持和管理混合型制造环境，满足了企业的这种多元化经营需求。

（3）在管理功能方面的差别

ERP除了MRPⅡ系统的制造、分销、财务管理功能外，还增加了支持整个供应链上物料流通体系中供、产、需各个环节之间的运输管理和仓库管理；支持生产保障体系的质量管理、实验室管理、设备维修和备品备件管理；支持对工作流（业务处理流程）的管理。

（4）在事务处理控制方面的差别

MRPⅡ是通过计划的及时滚动来控制整个生产过程，它的实时性较差，一般只能实现事中控制。而ERP系统支持在线分析处理（Online Analytical Processing，OLAP）、售后服务（即质量反馈），强调企业的事前控制能力，它可以将设计、制造、销售、运输等通过集成来并行地进行各种相关的作业，为企业提供了对质量、适应变化、客户满意、绩效等关键问题的实时分析能力。

此外，在MRPⅡ中，财务系统只是一个信息的归结者，它的功能是将供、产、销中的数量信息转变为价值信息，是物流的价值反映。而ERP系统则将财务计划和价值控制功能集成到了整个供应链上。

（5）在跨国（或地区）经营事务处理方面的差别

现在企业的发展，使得企业内部各个组织单元之间、企业与外部的业务单元之间的协调变得越来越多和越来越重要，ERP系统应用完整的组织架构，从而可以支持跨国经营的多国家地区、多工厂、多语种、多币制应用需求。

（6）在计算机信息处理技术方面的差别

随着IT技术的飞速发展，网络通信技术的应用，使得ERP系统得以实现对整个供应链信息进行集成管理。ERP系统采用客户机/服务器（C/S）体系结构和分布式数据处理技术，支持Internet/Intranet/Extranet、电子商务（E-business、E-commerce）、电子数据交换（EDI），此外，还能实现在不同平台上的互操作。

在接下来的章节里我们将详细地介绍ERP的相关内容。

1.2.5　ERPⅡ阶段

在ERP概念提出10年后的2000年，美国权威咨询公司Gartner Group Inc.在原有ERP的基础上进行了内涵的扩展，提出了一个全新的概念——ERPⅡ，这一概念具体是指通过支持和优化企业内部和企业之间的协同运作和财务过程，以创造客户和股东价值的一种商务战略和一套面向具体行业领域的应用系统。ERPⅡ把管理对象扩展到了企业之间的管理任务、管理模型、管理算法和管理数据，使得企业之间的管理模式呈现继承、复用的特点。为了区别于ERP对企业内部管理的关注，Gartner Group Inc.在描述ERPⅡ时，引入了"协同商务"的概念（Collaborative Commerce，C-Commerce）：企业内部人员、企业与业务伙伴、企业与客户之间的电子化业务的交互过程。

Gartner Group Inc.指出，虽然近年来 ERP 仍然呈现出高速增长的势头，并为越来越多的企业所重视和应用，但是新一代的信息化管理企业资源计划 ERPⅡ 已经在 SAP、PeopleSoft 等企业的产品中出现。ERPⅡ 产品的设计方面出现了一些新的特征：首先，企业发展路径本身由过去纵向、高度集成、注重内部功能优化的大而全模式向更灵活、更专注于核心竞争力的实体模式转化，这就要求企业能够在整个供应链和价值网络中优化其经济和组织结构；其次，企业在 Internet 上的 B2B 和 B2C 的电子商务应用也由过去单一的销售、采购行为转向从消费者到生产者、从供应商到生产者之间的协同商务全过程。实际上，与 ERP 相比，ERPⅡ 定义了一种新的商业战略，它对企业提出了更高的要求，不再局限于企业内部各种资源的优化，而是把包括供货商、渠道商、分销商、客户和股东在内的外部资源作为独立的交易实体进行处理，从而实现客户和股东价值的优化。但是 ERPⅡ 仍然继承了 ERP 的管理模式，例如，在供应链管理、客户关系管理、价值链管理方面都沿用了 ERP 系统中物料管理、销售管理、财务管理中的任务、模型、算法与数据。因此，所谓 ERPⅡ，其核心是指企业从过去主要强调内部运作转向企业之间的外部协作，即协同商务。

1.3　我国 ERP 的应用状况

自 20 世纪 80 年代我国引进第一套 MRPⅡ 软件以来，目前实施的有上千套之多，应用效果在各个行业差距很大。据不完全统计，只有 10%～20%能按计划成功实施；有 30%～40%的系统没有实现集成或只实现部分集成；实施失败的项目大约有 50%。另外，在实施成功的案例中，却又大多是外资企业。目前从国内外 ERP 软件公司的市场占有率来看，国外软件在高端市场上占优势，而国产软件则在广大的中小企业上有绝对优势。国外 ERP 阵营以 SAP、Oracle 为代表，其优势在于管理思想成熟、行业最佳实践经验丰富、符合国际规则、应用功能齐全、软件设计合理，但缺点是价格昂贵、实施周期长。国内阵营以用友、金蝶为代表，其优势在于成本低、符合国内企业应用习惯、服务支持能力强等，缺点是管理思想不成熟、产品功能不全、技术漏洞多。回顾并展望我国的 MRPⅡ/ERP 的应用和发展过程，大致可划分为起步阶段、发展阶段、成熟阶段、转型与新起点阶段等 4 个阶段。

1.3.1　起步阶段（20 世纪 80 年代初到 90 年代末）

1978 年后，我国由计划经济向市场经济转型，此时的中国企业还缺乏市场竞争意识，由于管理理念的滞后及管理人员的匮乏，企业的生产管理问题重重。此时产品交货周期长、库存资金占用严重、设备利用率低成为了制约我国制造业企业生产率提高的痼疾。面对如此困顿的局面，机械工业部旗下的部分企业作为试点单位开始尝试实施 MRPⅡ 系统，部分企业开始开发相应的财务软件，力图通过信息化方式来改善企业的经营管理状况。1979 年，MRPⅡ 被大批引进，典型的案例包括国家投资在长春一汽试点开发财务软件,同年沈阳鼓风机厂引进 IBM 的管理系统 COPICS；1981 年沈阳第一机床厂从德国工程师协会引进 MRPⅡ 系统，接着北京第一机床厂、第一汽车制造厂、广州标致汽车公司也先后购买了 MRPⅡ 系统。但当时所引进的国外软件系统大多是运行在大中型计算机上的、相对封闭的专用系统、开放性、通用性差，设备庞大，操作复杂，投资巨大，系统性能提升困难，而且没有完成软件的汉化工作，又缺少相应的配套技术支持与服务。

到了 1990 年，ERP 的概念第一次被提出。ERP 开始被人们更多地提及，而 MRP Ⅱ 则逐步淡出了人们的视野。虽然这一时期已经有部分国外软件开发企业开始进入中国市场，但市场上可供选择的 ERP 产品总量仍然非常少，而且实施 ERP 系统的投资巨大，只有少数大型国有企业和中外合资企业才有财力使用 ERP 系统，这也是 ERP 最初未能在我国广泛应用的主要原因。

不过，随着相关政策的扶持及信息技术的不断发展，软件功能的丰富及处理能力的提升，使得 ERP 系统的实施和应用所涉及的领域不再局限于机械行业，而逐渐扩展到航天航空、电子与家电、制药、化工等众多行业。特别是 ERP 实施成本的大幅下降及给企业带来显著受益的能力，更多的企业开始实施 ERP 系统，其中大多数的 ERP 用户都获得了或多或少的收益，从而以事实证明了 ERP 的有效性。但在这个阶段，企业更多关注自己核心业务流程的信息化和标准化，按部门需求进行软件设计的特征明显，未能实现企业整体的整合，而且所应用软件主要为财务管理软件和进销存货软件。这些系统标准化有余而特征性不足，没有能按照不同行业不同运营方式进行相应的适应性修改。

1.3.2 发展阶段（20 世纪 90 年代末至 2004 年）

中国自主品牌的 ERP 软件于 1997 年出现在市场上。在国产 ERP 软件的开发方面，一些曾从事开发企业财务电算化软件的主流厂商发挥了重要的作用。这些公司在原本拥有的大量财务电算化用户的条件下，根据客户管理需求提升的需要逐渐把原先的财务软件转型为 ERP 产品。用户对于这些公司的粘性会使得这些用户继续购买这些公司的 ERP 产品，或者说这些公司继续用它们的 ERP 产品帮助这些用户提升竞争力都是近水楼台、顺理成章的事情。

尽管外界对 ERP 一片看好，但也有不少专家和管理者提出了自己的担心。1998 年，时任联想集团总裁的柳传志提出了"上 ERP 有可能是找死，不上 ERP 就是等死"的观点；"三个三分之一"的观点也开始在业界流传，即"国外的 MRP Ⅱ 软件三分之一可以用，三分之一修改之后可以用，三分之一不能用。"中国企业在这个时期进行了一系列 ERP 中国化的探索，不仅仅是 ERP 厂商在开发适合中国企业的 ERP 系统，各行各业也从业务流程重组的角度对 ERP 与行业运营特征进行进一步的磨合。

进入 2000 年以来，随着中央提出"以信息化带动工业化"战略，我国企业进一步加快了信息化与现代化的发展步伐。中华人民共和国科学技术部提出的"制造业信息化工程"、中华人民共和国国家经济贸易委员会提出的"企业信息化"行动更是带动和掀起了我国企业应用 ERP 的高潮。巨大的市场需求在刺激了 ERP 产品应用的同时也促进了我国 ERP 软件产业的迅速发展。ERP 系统应用实施的热潮逐步在全国各地全面铺开，特别是在制造业信息化工程中发挥着积极的推动作用。

与此同时，计算机技术也有了很大的发展，如客户机/服务器体系结构和计算机网络技术的推出和普及、软件系统在 UNIX 小型机/工作站上及微机平台上的扩展、软件开发趋势的通用性和开放性都使得 ERP 的应用向更深、更广的范围发展；在 ERP 软件市场上，一些国外的软件公司对它们的软件产品完成了汉化工作，在开放性和通用性方面也作了许多改善。这些国外 ERP 软件在中国的应用也引发了中国 ERP 产业的进一步发展。

1.3.3 成熟阶段（2005年到2009年左右）

2005年以来，由于ERP应用范围的普及、前期成功样本的广告效应、技术的乘数及价格的降低，使得ERP在中国已经进入了一个普及期。在这一阶段，企业管理的信息化程度普遍得到提高。凭借着产品易学易用、成本低、实施速度快、成功率高的优势，国内ERP厂商占据了主导地位并由此带动了整个产业链的发展。此时的ERP已经成为企业提高经营效率的必备利器。具体来说，就是企业将ERP等先进管理理论和信息技术的应用与企业生产经营业务模式和业务流程的重组相融合，通过有效应用ERP全面推动企业管理创新，提升企业竞争力。

此时用户的信息化需求也进入了一个新的阶段：不再是以部门级的需求为主，而是以企业级的需求为主。这一需求促成了行业化的ERP产品与MES、DCS、PDM等产品的集成，ERP产品与此同时也形成了自己较为完善的二次开发平台。借助二次开发平台客户可以完成其所需要深度行业化或个性化的产品设计。有些行业化的产品还配备了专门的行业实施顾问与咨询人员，能为客户提供完整的行业化服务。

1.3.4 转型与新起点阶段（2010年以后）

随着ERP理论的进一步发展，用户开始要求ERP系统能够提供决策支持、数据仓库等功能模块，这促使ERP产品新的转型。目前，国内还处于由ERP转向"后ERP"的初期阶段，所谓的ERP向"后ERP"的转变是指对现有的基础ERP系统进行深化，大部分的企业仅仅是了做了BI、CRM等系统的集成，但是还没有完全形成一个大规模的信息系统集成和深化。

2011年，多个政府部门联合发布了《关于加快推进信息化与工业化深度融合的若干意见》，提出在重点行业骨干企业推进研产供销、经营管理与生产控制、业务与财务全流程的无缝衔接和综合集成，建设统一集成的管理信息平台，实现产品开发、生产制造、经营管理等过程的信息共享和业务协同。这标志着ERP产业未来的发展方向，以适应产业竞争格局的新变化，以提升产业链协同能力为重点，推动产品全生命周期管理、客户关系管理、供应链管理系统的普及和深化，实现产业链上下游企业的信息共享和业务协作。这不仅是ERP未来转型的导向，同时也为其发展提供了强有力的政策支持。

1.4 ERP的发展趋势

正如上面所讲到的，由于ERP代表了当代先进企业的管理模式与技术，并能够提高企业整体管理效率和市场竞争力，近年来ERP系统在国内外得到了广泛推广和应用。随着企业间的竞争逐步加强，管理需求的增多，信息技术、先进制造技术的不断发展，企业对于ERP的需求日益增加，进一步促进了ERP技术向新一代ERP发展。

推动ERP发展有多种因素：全球化市场的发展与多企业合作经营生产方式的出现使得ERP将支持异地企业运营、异种语言操作和异种货币交易；企业过程重组及协作方式的变化使得 ERP 支持基于全球范围的可重构过程的供应链及供应网络结构；制造商需要应对新生产与经营方式的灵活性与敏捷性使得 ERP 也越来越灵活地适应多种生产制造方式的管理模式；越来越多的流程工业企业应用也从另一个方面促进了 ERP 的发展。计算机新技术的不断出现将会为 ERP 提供越来越灵活与强功能的软硬件平台，多层分布式结构、面向对象技术、中间件技术与 Internet 的发展会使 ERP 的功能与性能迅速提高。ERP 市场的巨大需求大大刺激了 ERP 软件业的快速发展，未来 ERP 技术的发展方向和趋势如下。

① ERP 与客户关系管理（Customer Relationship Management，CRM）的进一步整合。ERP 将更加面向市场和面向顾客，通过基于知识的市场预测、订单处理与生产调度、基于约束调度功能等进一步提高企业在全球化市场环境下更强的优化能力；并进一步与 CRM 结合，实现市场、销售、服务的一体化，使 CRM 的前台客户服务与 ERP 后台处理过程集成，提供客户个性化服务，使企业具有更好的顾客满意度。

② ERP 与产品数据管理（Product Data Management，PDM）的整合。PDM 将企业中的产品设计和制造全过程的各种信息、产品不同设计阶段的数据和文档组织在统一的环境中。近年来 ERP 软件商纷纷在 ERP 系统中纳入 PDM 功能或实现与 PDM 系统的集成，增加了对设计数据、过程、文档的应用和管理，减少了 ERP 庞大的数据管理和数据准备工作量，并进一步加强了企业管理系统与 CAD、CAM 系统的集成，进一步提高了企业的系统集成度和整体效率。

③ ERP 与电子商务、供应链管理（SCM）、协同商务（Collaborative Commerce）的进一步整合。ERP 将面向协同商务，支持企业与贸易共同体的业务伙伴、客户之间的协作，支持数字化的业务交互过程；ERP 供应链管理功能将进一步加强，并通过电子商务进行企业供需协作，如汽车行业要求 ERP 的销售和采购模块支持用电子商务或 EDI 实现客户或供应商之间的电子订货和销售开单过程；ERP 将支持企业面向全球化市场环境，建立供应商、制造商与分销商间基于价值链共享的新伙伴关系，并使企业在协同商务中做到过程优化、计划准确、管理协调。

④ ERP 与工作流管理系统的进一步整合。全面的工作流规则保证与时间相关的业务信息能够自动地在正确的时间传送到指定的地点。ERP 的工作流管理功能将进一步增强，通过工作流实现企业的人员、财务、制造与分销间的集成，并能支持企业经营过程的重组，也使 ERP 的功能可以扩展到办公自动化和业务流程控制方面。

⑤ ERP 系统动态可重构性。为了适应企业的过程重组和业务变化，人们越来越多地强调 ERP 软件系统的动态可重构性。为此，ERP 系统动态建模工具、系统快速配置工具、系统界面封装技术、软构件技术等均被采用。ERP 系统也引入了新的模块化软件、业务应用程序接口、逐个更新模块增强系统等概念，ERP 的功能组件被分割成更细的构件以便进行系统动态重构。

ERP 发展趋势的部分内容在第 5 章还有比较详细的阐述，ERP 的不断发展与完善最终将促进基于 Internet/Extranet 的支持全球化企业合作与敏捷虚拟企业运营的集成化经营管理系统的产生和不断发展。

～～～ 案例分析 ～～～

随需应变的光电行业ERP应用成功案例

高意科技集团（以下简称高意科技）成立于2003年8月，由通信事业部、K2事业部、光学事业部、激光事业部，以及其美国分公司、欧洲分公司、日本分公司组成。主要从事数字光电显示、光通信、光学和激光产品的研发和生产，主要产品年产值达5亿元，年产值增长50%以上。产品90%以上出口，远销美国、欧洲、日本，已成为国内规模最大的光电显示、光通信模块、精密光学元件制造商，重点合作对象为高科技跨国企业康宁公司、TI公司等。2005年8月，高意科技荣获康宁公司颁发的供应商总价值流程之"卓越供应商"奖。企业致力于集众人之力，打造国际光电品牌，建立世界一流光电制造基地。

企业治理需求

随着竞争的加剧和经济全球化的发展，高意科技为了满足最终客户的需求，产品更新换代的速度不断加快，公司涉及的品种急剧增加，生产组织协同日益困难；另外，客户对产品质量、供货速度、供货价格也提出了越来越高的要求，需要企业从成本、质量和交货期方面予以更高水平的满足。

近年来高意科技虽然业务已有了非常高速的扩张，但相对而言，其内部业务的基础治理并未得到同步的夯实：各成员单位的治理系统独立，应用水平参差不齐。同时，高意科技的产品90%以上出口，所配套的国外公司信息化应用程度高，要求下游供给配套商在其供给链中也具有高效协同的市场反应速度。所以，高意科技需要一个协同统一的信息化平台，将公司的财务与物流集成到一起，解决企业目前存在的信息不对称、信息孤岛及业务流程不合理等问题。通过企业基础治理的全面夯实，提升高意科技整体市场竞争能力和在国际光电行业制造产业链条中的响应速度。

高意科技ERP选型

高意科技高层对企业信息化是十分重视的，2000年就开始考虑ERP选型。在这期间，高意科技考察了SAP、Oracle、神州数码、用友、金蝶、微软等供应商的ERP系统。

至于高意科技ERP具体的选择标准，高意科技IT总监吴栋材先生认为："第一，产品必须符合公司的整个业务需求，可以适应公司的治理变革，而且要有很好的扩展性、前瞻性。因为信息系统是'骑上了，下不来'的。要求随着企业的发展，治理系统也在不断地发展和加强。第二，从高意制造业角度出发，非常要害的是需要一个良好的生产制造体系；最重要的是一个覆盖全局的BOM体系，包括整个公司全部产品的BOM结构和编码体系的完整统一，这是制造业集成应用的基础。第三，需要有一个非常良好的接口体系和IT服务平台，帮助公司实现个性化的开发和系统集成。"

在具体ERP选型中，高意科技成立了一个ERP评估小组，由财务、销售、采购、生产各业务环节成员构成。根据以上基本标准和各业务的具体需求，对多家ERP厂商进行整体评估。综合评估的结果，金蝶ERP从中脱颖而出。金蝶ERP的突出优势为：一是覆盖企业全面业务的规范化基础治理，可迅速提升企业各业务部门治理与协同应用的水平；二是在生产制造治理中的全面、深入应用；三是金蝶ERP的BOS架构可以较好地满足高意科技的个性化需求和未来系统扩展的需要。

金蝶ERP：快速实施与应用

高意科技ERP项目组和金蝶实施小组齐心协力，根据金蝶产品与服务所提供的"快速配置、快速实施、快速应用、快速见效"的完整应用与实施体系，结合高意科技的实际业务，一个ERP实施的奇迹诞生了。

一个星期，完成了15个子项，218人次的金蝶K/3 ERP标准功能培训。

两个星期，项目组成员基本把握了金蝶K/3 ERP系统的业务功能，并完成会议室的测试。

三个星期，完成了高意科技物料统一编码规则的方案制定。

三个星期，完成了各部门相关的物资分类，并对高意科技5 600个物料进行了统一编码。

两个星期，完成了高意科技光学财务、物流、生产订单下达等业务蓝图的讨论和制定。

两个星期，完成了原材料、半成品、成品、辅料和办公用品的全面盘点。

……

高意光学金蝶K/3 ERP系统从2005年3月4日项目正式启动到5月1日上线，创造了金蝶系统（包括总账、应收、应付、固定资产、成本治理、现金、存货核算、采购、销售、库存、BOM、生产订单下达12个模块）在中国实施上线成功的最短时间记录。

金蝶BOS：随需应变的利器

高意科技在ERP选型时，有一个重点考虑的要素就是ERP的扩展性。金蝶BOS赋予ERP优异的扩展性，成为了高意科技项目小组实施ERP项目摧城拔寨的利器，帮助高意科技取得了一个又一个企业个性化业务深入应用的辉煌战果。

高意科技的ERP体系必须实现治理的个性化需求。譬如，高意科技产品的等级品治理非常强，所有出入库产品都由物料编码加上批号，并根据产品等级进行治理。另外，高意科技的产品要求指标治理，销售订单中所有的产品都需要标明完整的产品体系。产品参数要求、客户个性要求、研发过程中需要的一些参数和注重事项均需集成在一起，这样销售订单下达以后，制造、库存等任何过程中都可查看对应的参数体系。而且，高意科技非常强调车间的工序治理。在实际生产中，不同的工序对产品品质的影响很大，直接决定产品的成本。工序间的半成品质量治理复杂，有的要作废，有的可以特批调配使用，因此，需要对工序过程进行全面监控治理。这些企业个性化需求，标准的ERP产品是无法满足的。而借助金蝶BOS利器，这些需求都迎刃而解了。

对此，IT总监吴栋材深有体会："在金蝶BOS平台上，我们做了许多高意科技的个性化需求开发。我觉得最好的一点就是金蝶BOS跟金蝶K/3系统的集成性。因为任何个性化业务需求必须与公司基本营运业务紧密集成才有现实意义。对于等级品、指标体系、工序个性化治理，我们派了两个人到金蝶的深圳总部，和金蝶的工作人员一起用了两天解决问题。这表明，金蝶BOS是可以快速、随需应变地满足企业的个性化需求。根据高意科技的实际业务需求，基于金蝶BOS平台，我们开发了高意科技的等级品、指标体系、采购检验、退货检验、库存的检验、内部计划等个性化业务功能。同时，我们还在金蝶BOS上构建了高意科技海关电子账册系统，包括保税物料进口治理、保税物料出口治理和一般贸易出口治理。整体来讲，高意科技需要一个有生命力的ERP，可以伴随高意科技的发展而成长。现在，高意科技ERP就是一个既符合标准基础业务应用，又能满足高意科技自身个性化需求的可成长系统。"

高意科技ERP应用：快速见效

吴栋材总监对ERP应用的初步效益总结说："关于初步应用效益，最重要是我们借助ERP建立了一个统一的高意科技基础编码体系，这是企业信息化建设的一个至关重要的基础。我们完成了原来库存的调整，建立了库存ABC盘点的流程，使编码符合率从过去的60%提高到现在的100%。数据准确是企业治理和正确决策的基本保障。"

"同时，我们规范了整个财务、销售、采购、库存和质量检测的治理，包括审核流程。通过ERP使公司实际业务流程规范化了，做到让财务、销售、制造使用一套数据说话，帮助整个治理层做好决策，解决了我们高意科技在高层开会的时候，过去经常碰到的'财务一套数据，销售一套数据，生产部门一套数据，三个数据总不一样'的老大难问题。过去，我们高层拿到的多套数据往往很难判定哪套数据是真正正确的。现在，我们可以在一个平台上用一套数据说话，有问题我们也可以更好地追踪问题的源头。"

"还有，我们建立了可信的成本治理体系。过去利润率比较高的时候，我们对成本是不在乎的，很多东西都沉淀在车间里。但是，现在竞争加剧，使得我们对成本的控制要加强。比如说，对于具体的订单，在评审的时候，我们要清楚地知道这个价格出去到底能不能赚钱？在生产过程中，不确定因素造成的成本波动能不能控制？现在通过系统的集成，我们的成本治理体系已经稳定，整个数据也接近实际了，走向了良性循环。"

案例来自：http://solution. chinabyte.com/74/2174074.shtml.

 小结

ERP 系统是在先进的企业管理思想的基础上，应用信息技术实现对整个企业资源的一体化管理的系统。ERP 是一种可以提供跨地区、跨部门，甚至跨公司整合实时信息的企业管理信息系统。它在企业资源最优化配置的前提下，整合企业内部主要或所有的经营活动，包括财务会计、管理会计、生产计划及管理、物料管理、销售与分销等主要功能模块，以达到效率化经营的目标。

 关键字

ERP: Enterprise Resource Planning　企业资源计划
MIS: Management Information System　管理信息系统
MRP: Material Requirement Plan　物料需求计划
MRPⅡ: Manufacturing Resource Planning　制造资源计划

 思考题

1. 什么是 ERP？
2. ERP 的发展经历了哪些阶段？每一个阶段的具体特征是什么？
3. ERP 体现了哪些核心管理思想？
4. 结合实际，分析 ERP 的未来发展趋势。

 阅读书目

郑称德，陈曦. 企业资源计划（ERP）. 北京：清华大学出版社，2010.
杨建华，张群，杨新泉. 企业资源规划与流程再造. 北京：清华大学出版社，2007.
杨尊琦，林海. 企业资源规划（ERP）原理与应用. 北京：机械工业出版社，2006.

第2章 ERP 的相关思想

【教学知识点】

ERP 的相关管理思想；

业务流程重组、客户关系管理、产品数据管理、电子商务、商务智能等的具体内容；

业务流程重组、客户关系管理、产品数据管理、电子商务、商务智能等的概念与 ERP 的关系与区别。

导入案例

苏宁电器的 CRM

苏宁电器是中国3C（家电、计算机、通信）家电连锁零售企业的领先者。截至2005年12月底，苏宁电器在中国27个省和直辖市，90多个城市拥有近300多家连锁店，员工70 000多名。据中华人民共和国商务部统计数据显示，2005年苏宁电器销售额近400亿元。苏宁电器是"中国20家大型商业企业集团"之一。更为之称道的是苏宁的信息化工作，曾入选"2005年度中国企业信息化500强"，排名第45位，成为前百强企业中唯一入选的零售企业。以CRM/SAP/ERP为核心的苏宁信息化平台在国内商业零售领域是第一家。

具体操作如下：基于ATM专网实现采购、仓储、销售、财务、结算、物流、配送、售后服务、客户关系一体化实时在线管理。适应管理和处理日益庞大的市场数据的要求，建立全面、统一、科学的日常决策分析报表、查询系统。有效控制物流库存，大幅提高周转速度，库存资金占用减少，盘点及时、有效。计算机区域配送派工。完善售后服务系统（送货管理、安装管理、维修管理）为客户服务中心提供强有力的基础服务平台。通过多维分析模型、商品生命周期分析模型等现代分析手段，综合运用数据仓库、联机分析处理、数据挖掘、定量分析模型、专家系统、企业信息门户等技术，提供针对家电零售业运营所必需的业务分析决策模型，挖掘数据的潜在价值。

苏宁电器利用B2B、B2C、银企直联构筑的行业供应链，实现了数据化营销；与索尼、三星等供应商建立了以消费者需求和市场竞争力为导向的协同工作关系；将知识管理和数据库营销作为基本工作方式，标志中国家电和消费电子类产品供应链管理从上游厂商制造环节，延伸到零售渠道环节。苏宁与索尼、摩托罗拉率先实现B2B对接并与LG、三星、海尔等上游企业B2B对接完成，贯通上下产业价值链信息系统初具雏形。供销双方基于销售信息平台，决定采购供应和终端促销，实现供应商管理库存功能，加强产业链信息化合作，建立电子商务平台与现有的SAP/ERP系统完美结合，行业间B2B对接，订单、发货、入库和销售汇总等数据实时传递、交流，大幅度缩减业务沟通成本；建立完善的客户服务系统及信息数据采集、挖掘、分析、决策系统，分析消费数据和消费习惯，将研究结果反馈到上游生产和订单环节，以销定产。

苏宁电器全国100多个城市客户服务中心利用内部VOIP网络及呼叫中心系统建成了集中式与分布式相结合的CRM系统，建立5 000万个客户消费数据库。建立视频、OA、VOIP、多媒体监控组成企业辅助管理系统，包括图像监控、通信视频、信息汇聚、指挥调度、情报显示、报警等功能，对全国连锁店面及物流中心实时图像监控，总部及大区远程多媒体监控中心负责实时监控连锁店、物流仓库、售后网点及重要场所的运作情况，全国连锁网络可以"足不出户"地进行全方位远程管理。

实现了全会员制销售和跨地区、跨平台的信息管理，统一库存、统一客户资料，实行一卡式销售。苏宁电器实现20 000多个终端同步运作，大大提高了管理效率。苏宁电器各地的客服中心都是基于CRM系统为运作基础的。客户服务中心拥有CRM等一套庞大的信息系统，CRM系统将自动语言应答、智能排队、网上呼叫、语音信箱、传真和语言记录功能、电子邮件处理、屏幕自动弹出、报表功能、集成中文TTS转换功能、集成SMS短消息服务功能等多项功能纳入其中，建立了一个覆盖全国的对外统一服务、对内全面智能的管理平台。

依托数字化平台，苏宁电器会员制服务全面升级，店面全面升级为会员制（CRM）销售模式，大大简化了消费者的购物环节，方便了消费者。现在，累计积分可以冲抵现金，成为苏宁电器吸引消费者的一个重要因素。目前苏宁电器针对会员消费者，推出会员价商品、会员联盟商家、会员特色服务等专项服务内容。

比如某一款产品限量特价之后，消费者荣誉卡里记录着该消费者的信息，苏宁电器可以提前通知这些有意向购买这个商品的消费者，把优惠让给他们，而不需要他们排队。

另外，苏宁电器依托CRM系统针对客户的个性化优惠变得切实可行，比如苏宁电器可以给某些有着良好购买记录的消费者直接现金优惠，也可以根据对方的购买习惯打包进行捆绑式销售，这些都给消费者带来了实际效益，而且让利是可见的，是实时的，比大规模没有针对性的促销更有利。

案例来自：CIO时代网http://www.ciotimes.com/application/crm/40972.html.

2.1　业务流程重组

1. 业务流程重组的概念

业务流程重组（Business Process Reengineering, BPR）是20世纪90年代由美国的Michael Hammer教授和CSC管理顾问公司董事长James Champy提出的，1993年，在他们联手著出的《公司重组——企业革命宣言》一书中，Hammer和Champy指出，200年来，人们一直遵循亚当·斯密的劳动分工的思想来建立和管理企业，即注重把工作分解为最简单和最基本的步骤；而目前应围绕这样的概念来建立和管理企业，即把工作任务重新组合到首尾一贯的工作流程中去。他们给BPR下的定义是："BPR是对企业的业务流程做根本性的思考和彻底重建，其目的是在成本、质量、服务和速度等方面取得显著的改善，使得企业能最大限度地适应以顾客（Customer）、竞争（Competition）、变化（Change）为特征的现代企业经营环境"。在这个定义中，"根本性"、"彻底"、"显著"是应关注的核心内容。

BPR 是近年国外管理界在 TQM（全面质量管理）、JIT（准时生产）、WORKFLOW（工作流管理）、WORKTEAM（团队管理）、标杆管理等一系列管理理论与实践全面展开并获得成功的基础上产生的，是西方发达国家在 20 世纪末对已运行了 100 多年的专业分工细化及组织分层制的一次反思及大幅度改进。BPR 主要是革企业僵化、官僚主义的命。

目前 BPR 的基本内涵是以流程运作为中心，摆脱传统组织分工的束缚，提倡面向客户、组织变通、员工授权及正确地运用信息技术，达到快速适应市场变化的目的，包括不同程度的业务提升、业务优化和业务改造。

2. 业务流程重组的主要做法

BPR 作为一种重新设计工作方式、设计工作流程的思想，是具有普遍意义的，但在具体做法上，必须根据本企业的实际情况来进行。其中的一些主要方法如下。

① 合并相关工作或工作组。如果一项工作被分成几个部分，而每一部分再细分，分别由不同的人来完成，那么每一个人都会出现责任心不强、效率低下等问题。而且，一旦某一环节出现问题，不但不易于查明原因，更不利整体工作的进展。在这种情况下，企业可以把相关工作合并或把整项工作都由一个人来完成，这样，既提高了工作效率，又使人有了工作成就感，从而鼓舞了士气。如果合并后的工作仍需几个人共同担当或工作比较复杂，则成立团队，由团队成员共同负责一项从头到尾的工作，还可以建立数据库、信息交换中心来对工作进行指导。在这种工作流程中，大家一起拥有信息，一起出主意、想办法，能够更快、更好地做出正确的判断。

② 工作流程的各个步骤按其自然顺序进行。在传统的组织中，工作在细分化了的组织单位间流动，一个步骤未完成，下一步骤就不能开始，这种直线化的工作流程使得工作时间大为加长。如果按照工作本身的自然顺序，是可以同时进行或交叉进行的。这种非直线化工作方式可大大加快工作速度。

③ 根据同一业务在不同工作中的地位设置不同的工作方式。传统的做法是，对某一业务按同一种工作方式进行处理，因此要对这项业务设计出在最困难、最复杂工作中所运用的处理方法，并把这种工作方法运用到所有适用于这一业务的工作过程中。这样做存在着很大的"学杂费"，因此，可以根据不同的工作设置出对这一业务的若干处理方式，这样就可以大大增加工作效率，也使工作变得简便。

④ 模糊组织界线。在传统的组织中，工作完全按部门划分，为了使各部门工作不发生磨擦，又增加了许多协调工作。而 BPR 可以使严格划分的组织界线模糊甚至超越组织界线。如根据超级市场信息网传送的销售和库存情况，决定什么时候生产多少、送货多少，并不一味依靠销售部门进行统计，同样，这也就避免了很多协调工作。

3. ERP 与 BPR 的关系

作为企业提升管理的工具，BPR 侧重于管理思想，ERP 侧重于技术实现。在应用的过程中，二者互为成功的前提。在 BPR 从思想到实现的转变过程中，离不开 ERP 系统的应用，并只有通过 ERP 系统的应用，才能更好地支撑和固化新的业务流程。ERP 更加注重企业内部的工作流和业务流程，在实施 ERP 系统的过程中通常需要根据新的业务流程、工作流实现企业人员、分销与财务等的集成，改造原有的企业运作方式，实现企业业务流程的重组。因此，这种改造过程涉及供应链上的所有企业。BRP 的过程清理了集团贸易主业的细节。通过流程再造项目，优化了业务操作，树立了运作流程，统一了经营模式。这不仅降低了管理难度，同时也降低了下一步信息系统实施的复杂程度。流程再造明确了系统实施的信息化需求。首先为 ERP 系统建立了经营管理决策、财务核算、财务管理、资金管理、预算管理、机会管理、客户管理、商品管理、风险管理、关键绩效指标等管理流程或制度，初步理顺了集团公司的管理脉络；其次在规范了集团公司的贸易板块业务流程、明确了业务各环节对信息系统的需求的同时，制定了信息系统实施的方案，为日后 ERP 系统的顺利实施奠定了基础。

而对中国企业而言，由于管理基础薄弱，如果不做 BPR，离开了 BPR 思想的指导，ERP 应用也很难达到预期效果。通过 ERP 和 BPR 的集成实施和应用将有效地优化企业的资源和流程，不仅使企业"在成本、质量、服务和速度等方面取得显著的改善"，最大限度地适应以"顾客、竞争、变化"为特征的现代企业经营环境，而且将帮助企业正确地认识市场，有效地借助市场，进而积极地引导市场，使企业在市场中永远处于龙头地位。

2.2 客户关系管理

1. 客户关系管理的概念

客户关系管理（Customer Relationship Management，CRM）的概念由美国著名的 Gartner Group Inc.率先提出。CRM 是辨识、获取、保持和增加"可获利客户"的理论、实践和技术手段的总称。它既是一种国际领先的、以"客户价值"为中心的企业管理理论、商业策略和企业运作实践，也是一种以信息技术为手段、有效提高企业收益、客户满意度、雇员生产力的管理软件。

CRM 的核心思想就以客户为中心，它要求企业从传统的"以产品为中心"的经营理念解放出来，确立"以客户为中心"的企业运作模式。这就意味着企业将把客户作为其运作的核心，也就是说企业的一切活动都是围绕客户展开，客户需要什么，企业就做什么。

CRM 是一种手段，它的根本目的是通过不断改善客户关系、互动方式、资源调配、业务流程和自动化程度等，达到降低运营成本，提高企业销售收入、客户满意度和员工生产力的目的。企业经营以追求可持续的最大赢利为最终目的，进行好 CRM 是达到上述目的的手段，从这个角度可以不加掩饰地讲——CRM 应用是立足于企业利益的，同时方便了客户、让客户满意。

2. ERP 与 CRM 的关系

ERP 和 CRM 既有区别又有很紧密的联系。从管理理念上来说，ERP 是为了提高企业内部资源的计划和控制能力，讲究在满足客户、及时交货的同时最大限度地降低各种成本，通过提高内部运转效率来提高对客户的服务质量，是以效率为中心的。CRM 是以客户关系的建立、发展和维持为主要目的的。二者在关注对象上有所区别，与 ERP 相比，CRM 更多地关注市场与客户。所以 CRM 主要作用于与客户直接接触的部门，主要针对的是企业的市场营销、销售、服务部门，包括管理整个客户生命周期的各个阶段，为企业提供对客户及所购产品的统计、跟踪、服务等信息化手段和功能。也就是说，如果 ERP 是企业级的全面管理应用，CRM 就是 ERP 的最前端，它的作用延伸到了 ERP 以前力所不能及的范围。ERP 将更加面向顾客和市场，通过基于知识的订单处理、市场预测及生产调度等方式使得在全球化市场环境下企业具有更强的优化能力，并与 CRM 进一步结合，实现服务、销售、市场的一体化，使后台处理过程与前台客户服务结合在一起，充分满足客户的个性化服务，使企业的顾客满意度得到有效提高。

从应用系统的设计角度看，大部分 CRM 业务流程相对比较灵活，而 ERP 主要业务流程则相对固定。ERP 系统是一个"事务处理"系统，强调准确记录企业中人、财、物各项资源的轨迹，无缝集成企业生产、库存、财务等管理模块，提高企业的"自动化"能力，从而极大地降低人力需求及差错，提高效率。而 CRM 的体系设计以客户关系发展和维系为目标，系统以统一的客户数据库为中心，为系统用户提供客户的统一视图和对客户的分析、预测等。而 ERP 与 CRM 最终都是要使企业的利益实现最大化、长久化，使投资回报率（ROI）最高。

2.3 产品数据管理

1. 产品数据管理的概念

产品数据管理（Product Data Management，PDM）技术诞生于 20 世纪中期，正式提出 PDM 这一概念是在 80 年代后期。1995 年 2 月，主要致力于 PDM 技术和相关计算机集成技术的国际咨询公司 CIMdata 公司在其发布的《PDM Today》一文中，对 PDM 提出了简单的定义："PDM 是一门用来管理所有与产品相关信息（包括零件信息、配置、文档、CAD 文件、结构、权限信息等）和所有与产品相关的过程（包括过程定义和管理）的技术。"

PDM 是以软件为基础的技术，它将所有与产品相关的信息和所有与产品有关的过程集成到一起。产品有关的信息包括任何属于产品的数据，如 CAD/CAM/CAE 的文件、物料清单（BOM）、产品配置、事务文件、产品订单、电子表格、生产成本、供应商状态等。产品有关的过程包括任何有关的加工工序、加工指南和有关批准、使用权、安全、工作标准和方法、工作流程、机构关系等所有过程处理的程序，包括了产品生命周期的各个方面。PDM 使最新的数据能为全部有关用户，包括从工程师、NC 操作人员到财会人员和销售人员均能按要求方便地存取。与 PDM 常常相关的术语有电子数据库、过程或过程控制、结构、配置管理/改变控制、接口和集成等。

从产品来看，PDM 系统可帮助组织设计产品，完善产品结构，跟踪进行中的设计概念，及时、方便地找出存档数据及相关产品信息。

从过程来看，PDM 系统可协调组织整个产品生命周期内诸如设计审查、批准、变更、工作流优化及产品发布等过程事件。但是，这只是单纯从技术的角度给 PDM 下了一个"准确"的定义。真正意义上的 PDM 远不止如此。如果一定要探寻 PDM 究竟是什么，我们不妨这样来定义它：PDM 继承并发展了设计资源管理、设计过程管理、信息管理等多类系统的优点，并应用了并行工程方法学、网络技术、数据库技术等先进技术，有效地解决了企业信息集成、过程优化管理等企业"瓶颈"问题。

2. ERP 与 PDM 的关系

ERP 和 PDM 是当前关系到企业核心能力的两个重要技术领域平台。PDM 能够管理所有与产品有关的信息和与产品相关的过程，它能帮助企业构造一个适合异构计算机运作环境的集成应用平台。ERP 则是根据现代管理思想，对企业活动中和制造有关的所有资源和过程（包括产、供、销、人、财、物）进行统一的管理，在目标上充分体现对成本的控制、对质量的控制和对客户服务的管理，着眼于企业制造领域中连续的计算机化管理，主要用于生产制造阶段和后勤管理。

ERP 和 PDM 在系统的早期功能、系统的目标、管理方式、管理内容等多方面存在着不同程度的区别，但是，现代企业的运作是基于资金流、物流和信息流相辅相成的一个动态系统，而产品的生命周期涉及 PDM 和 ERP 两个领域。所以，基于完整的产品生命周期，以全局的眼光来看，PDM 和 ERP 在管理目标的一致性、过程之间的连续性、处理业务之间存在着因果关系、过程的支持条件有着先天的联系等方面有着密切的联系。

虽然 PDM 和 ERP 在管理重点上有所不同，但是，由于同一产品的形成周期涉及 PDM 和 ERP 两个领域，所以，对 PDM 和 ERP 进行系统集成应用，对于有效缩短产品形成周期、加速产品从设计到制造的转化，促进企业的现代化进程具有非常重要的现实意义。

2.4 供应链管理

1. 供应链管理的概念

供应链管理（Supply Chain Management，SCM）起源于 Peter Drucker 提出的"经济链"思想，后经过 Michael E. Porter 的发展成为了"价值链"，最后逐渐形成了 SCM 的概念。SCM 具体是指在满足一定的客户服务水平的条件下，为了使整个供应链系统成本达到最小而把供应商、制造商、仓库、配送中心和渠道商等有效地组织在一起来对供应、需求、原材料采购、市场、生产、库存、订单、分销发货等的管理，包括了从生产到发货、从供应商到顾客的每一个环节。SCM 是一种集成的管理思想和方法，这种管理思想不仅仅是针对企业内部资源的管理优化，更为注重的是企业通过改善上、下游供应链关系，整合和优化供应链中的信息流、物流、资金流，以获得企业的竞争优势。具体表现为企业在战略和战术上对企业整个作业流程的整合与优化，实现供应商、制造商、零售商的业务效率的协调提升，使商品以正确的数量和正确的品质、在正确的地点和正确的时间、用最佳的成本进行生产和销售。

2. ERP 与 SCM 的关系

ERP 系统主要面对单个企业内部，注重于企业内部资源的集成与效率的提高；SCM 则面对供应链上的各个组成部分包括企业外部资源，注重于企业所处的整个关系网络中信息流、物流及资金流的优化整合。从实现功能的角度来说，SCM 和 ERP 都拥有生产计划、销售计划、需求计划和市场分析等方面的相应模块，但由于 SCM 是基于整个网络的综合性系统，因此在上述的功能上都明显优于 ERP。包括 Internet 的解决方案和协同引擎等内在的通信技术可以为 SCM 的实现提供足够的技术支撑，从而帮助生成企业之间实时的协作预测，提供精确的预测结果，这都是单一的 ERP 系统所不能实现的。基于 MRP 的 ERP 计划模型存在缺乏企业间有效沟通缺陷，这一点在采购计划和销售计划方面表现得尤为突出。在采购方面，SCM 可同时分析企业内部和供应商生产设施的物料及能力约束，在编制满足企业自身物料和能力约束的生产进度计划的同时还可以及时获取上游企业的供应信息，从而按给定的外部条件进行整体网络的优化。在销售计划方面，与传统的 ERP 系统相比，SCM 能够提供更为全面的功能，可以帮助管理分销中心并保证产品可订货和可赢利，而 ERP 则在对外的销售计划外并不具有 SCM 优化分销成本的前瞻性。ERP 与 SCM 的集成是通过相互之间的采购、销售、库存和决策分析等模块集成而完成。尽管 SCM 对外部资源的管理和利用等方面具有明显的优势，但是其对企业内部的管理大都沿用 ERP 的思想和职能，主要体现在客户订单、采购订单、预测数据和库存、分销、运输、服务链上。

2.5 制造执行系统

1. 制造执行系统的概念

制造执行系统（Manufacturing Execution System，MES）是美国 AMR 公司（Advanced Manufacturing Research，Inc.）在 20 世纪 90 年代初提出的，旨在加强 MRP 计划的执行功能，把 MRP 计划同车间作业现场控制，通过执行系统联系起来。这里的现场控制包括 PLC 程控器、数据采集器、条形码、各种计量及检测仪器、机械手等。由于提供生产现场控制设施的厂商不属于部署 MES 系统的企业内部资源，MES 系统设置了必要的接口用于实现两者间有效的沟通并建立合作关系。制造执行系统是通过信息的及时传递，对从订单下达到产品完成的整个生产过程进行优化管理。在企业生产环节中的实时事件发生时，MES 能对此及时作出反应、出具报告，并用当前系统内部的准确数据对该事件的约束条件进行分析并处理。基于这种对状态变化的迅速响应能力，MES 能够减少企业内部特别是生产制造环节中出现的那些没有附加值的活动，有效地指导工厂的生产运作，同时提高了工厂按时完成生产计划的能力、改善了物料的流通性能，提高生产的执行效率及投入要素的回报率。MES 还是一个双向的直接通信系统，能够实现企业内部和整个产品供应链中的信息互动，及时更新所提供有关生产行为的关键任务信息。

2. ERP 与 MES 的关系

在制造业中，目前大多数 ERP 产品只做到零件级的生产计划，即注重于企业内部资源的数量和使用情况，而且更多的是从财务的角度对企业进行考量，但是还不具备实现工序级生产计划的能力。与 ERP 管理整个企业内部资源不同，MES 的管理对象仅限于生产车间，多用于采集从接受订货到制成最终产品全过程的各种数据和状态信息，因此 MES 更适用于产品种类多、产品的 BOM 复杂、加工工艺复杂、单一产品的需求变化量大的制造型企业。而服务业或者流通业中的企业则更多地会使用 ERP 系统来满足信息化管理的需求。假定控制层要求的实时时间系数是 1，那么 MES 层的实时时间系数为 10，ERP 层的时间系数为 100。由此，以把 MES 作为夹在 ERP 与控制层之间的一个中间层，起传递 ERP 和控制信息层的作用。MES 和 ERP 系统的功能之间的互相延伸和对接，能够实现企业管理层和车间管理层一体化的标准运作，从根本上减少信息和数据内部流通的时间并优化客户服务、提高企业的整体工作效率。尽管 ERP 和 MES 在功能上具有非常良好的互补性，但是在企业信息化建设过程中，它们之间未必需要相互依赖于对方而存在。

2.6 电 子 商 务

1. 电子商务的概念

电子商务（Electronic Commerce）至今同样没有统一的定义，这也是电子商务概念很容易引起混淆的原因之一。国内外不同的书籍、机构等对于电子商务的定义都有差异，电子商务研究者从不同角度给出了众多电子商务的定义。

加拿大电子商务协会给出了电子商务的较为严格的定义：电子商务是通过数字通信进行商品和服务的买卖及资金的转账，它还包括公司间和公司内利用电子邮件、电子数据交换（EDI）、文件传输、传真、电视会议、远程计算机联网所能实现的全部功能（如市场营销、金融结算、销售及商务谈判）。

联合国经济合作和发展组织（OECD）在有关电子商务的报告中对电子商务的定义为：电子商务是发生在开放网络上的包含企业之间（B2B）、企业和消费者之间（B2C）的商业交易。

美国政府在其《全球电子商务纲要》中比较笼统地指出电子商务是通过 Internet 进行的各项商务活动，包括广告、交易、支付、服务等活动，全球电子商务将涉及世界各国。

全球信息基础设施委员会（GHC）电子商务工作委员会报告草案中对电子商务的定义如下：电子商务是运用电子通信作为手段的经济活动，通过这种方式人们可以对带有经济价值的产品和服务进行宣传、购买和结算。这种交易方式不受地理位置、资金多少或零售渠道的所有权影响，公有、私有企业，公司，政府组织，各种社会团体，一般公民，企业家都能自由地参加广泛的经济活动，其中包括农业、林业、渔业、工业、私营和政府的服务业。电子商务能使产品在世界范围内交易并向消费者提供多种多样的选择。

总之，我们可以这样说：从宏观上讲，电子商务是计算机网络的又一次革命，旨在通过电子手段建立一种新的经济秩序，它不仅涉及电子技术和商业交易本身，而且涉及诸如金融、税务、教育等社会其他层面；从微观角度讲，电子商务是指各种具有商业活动能力的实体（生产企业、商贸企业、金融机构、政府机构、个人消费者等）利用网络和先进的数字化传媒技术进行的各项商业贸易活动，这里要强调两点，一是活动要有商业背景，二是活动具有网络化和数字化的特点。

2. 电子商务为企业经营带来的变革

电子商务是 Internet 爆炸式发展的直接产物，是网络技术应用的全新发展方向。Internet 本身所具有的开放性、全球性、低成本、高效率的特点，也成为电子商务的内在特征，并使得电子商务大大超越了作为一种新的贸易形式所具有的价值，它不仅会改变企业本身的生产、经营、管理活动，而且将影响到整个社会的经济运行与结构。

① 电子商务将传统的商务流程电子化、数字化，一方面以电子流代替了实物流，可以大量减少人力、物力，降低了成本；另一方面突破了时间和空间的限制，使得交易活动可以在任何时间、任何地点进行，从而大大提高了效率。

② 电子商务所具有的开放性和全球性的特点，为企业创造了更多的贸易机会。

③ 电子商务使企业可以以相近的成本进入全球电子化市场，使得中小企业有可能拥有和大企业一样的信息资源，提高了中小企业的竞争能力。

④ 电子商务重新定义了传统的流通模式，减少了中间环节，使得生产者和消费者的直接交易成为可能，从而在一定程度上改变了整个社会经济运行的方式。

⑤ 电子商务一方面破除了时空的壁垒，另一方面又提供了丰富的信息资源，为各种社会经济要素的重新组合提供了更多的可能，这将影响到社会的经济布局和结构。

3. ERP 与电子商务的关系

电子商务的实质是企业经营管理各个环节的信息化过程，但不是简单地将过去的工作流程和工作规范原样照搬到信息系统中，而是依靠新的手段和条件面对旧有的流程进行变革的过程。企业电子商务的发展有一个循序渐进、从基础到高级的过程，典型的企业电子商务发展模式应该包含几个步骤：构建网络基础设施；实现办公自动化（OA）；建设企业核心的业务管理和应用系统，此环节中最有代表性的是 ERP 和外部网站的建设；然后是针对企业经营 3 个直接增值环节设计的 CRM、SCM 及产品研发管理（PLM）。

如果说企业信息化建设的第三个阶段是建设企业核心的业务管理和应用系统阶段。而在这个阶段最有代表性的是 ERP 系统。ERP 系统不是机械地适应企业现有的流程，而是对企业流程中不合理的部分提出改进和优化建议，并可能导致组织机构的重新设计和业务流程重组。那么我们不难得出一个结论，即电子商务是建立在 ERP 基础之上的应用。也就是说 ERP 是企业实施电子商务的支撑系统。但从另一个角度来看，电子商务与 ERP 又可以被归于同一个层次的应用，只是侧重点不同：ERP 主要针对于企业内部的管理，而电子商务是以与外部交互为主，两者息息相关，如果企业前端的电子商务和后台的 ERP 系统脱节，会导致很多关键的信息和数据被封闭在相互独立的系统中，部门间重复着冗余的工作，不能对客户作出迅速、及时、有效的响应，使企业工作效率下降及运营成本上升，从而给企业自身带来极大的损害。因此，现在的 ERP 必须能够适应 Internet 的应用，可以支持跨平台的多组织的应用，并和电子商务之间的应用具有广泛的数据、业务逻辑的接口，在建好后台 ERP 的同时，做好前端电子商务的高度系统集成工作。

因此，由于电子商务与 ERP 之间存在着种种密切的联系，我们不能再把它们简单地看成是两个独立的对象，而是应该用联系的观点去认识和研究它们。

2.7 商 务 智 能

1. 什么是商务智能

商务智能（Business Intelligence，BI）的概念最早是 Gartner Group Inc. 的 Howard Dresner 于 1996 年提出来的。当时将商务智能定义为一类由数据仓库（或数据集市）、查询报表、数据分析、数据挖掘、数据备份和恢复等部分组成的，以帮助企业决策为目的技术及其应用。随着企业信息化过程的不断深入，从简单的电子报表到复杂的电子商务、企业行为都转化成了数据。

今天，各个行业都面临着激烈的竞争，我们不再为没有信息而发愁，而是为信息太多而焦虑，及时、准确的决策已成为企业生存与发展的生命线。随着信息技术在企业中的普遍应用，企业产生了大量富有价值的电子数据。但这些数据大都存储于不同的系统中，数据的定义和格式也不统一，BI 系统能从不同的数据源搜集的数据中提取有用的数据，并对这些数据进行整理，以确保数据的正确性，然后对数据进行转换、重构等操作后，将其存入数据仓库或数据集市中；然后运用适合的查询工具、分析工具、数据挖掘工具、OLAP 工具等管理分析工具对信息进行处理，使信息变为辅助决策的知识，并将知识以适当的方式展示在决策者面前，供决策者使用。

因此，BI 是企业利用现代信息技术收集、管理和分析结构化和非结构化的商务数据和信息，创造和累计商务知识和见解，改善商务决策水平，采取有效的商务行动，完善各种商务流程，提升各方面的商务绩效，增强企业综合竞争力的智慧和能力。

2. BI 在企业中的应用

BI 在中国的发展尚处于起步阶段，大部分企业对 BI 仍然缺乏必要的了解。中国虽有宝钢、中国海关、大的银行和电信公司进行过或正在进行数据仓库和数据挖掘项目，但是大部分企业在这方面的应用还几乎为零。

虽说几乎每个中国的企业都需要 BI，但大规模的分析主要集中在竞争激烈的生活消费品行业、零售业及金融服务业（如银行、保险等）。由于国内的生活消费品行业和零售业利润薄、信息化程度低、资金实力不强，因而没有足够的能力实施。被 BI 软件厂商看好的反而是电信、金融、航空等行业，因为这些行业的信息化程度偏高，并且这些行业从某种意义上讲都是服务业，客户的需求扮演着重要角色，准确、科学地把握客户的需求是身处这些行业的企业决策者孜孜以求的。另外，这些行业可以利用 BI 来补充和完善它们实施的 CRM 和 ERP 系统。Business Objects 和 Brio 在国内实施的案例中，多数集中在这几个行业。另外，BI 厂商也看好正在实施电子政务计划的中国政府部门。

尽管中国企业在 BI 的应用方面还处于刚刚起步阶段，但它的需求潜力巨大。在过去两年里，已经有不少国际 BI 公司进入中国，经过 2005 年的强劲发展，中国 BI 软件市场销售额达到 10.15 亿元人民币，年增长率达到 54.96%。2006 年，随着履行加入 WTO 全面开放市场承诺时间的临近、中国企业国际化的步伐加快及政府职能的全面转变，中国金融、电信、政府、零售、制造等行业对 BI 技术应用的需求全面爆发。随着中国企业信息化建设的进一步完善，对 BI 系统的需求会与日俱增。

3. ERP 与 BI 的关系

在过去 10 年中，ERP 技术和 BI 都有重大的发展，但它们的发展道路或多或少是并行的。BI 数据库和 ERP 有许多共通之处：两者都采用分布式架构存储海量数据，因此双方进行融合的可能性很大；两者都为大范围终端用户提供深度访问的能力；两者都具有高度的分布性和应用程序的可扩展性，尽管这种特性在 BI 上体现得不是很明显；两者基于同样的前提，即利用直接或者间接数据作为预测工作的信息参考；两者的商业判断能力都有赖于信息技术，但功能特点却各自针对于 BI 和业绩跟踪（Performance Tracking）的不同方面。BI 和 ERP 最大的共性就是，它们使企业运行得更有效率、响应更及时并易于整合。

虽然存在类似之处，但 BI 和 ERP 绝对不是同一事物或是同一事物体的两个方面，它们是互补的系统。ERP 是面向操作的软件，而 BI 是面向决策的软件。BI 可以建立在 ERP 系统已收集原始数据的基础上，弥补 ERP 在分析、决策功能上的不足，但绝不是简单的 ERP 附属模块。著名信息化专家 Joe Oates 的观点是：尽管 ERP 理论上包括 BI 和 CRM，但实际上并不如此，甚至很多公司只是执行了 ERP 方案中的财务部分。当前，很多企业 ERP 上线前，在某些时候没有数据可以分析；上了 ERP 之后，有时面对海量数据，却又难以分析，从而企业领导者的决策也不能得到确定。从这种角度讲，对于这些企业来说，仅仅实施了 ERP 的信息化系统仍然是不够的，它还需要 BI 系统。BI 就能够帮助经营和决策者发现企业本身的问题和不足，并且给他们提供一种后果的设想，帮助他们选择最佳的方案和渠道，来影响执行层面的行为。所以，ERP 和 BI 是可以并驾齐驱的两个系统，已实施了 ERP 的企业需要 BI 是显而易见的。

案例分析

微软助联华超市构建BI系统

联华超市（以下简称联华）创建于1991年5月，是上海首家以发展连锁经营为特色的超市公司。联华2005年的营业收入达到了143.1亿元，比2004年增长31.85%，并连续8年排名中国连锁业百强首席。截至2005年年底，联华共有营业网点3 609个，其中大型超市97家，中小型超市1 553家，便利店1 959家，遍及全国21个省市。

联华的信息化建设开始于1996年，是国内零售业信息化建设最早的超市之一。联华最开始的信息化建设从门店入手，1996～1998年，在门店层次形成了基于POS 的管理体系。1997年年底，联华开始了EDI自动订货系统的全面建设，该系统从1999年3月正式投入使用。2001年2月，联华开始实施"供应商综合服务平台"模块，该模块是一个B2B的电子交易平台，通过该模块，联华的采购中心可以通过自动传真、发E-mail和EDI等多种方式迅速将订货信息传递给供应商，供应商也可以到此平台上查询自己商品的销售和库存等信息。2002年10月，联华开始大规模地在各门店与采购中心之间、各门店与供应商之间建立全面的大规模网络系统。

通过这些系统的建设，联华合理安排生产和库存，大大提高了效率，而且大幅度地降低了物流配送成本。在竞争趋于同质化的情况下，只有更好地为客户服务，才可能获得竞争优势，这也要求零售企业具有分析、挖掘业务数据的能力，以便更深入地了解和掌握业务发展情况。在这种情况下，联华开始了BI系统的建设。

解决方案

联华曾经采用UNIX平台，建设了试验性和应急式的BI应用，随着公司扩大规模的战略需要，原有的BI系统难以满足公司日常的要求，公司需要分析更多的数据，进行更深入和全面的分析，以及迅速、灵活的报表查询。在2005年的下半年，联华开始准备建设新的BI系统。

在BI系统方案设计上，公司有两种选择：一种方案是沿用第一期BI系统的设计，从数据库、应用服务器及前端平台均采用UNIX系统；另外一种方案是全部采用微软的平台，数据库、应用服务器和前端都采用微软的产品。经过公司的讨论和慎重考虑，最终选择了全部采用微软平台。"微软为我们的系统提供了功能丰富、完整的解决方案，并且帮助我们大大节省了项目的投资。"联华项目负责人介绍，"我们最终在Web服务器方面，采用微软的Windows Server 2003平台，数据库采用微软的SQL Server 2005，前端采用微软的IE。"

该BI系统方案的主要功能是为联华提供业务数据分析，整个系统包括如下4个层面。

① 企业级的数据仓库。超市的各个门店及供应商之间每天都有大量的数据需要传递和处理，数据仓库可以统一不同数据来源间的差异，清理在线系统中的不合理数据，保证了数据的准确性、及时性和响应速度。数据仓库还可以智能地执行数据加载、清洗、转换过程，大大降低后续维护人员的工作量。

② 多维分析报表（OLAP）。数据仓库只是对数据进行搜集和存储，而对于数据分析功能，该BI系统提供了多维分析模型和多维分析报表，运用.Net技术来提供报表分析，同时充分满足了各业务部门定制报表和灵活查询的分析需要。

③ 特定主题分析。是指针对零售业的特点而开发的一些主题分析，包括总经理KPI指标仪表盘、供应商综合绩效评估、门店综合绩效评估、特定节假日促销效果定量分析、特定商品促销效果定量分析和不同时期、不同业态商品的角色跟踪、对比分析。

④ 经营分析指标。包括零售库存保本保利分析预算、成长达成率指标分析、生产率分析指标、资本安全性分析指标、收益率分析指标等。通过经营指标分析，可以使超市掌握自己的经营管理情况。

项目于2005年10月开始实施，到2006年年初结束。联华BI项目采用了数据库服务器、应用服务器、客户端浏览器的三层结构，即B/S（浏览器/服务器）结构。这种结构性能优越，易于扩展，也易于维护。客户端采用微软的IE 6.1浏览器；Web应用服务器和OLAP服务器均采用Windows Server 2003。

系统的主服务器采用64位的Windows Server 2003企业版，数据库采用64位的SQL Server 2005企业版，结合基于Intel 64位处理器的服务器平台，为系统提供了稳定、坚实的基础。备份服务器均采用32位的Windows Server 2003企业版和SQL Server 2005企业版。服务器都放置在联华的总部机房，通过数据交换平台与总部主档库、各分支机构（包括区域、业态等）的业务系统及外部系统如供应商的系统等相联。各联华的门店和最终用户分别通过浏览器访问Web服务器，从而可以访问BI系统的应用。

用户收益和体验

① 性能先进，扩展性强。微软的SQL Server 2005针对BI做了优化，包括相关的数据仓库、数据分析、ETL、报表、数据挖掘的一系列设计、开发、管理工具；支持XML与Web Service，使得BI应用可以方便与Internet相联，各种新数据类型和T-SQL扩展为SQL Server 2005带来了诸多灵活性，扩展性很强。64位的Windows Server 2003企业版和SQL Server 2005企业版的应用，配合基于Intel 64位芯片服务器，大大提高了整个系统的性能。

② 操作简便，易用性强。由于采用了微软的整体解决方案，整个BI系统在操作和易用方面得到了很大的提高。Windows Server 2003具有操作简便、界面友好的优点，而且在安全性能和网络应用方面有了很大的提高。SQL Server 2005中报表服务、整合服务和分析服务的应

用及前端IE浏览器的使用也使得整个BI系统的易用性很强，客户和员工都反映系统很容易上手，操作简单。系统在操作上的便利性也提高了整个系统的运行效率。

③ 系统稳定、可靠，安全性能高。采用Windows Server 2003作为系统平台使得整个BI系统运行十分稳定，另外，SQL Server 2005提供了全新的安全认证和数据加密技术来加强数据系统的安全性，而且SQL Server 2005的数据库镜像、快照、时点恢复、实时在线管理等功能更大大提高了系统的可靠性。

④ 采用微软解决方案，大大降低了公司的运营成本。整个BI系统采用微软的产品，在软、硬件的初始采购成本上就比UNIX平台低很多，并且在日常的运行维护上，微软平台的成本优势更加突出。微软平台操作简便、稳定可靠，大大降低了BI系统所需要的维护工作。此外，微软公司为用户提供多种途径的技术支持和丰富的技术资源保障，解决了用户的后顾之忧。联华BI项目负责人初步估算认为"实施微软整体解决方案，联华在BI系统的建设、运维成本方面，至少节省了30%以上的成本。"

案例来自: http//solution.chinabyte.com/0/8288500.shtml.

 小结

ERP系统在企业中的应用常常和许多概念紧密联系，例如，业务流程重组、客户关系管理、产品数据管理、电子商务、商务智能等，这些概念之间的关联其实正是目前企业中ERP应用的发展趋势。

关键字

BPR: Business Processing Reengineering　业务流程重组
CRM: Customer Relationship Management　客户关系管理
PDM: Product Data Management　产品数据管理
EC: Electronic Commerce　电子商务
BI: Business Intelligent　商务智能

思考题

1. 什么是BPR? BPR的主要做法是什么?
2. 请简单描述BPR与ERP的关系。
3. 何谓CRM? CRM与ERP的关系如何?
4. 何谓PDM? PDM与ERP的关系如何?
5. 什么是EC? EC和ERP是什么关系?
6. 何谓BI? BI与ERP的关系如何?

阅读书目

陈兵. 倍增式经营：企业资源高效利用黄金法则. 南京：凤凰出版社，2011.

杨建华，张群，杨新泉. 企业资源规划与流程再造. 北京：北京交通大学出版社，2007.

潘宪生. 企业业务流程重组.北京：科学出版社，2004.

王茁，顾洁. 三位一体的商务智能（BI）——管理、技术与应用. 北京：电子工业出版社，2004.

杨路明. 客户关系管理理论与实务. 北京：电子工业出版社，2004.

第3章 ERP 的功能结构

【教学知识点】

ERP 系统的基本原理；

ERP 系统的构成模块及其相互关系；

供应链管理的业务流程；

ERP 系统中供应链管理模块的功能；

生产管理的业务流程；

ERP 系统中生产管理模块的功能；

财务管理的业务流程；

ERP 系统中财务管理模块的功能；

ERP 系统对人力资源管理的支持。

导入案例

ERP软件选择——功能该简则简，该细则细

一提起ERP应用，不少中小企业主总是大倒苦水：

"花了大笔资金，管理效率没大提高，倒是多出一些莫须有的环节来，用还麻烦，不用还不行。"

"有些管理环节做得太粗了，有些我们想通过上ERP来加强的部分，有时也做不到。"

"咱上ERP不就是为了简单、高效吗？为什么效果不是很明显呢？"

尽管中国的ERP市场在不断发展中逐渐走向成熟，但终端用户中依然存在着许多这样的声音，中小企业要选择一个合适的ERP似乎已成为一个很难解决的问题，而摆在国内外厂商面前的瓶颈依然是软件产品如何赢得用户欢心的问题。

其实，作为厂商，在改进、完善产品的同时，更应该专注于中小企业的市场现状。目前许多中小企业在管理软件应用上正面临着升级换代，原有的进、销、存软件已经不能满足发展的需要，但对于功能齐备的高端ERP却又抱着不同的心态，一是认为资金过多，二是不少前车之鉴让它们心有余悸，不敢轻易应用。其实，归根结底，企业需要的是与它们现行发展状况相吻合的软件产品，这样方能精进管理，提高效率，达到原定目标。

ERP软件应以用户为中心进行产品的研发和改良，功能大而全的软件产品在大集团、大企业中应用可能会如鱼得水，功能简而精的软件产品则更适用于中小企业。一些必需功能，

充分考虑用户特性，在重要部分做细，保证管理的有效性；一些可一步完成的功能，也就没必要机械地非要分几步走，操作起来灵活易用。当然，这里的"简而精"一定要和企业自身的特点相关联，并非功能少就是好软件。

那么，中小企业判定管理软件是否合适的依据是什么？其实只要看两点就足够了，一看软件功能与企业管理现状和未来发展目标相比对，是否有过多的累赘或不符合企业应用的方面，是否吻合并具持续发展的空间；二是看软件细节设置上是否恰当，操作是否人性，是否简单易用，而且对厂商的后续服务也能有所认知和考量。因此，对于大部分亟待提升管理软件的中小企业而言，不妨放心大胆地选择这种"与时俱进"的产品，要知道，古语有云"轻车熟路"，管理软件贴合自身又简单易用，才能有效地带动企业的发展。

案例来自：IT专家网http://erp.ctocio.com.cn/bgzd/314/7482314.shtml.

ERP是建立在信息技术基础上，利用现代企业的先进管理思想，为企业提供决策、计划、控制、经营业绩评估的全方位、系统化的管理平台。虽然目前ERP市场上产品众多，但是多数ERP产品的总体结构都是比较类似的，本章的任务就是要从ERP功能结构的角度对ERP系统进行介绍。

3.1 ERP 的基本原理、系统结构和运行环境

1. ERP 的基本原理

随着现代管理思想和方法的提出和发展，如准时生产（Just In Time，JIT）、全面质量管理（Total Quality Management，TQM）、优化生产技术（Optimized Production Technology，OPT）、分销资源计划（Distribution Resource Planning，DRP）等，后来又出现了制造执行管理系统（Manufacturing Execution System，MES），MRPⅡ在逐步吸取和融合其他先进思想来完善和发展自身理论之后，20世纪90年代进入了ERP阶段。

企业所有资源简要地说包括三大流，即物流、资金流和信息流，ERP就是对这3种资源进行全面集成的管理信息系统。概括地说，ERP是建立在信息技术基础上、利用现代企业的先进管理思想、全面集成了企业所有资源信息，为企业提供决策、计划、控制与经营业绩评估的全方位和系统化的管理平台。它不仅仅是信息系统，还是一种管理理论、管理思想的运用，利用企业所有资源，包括企业内部资源与外部市场资源，为企业制造产品或提供服务创造最优的解决方案，最终达成企业的经营目标。由于这种管理思想必须依附于软件系统的运行，所以通常把ERP当成软件。

ERP是从MRPⅡ发展而来的，除了继承了MRPⅡ的基本思想外，大大扩展了管理模块，如工厂管理、质量管理、设备管理、运输管理等，它汇集了离散型生产和流程型生产的特点，扩大了管理范围，更加灵活或柔性地开展业务活动，实时响应市场需求、融合多种管理思想，进一步提高了企业的管理水平和竞争力，所以ERP不是对MRPⅡ的否认，而是继承与发展。MRPⅡ的核心是物流，主线是计划，伴随着物流的过程，同时存在资金流、信息流，ERP的主线也是计划，但已将管理重心转移到财务上，在企业整个经营运作过程中贯穿了财务成本

控制的概念。总之，ERP 极大地扩展了管理业务的范围及深度，包括质量、设备、分销、运输、多工厂管理、数据采集接口等多方面的管理业务。ERP 的管理范围涉及企业所有供需过程，是供应链的全面管理，如图 3-1 所示。

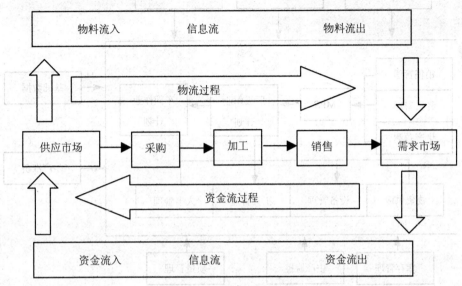

图 3-1　企业运作的供应链

2. ERP 的系统结构

2003 年 6 月 4 日，原信息产业部发布编码为 SJ/T11293-2003 的中华人民共和国电子行业标准《企业信息化技术规范　第 1 部分：企业资源规划（ERP）规范》，该标准于 2003 年 10 月 1 日起正式实施。该标准对 ERP 系统规定了比较详细的功能技术要求，给出了 20 个模块的功能描述、评比标准、重要程度。这 20 个功能模块分别是：环境与用户界面、系统整合、系统管理、基本信息、库存管理、采购管理、营销管理、BOM 管理、车间任务管理、工艺管理、MRP、成本管理、人力资源管理、质量管理、经营决策、总账管理、自动分录、应收管理、应付管理、固定资产管理。

除此标准以外，我国还有很多权威机构对 ERP 系统的功能提出了自己的看法，如国家制造业信息化工程办公室提出了制造业信息化建设的具体要求，认为在 ERP 系统应该具有 5 个功能域、23 个功能模块，如表 3-1 所示。

表 3-1　5 个功能域的功能框架图

生产管理	采购管理	销售管理	库存管理	财务管理
基础数据	采购计划管理	销售计划管理	入库管理	总账管理
MPS	供应商信息管理	销售合同管理	出库管理	应收账管理
MRP	采购订单管理	销售客户管理	盘点与结转	应付账管理
生产订单管理			库存分析	成本核算
生产作业管理			库存查询	固定资产管理
生产工序管理				财务报表

CIMS 领域的研究成果认为，ERP 系统应该包括 18 个功能模块，如图 3-2 所示。

"十五"期间，"863"计划中 ERP 领域的研究结论是 ERP 系统应该至少具备 13 个功能模块，包括生产计划与控制、成本计划与控制、财务管理、采购供应管理、销售管理、客户关系管理、库存管理、质量管理、人力资源管理、设备管理、基础数据管理、供应链管理、系统配置与重构。

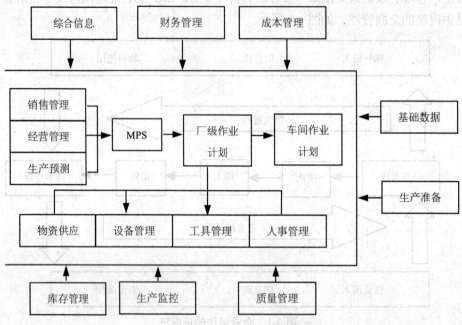

图 3-2　18 个功能块的功能框架

3. ERP 的运行环境

近年来随着信息技术的迅速发展，除了 ERP 以外，企业信息化领域新的技术和产品不断涌现，如 CAD（计算机辅助设计）、CAM（计算机辅助制造）、CAT（计算机辅助测试）等，这些单元技术及系统集成起来通常称为 CIMS（计算机集成制造系统）。ERP 与这些技术的关系可以用图 3-3 来表示。

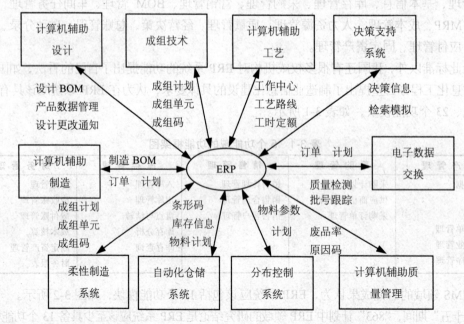

图 3-3　ERP 与其他企业信息化技术的关系

在各种单元技术中，ERP 与 CAD、CAPP（计算机辅助工艺）、CAM 的信息交换最为密切，包含了运行 ERP 系统的最基本数据，如描述产品结构的物料清单（BOM）要通过 PDM 系统从 CAD 系统转换过来，设计更改信息要从 CAD 及时输入 ERP 系统，有关工作中心、工艺路线、工时定额等信息来自 CAPP 或 GT（成组技术），ERP 生成的生产计划又要提供给 CAM 或 FMS（柔性制造系统）。在新产品较多、设计修改较频繁的情况下，为了迅速响应不断的变化，这种信息和数据交换最为重要。

ERP 在企业中主要是起生产的计划与控制作用，根据诺兰模型，它需要与其他技术集成到一起，才能全面增强企业的竞争力，而不是变成新的信息孤岛。

3.2　基　本　概　念

ERP 理论中有很多专有名词，在全面介绍 ERP 软件之前，有必要先介绍这些基本概念。了解与熟悉 ERP 就是从这些基本概念入手，同时这些基本概念其实都是企业中的业务或管理基础数据，对于 ERP 系统来说都是重要的初始化数据。这些基本概念包括物料编码、物料清单、工作中心、工艺路线、提前期、工厂日历等。

3.2.1　物料编码

1. 物料编码的概念

物料编码（Item Number 或 Part Number）有时也叫物料代码或物料号，是计算机管理物料的依据，对 ERP 系统运行的所有物料进行编码是 ERP 的最基础工作。它是用一组代码来代表一种物料。这里的物料指所有物品，如材料、成品、半成品等，凡是属于物质的东西都可以称为物料。每个企业都可以有自己的一套物料编码方法，也可以用有关的推荐标准，最基本的要求是：物料编码必须是唯一的，也就是说在同一个企业内不能出现不同物料采用相同编码的情况。一般来说物料编码采用数字、英文字母或混合方式编码，要考虑结合条形码管理。物料编码可以有一定的规律，例如，以 0 开头的是原材料，以 1 开头的是在制品，以 2 开头的是成品，但也可以没有任何意义，就是流水号。

2. 物料编码的保存

企业的物料编码一旦确定，一般不允许更改与删除，即使删除也要把有关业务结清，并转入历史资料库，方便以后查阅，同时删除系统中所有库、表中的该编码。物料编码保存在物料编码主文件中，存储各种物料的基本属性和业务数据，是进行主生产计划、物料需求计划运算的最基本文件。各种 ERP 软件的物料编码主文件的内容不尽相同，通常包含以下信息。

① 物料技术资料信息，提供物料的有关设计及工艺等技术资料，如物料名称、品种规格、型号、单位、默认工艺路线、单位重量、单位体积等。

② 物料的库存信息，提供物料库存管理的有关信息，如物品来源、库存单位、ABC 码、库存类别、批量规则、批量周期、盘点周期、最大库存量、安全库存量等。

③ 物料计划管理信息，涉及该物料中与计划相关的信息。在计算主生产计划与物料需求

计划时首先读取物料的该类设置信息，如计划属性、生产周期、提前期等。

④ 物料的采购管理信息，用于物料采购管理，如上次订货日期、物品日耗费量、订货点数量、主供应商、次供应商等。

⑤ 物料的销售管理信息，用于物料的销售相关管理，主要有物品销售类型、销售收入科目、销售成本科目、销售单位与默认的销售商等。

⑥ 物料的财务有关信息，该类信息涉及物品管理的相关财务信息，如物品财务类别、增值税代码、标准成本、实时成本、计划价、成本核算方法等。

⑦ 物料的质量管理信息，如需检测标志、检测方式、检验标准文件等。

以上信息有的是在设置基本资料时就必须设置，有的是在相关业务需要时编辑、设置，物料编码属性的内涵是否丰富，是否对各类行业物料有一定的包容性，在一定程度上可以反映 ERP 系统的生存力。

3.2.2 物料清单

1. 物料清单的概念

物料清单（Bill of Materials，BOM）是产品结构的技术描述文件，它表明了产品组件、子件、零件，直到原材料之间的结构关系，一级每一组装件需要的下属各部件的数量。物料清单是一种树状结构，称为产品结构树，表现形式如图 3-4 所示。

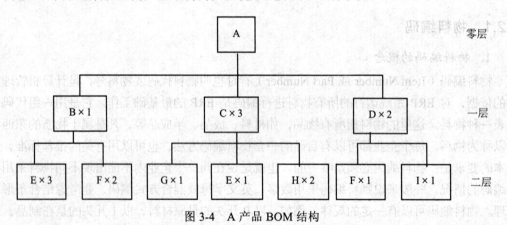

图 3-4 A 产品 BOM 结构

图 3-4 表示产品 A 由 1 个部件 B、3 个部件 C、2 个部件 D 组成；部件 B 又是由 3 个零件 E、2 个零件 F 组成，其他以此类推。BOM 表明了组装最终成品的各分装件、组件、零部件和原材料之间的结构关系，以及每一组装件的用量。BOM 是制造物料的清单，在 ERP 系统中起非常重要的作用，如图 3-5 所示。

BOM 的作用如下。

① BOM 是生成 MRP 的基本信息，是联系 MRP 与 MPS 的桥梁。

② 物品工艺路线可以根据 BOM 生成产品的总工艺路线。

③ 在 JIT 管理中，反冲物料库存必不可少，而且要求完全准确。

④ 为采购外协加工提供依据。

⑤ 为生产线配料提供依据。

⑥ 成本数据根据 BOM 计算。

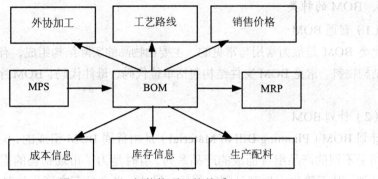

图 3-5 BOM 与其他项目的关系

⑦ 提供销售价格的制定依据。

另外，对 BOM 还必须有相应的加密要求，操作权限到对字段的控制。

2. 虚拟件

BOM 中经常会提到一个名词：虚拟件。虚拟件的作用如下。

① 作为一般性业务管理使用，虚拟件表示一种并不存在的物品，在图纸上和加工过程中都不出现，属于虚构的物品。其作用只是为了达到一定的管理目的，如组合采购、组合存储、组合发料，这样在处理业务时，只要对虚拟件进行操作，就可以自动生成实际的业务单据，甚至也能查到库存量与金额，但存货核算只针对实际的物料。

② 简化产品结构的管理。为了简化对 BOM 的管理，在产品结构中虚构一个物品，如图 3-6 所示，如果对 A 产品的 BOM 定义采用左图方式，那么子件 BC 的定义中会重复引用 DEF 物料，增加存储空间；如果采用右图的定义方式，先增加一个虚拟件性质的物料 K，BC 定义中再引用 K，就能达到简化 BOM 的目的。重复子件的量越大，这种定义方式的优越性就越明显。

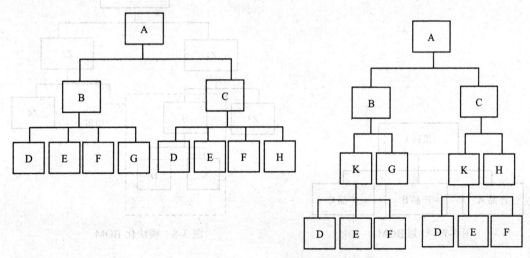

图 3-6 BOM 中虚拟件的作用

虚拟件不存在任何提前期，在对虚拟件的物料需求计划进行展开时，只会根据虚拟件的 BOM 构成计算下级子件的计划需求量，而虚拟件对计划的需求时间毫无影响。

3. BOM 的种类

（1）普通 BOM

此类 BOM 是最为常用与常见的，主要由物品的实际结构组成，有时会考虑计划用的非产品结构物料。常见 BOM 文件结构包括单位代码、母件代码、BOM 序号、物品代码、工序号等。

（2）计划 BOM

计划 BOM（Planning Bill of Material）是由普通 BOM 组成的，只是用于产品的预测，尤其用于不同的产品组合而成的产品系列，有时是为了市场销售的需要，有时是为了简化预测计划，从而简化主生产计划的需要。另外，当产品存在通用件时，可以把各个通用件定义为普通 BOM，然后由各组件组装成某个产品，这样各组件可以先按预测计划进行生产，下达计划的 BOM 产品时可以很快进行组装，以满足市场要求。各产品在计划 BOM 中占有的比例可任意增减，维护也很方便。一般来说，计划 BOM 的最高层次不是实际存在的产品，最终产品的 BOM 仍然是普通 BOM，计划 BOM 的结构通常是单层，如图 3-7 所示。

在定义子件时，一般定义子件的构成比例，如图 3-7 中定义 A 占 40%、C 占 30%、B 占 30%。典型的文件结构包括单位代码、父件代码、BOM 序号、物品代码。

（3）模块化 BOM

模块化 BOM 是对通用型的产品组件进行模块化管理，ERP 系统中的 BOM 要支持模块化管理。在产品结构中，有的子件构成有大部分相似，而且这种相似的结构也会在其他产品中出现，这种结构就可以模块化。如果按普通 BOM 管理，数据重复很多，会造成数据库庞大、查询速度变慢，如果采用模块化管理，就能解决这个问题，如图 3-8 所示。

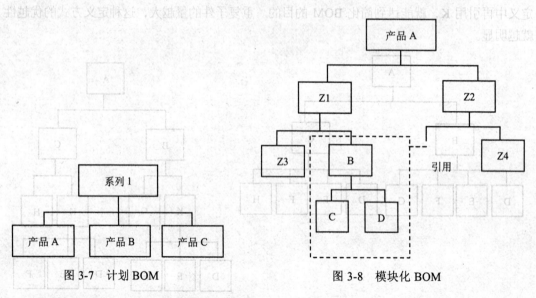

图 3-7 计划 BOM

图 3-8 模块化 BOM

（4）成本 BOM

成本 BOM（Costed Bill of Material）是建立、说明每种物料的成本构成，如物料的材料费、人工费、间接费用等，是物料的标准成本，结构类似于普通 BOM，如表 3-2 所示。

表 3-2　成本 BOM

层次	母件代码	子件	子件名称	计量单位	数量	材料费（元）	人工费（元）	间接费用（元）	合计（元）	本层累计（元）
0		CP01	圆珠笔	支	1	—	0.05	0.01	0.06	0.30
1	P01	M01	笔帽	个	1	0.02	—	0.01	0.03	0.03
1	P01	T01	笔套	个	1	0.05	—	0.01	0.06	0.06
1	P01	X01	笔芯	支	1	—	0.02	0.01	0.03	0.15
2	X01	XY02	笔芯油	毫升	1	0.02	—	0.01	0.03	0.03
2	X01	XT03	笔芯头	个	1	0.05	—	0.01	0.06	0.06
2	X01	XG04	笔芯杆	个	1	0.02	—	0.01	0.03	0.03

3.2.3　工作中心

1. 工作中心的概念

工作中心（Working Center，WC）是生成加工单元的统称，它是由若干台功能相同的设备、若干工作人员、一个小组或一个工段、一个成组加工单元或一个装配场地等组成，甚至一个实际的车间也可作为一个工作中心，这种情况下大大简化了管理流程。

工作中心是 ERP 系统的基本加工单位，是进行物料需求计划、能力需求计划运算的基本资料。物料需求计划中必须说明物料的需求与产出是在哪个工作中心，能力需求是指哪个工作中心的能力。同时工作中心也是成本核算时成本发生的基本单元和车间生产作业核实投入与产出情况的基本单元。一个车间由若干工作中心组成，一条生产线也是如此。

在工艺路线文件中，一道或多道工序对应一个工作中心，经过工作中心加工的物品要发生加工费用，产生加工成本，可见可以定义若干工作中心为一个成本中心。

2. 工作中心的作用

① 工作中心是物料需求计划与能力需求计划运算的基本单元。

② 工作中心是定义物品工艺路线的依据，在定义工艺路线文件前必须先定义好相关工作中心的数据。

③ 工作中心是车间作业安排的作业单元。车间任务、作业进度安排到各个加工工作中心。

④ 工作中心是完工信息、成本核算信息的数据采集点。

3. 关键工作中心

关键工作中心（Critical Working Center，CWC）在 ERP 系统中是专门进行标示的。关键工作中心有时也称为瓶颈工序，是运行粗能力计划的计算对象。

约束理论（Theory of Constraints，TOC）指出关键、瓶颈资源决定产量，从这个意义上说也可以帮助理解 ERP 系统的主生产计划为什么只进行粗能力计划的计算。关键工作中心一般有以下特点。

① 经常加班，满负荷工作。

② 操作技术要求高，工人操作技术要求熟练，短期内无法自由增加工人。

③ 专用设备，而且设备昂贵。

④ 受其他条件限制，短期内不能随便增加负荷、产量。

但关键工作中心会随着加工工艺、生产条件、产品类型、生产产量等条件发生变化，不是一成不变的，它和重要设备不是一回事。

3.2.4 工艺路线

1. 工艺路线的概念

工艺路线（Routing）主要说明物料实际加工和装配的工序顺序，每道工序使用的工作中心，各项时间定额（如准备时间、加工时间、传送时间），以及外协工序的时间和费用。

2. 工艺路线的作用

① 工艺路线用于能力需求计划的分析计算与平衡各个工作中心的能力。工艺路线文件说明了消耗各个工作中心的工时定额，用于工作中心的能力运算。

② 工艺路线用于计算 BOM 的有关物料的提前期。根据工艺文件的准备时间、加工时间和传送时间计算提前期。

③ 工艺路线用于下达车间作业计划。根据加工顺序、各种提前期进行车间作业安排。

④ 工艺路线用于计算加工成本。根据工艺文件的工时定额（外协费用）及工作中心的成本费用数据可以计算出标准成本。

⑤ 工艺路线根据工艺文件、BOM、生产车间、生产线完工情况、生成各个工序的加工进度整体情况，对在制品进行跟踪和监控。

3. 工艺路线的制定

ERP 系统的工艺路线可以根据传统的工艺卡片来制定，但又有很多自身的特点。

① 根据工艺卡片确定工序顺序、工序名称，并确定对应的工作中心、对应各工作中心工序的工时定额。工时定额是计算提前期、工序能力、成本数据的主要依据，数据来自历史统计资料，由工艺部门、生产部门、工业分析部门共同制定。

② 表 3-3 中的工序单位标准时间是在一定时期、一定工艺条件下制定的。这个数据是传统上我们说的物品工时定额，是单位人员或单位设备完成该工序所需的加工时间，不一定等于占用工作中心的时间。另外，要根据工作中心能力制定占用工作中心的时间，要考虑分散作业和流水作业的不同。

表 3-3　工艺路线报表

| 工序号 | 工序名 | 工作中心 | 工序单位标准时间（小时） | | | 占工作中心时间（小时） | | | 传送时间（小时） | 人工数（人） | | 设备数（台） | 外协费（元） |
			准备时间	加工时间	设备台时	准备时间	加工时间	设备台时		服务	加工		
1	下料	下料班	0.01	0.02	0.02	0.01	0.02	0.02	0.01	1	1	1	—
2	冲大旋钮孔	冲床1	0.02	0.01	0.01	0.02	0.01	0.01	0.01		1	1	—
3	冲6孔	冲床2	0.02	0.03	0.03	0.02	0.03	0.03	0.01		1	1	—
4	磨光	钳工班	0.01	0.05	0.05	0.01	0.05	0.05	0.01		1	1	—
5	电镀	电镀班	0.05	0.05	0.05	0.05	0.05	0.05	0.01		1		—

对于分散作业，工序工时定额就是占用工作中心的时间。

对于流水作业，流水线人数或设备越多，工作中心的加工时间会越短，该工序占用工作中心的时间要除以人数或设备数。

③ 每道工序对应一个工作中心，也可以多道工序对应同一个工作中心。

④ 考虑可替代的工艺路线，有利于平衡、调整生产计划及物料需求计划。

⑤ 由于工艺路线是管理文件，还要考虑非生产加工工序，如运输。

⑥ 外协加工必须在工艺路线中体现，因为它影响总提前期和费用。

⑦ 有时在加工中会出现两种以上物品一起加工，如两个半圆一起加工，称为配件。

3.2.5 提前期

1. 提前期的概念与作用

提前期是指某工作的时间周期，即从开始到结束所需时间。提前期的观念主要是针对需求而提出的，例如，要采购部门在某日向生产部门提供某种采购物料，则采购部门应该在此日期之前就下达采购订单，提前的时间段就是提前期。提前期的作用是生成 MPS、MRP 采购计划的重要数据。

2. 提前期的分类

提前期可以分为如下 6 种。

① 生产准备提前期：从生产计划开始到生产准备完成的时间段。

② 采购提前期：采购订单下达到物料完工入库的全部时间。

③ 生产加工提前期：生产加工投入开始到生产完工入库的全部时间。

④ 装配提前期：投入开始到装配完工的全部时间。

⑤ 累计提前期：采购、加工、装配提前期的总和。

⑥ 总提前期：指产品的整个生产周期，包括产品设计提前期，生产准备提前期，采购提前期，加工、装配、试车、检测、发运的提前期总和。

3.2.6 工厂日历

工厂日历也叫工作日历，包含各个生产车间、相关部门的工作日历。在日历中标明了生产日期、休息日期、设备检修日。这样在进行 MPS 和 MRP 运算时就会避开休息日。不同的分厂、车间、工作中心因为生产任务不同、加工工艺不同而受不同的条件约束，因而可能会设置不同的工作日历，ERP 系统可以灵活处理到工作中心的日历，当然这会增加系统的计算量。

3.3 供应链管理模块

3.3.1 供应链管理模块的功能

从广义的角度来看，企业的供应链涉及企业所有物资流动和资金流动的过程，并且包括生产过程中的物资生产与管理过程。美国的 Stevens 认为，"通过增值过程和分销渠道控制从供应商的供应商到客户的客户的流程就是供应链，它开始于供应的源点，结束于消费的终点。"而 Evens 认为，"供应链管理是通过前馈的物料流与信息流，将供应商、制造商、分销商、零售商直到最终客户连成一个整体的模式。"这两种定义的共同点就是强调从需求源点到供应源点的整个完整的链式结构。关于供应链管理的流程可以用图3-9来表示。

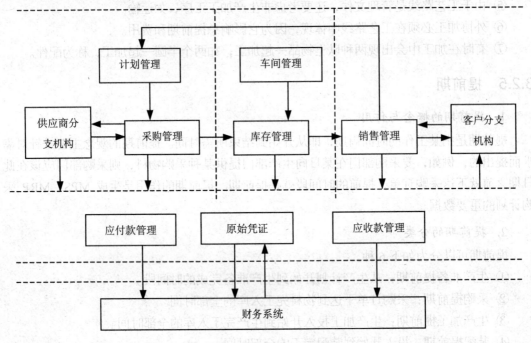

图 3-9　供应链管理的结构

3.3.2　供应链管理模块的结构

1. 采购管理

（1）采购的作用

采购管理在企业经营中占据非常重要的位置，任何企业要向市场提供产品或服务都离不开原材料或消耗品的采购。对于制造业来说，物料成本占整个产品成本的比重比较大，如石油炼油企业，原材料成本占销售额的80%，加工业中原材料费最少的制药业，原材料成本也要占到30%，多数制造业的原材料成本要占到销售额的一半以上。资金占用份额如此之大，也就可以理解采购管理在企业管理中的分量了，所以对于企业的采购部门来说，必须适时、适量、适质地完成采购任务，为生产部门提供所需的原材料或外加工件。

由于材料在产品中的费用份额，所采购部门必须想方设法降低材料的采购成本，同时还要考虑物料的库存。如果库存积压量过大，就意味着库存成本的增加和资金占用的增加。降低材料成本，提高采购作业的质量是每个企业必须追求的目标。

（2）采购业务概述

采购业务的作业程序可以分为以下5个步骤。

① 接受物料需求或采购指示。物料需求的主要部分来自生产计划的需求，采购部门必须按照物料规格、数量、时间和质量要求提供给生产部门。如果是外协加工的物料，要由生产技术部门或生产部门和采购部门共同协商确定，但主要还是由采购部门确定外加工的方案，因为采购部门对于市场的加工能力、供应情况更加了解。此外，物料需求中有部分不是来自生产部门，而是来自库存部门，例如，采用订货点方法控制的物料，其库存量降到一定水平

（即订货点）之下时库存部门就会提出采购请求。

② 选择供应商。供应商位于企业供需链的供应端，所以供应商资源也是企业的资源之一，采购部门掌握的供应商越多，企业的供应来源就越丰富。由于供应商的数量和质量是两回事，尤其在 JIT 生产方式下，更要求供应商在需要的时刻按照需要的数量提供优质产品，合作关系要更稳定、更可靠，在考虑选择供应商的时候一般有 3 个考查要素，即价格、质量和交货期。

传统企业与供应商的关系是一种短期、松散、竞争对手的关系。这种关系容易产生价格波动、质量不稳定、供货期不可靠等现象。现代管理的管理思想已经趋向于建立企业与供应商之间的合作伙伴关系，把建立和发展与供应商的关系作为企业经营战略的重要部分，与供应商共同分析成本与质量因素，并向供应商提供技术支持。在 ISO 9000 质量保证与管理体系中，要求企业对分供方（供应商）必须进行评估，并向分供方提供全部的质量与技术要求，帮助分供方进行质量改善。

但是企业对供应商过度依赖容易产生供应商缺乏竞争力的现象，从而增加企业风险，一般企业对每种物料的供应至少保持两家供应商比较合适，同时根据自身特点和企业环境指定合作策略。

③ 下达订单。根据物料需求计划制定采购计划之后，就可以根据采购计划选择供应商、下达采购订单。采购人员在订单上要把对材料的质量、数量、交货时间的要求明确地下达给供应商。虽然企业的质量管理人员、技术人员、生产人员、计划人员都会对采购工作给予支持，但采购人员还是应当熟悉企业需要材料的技术要求和制造工艺的知识，同时具有采购方面的专业知识。

④ 订单跟踪。采购订单发出后，为了保证订单按期、按质、按量交货，应当对采购订单进行跟踪检查、控制采购进度。

⑤ 验收货物。供应商交货之后，采购部门要协助库存与检验部门对交付的货物进行验收，按需收货，不能延期也不能提前，以平衡库存物流。

（3）采购管理子系统与其他业务子系统的关系

采购管理子系统和物料需求计划、库存、应付账管理、成本管理等子系统都有密切的关系，它们之间的交互内容包括如下方面。

① 由 MRP、库存的需求产生采购需求（请购）信息。

② 货物验收后直接按分配的库位自动入库。

③ 物料的采购成本计算和账款结算工作由成本与应付账子系统完成。

它们之间的关系如图 3-10 所示。

2. 销售管理

（1）销售的作用

企业的目的是满足消费者的需求，企业的销售就是企业与消费者（个人、企业、单位）交换产品和价值，从而获得利润或需要的东西的过程，从根本上来看企业的销售过程就是企业资本利润化的过程。

（2）销售业务概述

传统的销售过程涉及的主要业务有如下 9 项。

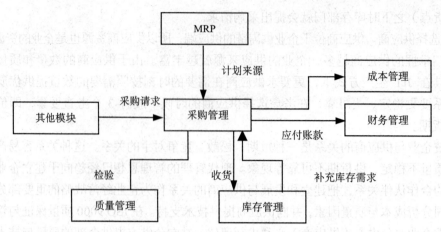

图 3-10　采购管理子系统与其他业务子系统之间的关系

① 制定销售计划和产品报价。

② 管理客户。开拓市场，对企业客户进行分类管理，维护客户档案信息，制定合理的价格政策，并建立长期、稳定的销售渠道。

③ 进行市场销售预测。根据市场需求信息，对于历史的和现在的销售数据进行分析，结合市场调查统计结果，对未来的市场情况和发展趋势作出推测，指导今后的销售活动和企业生产活动。销售预测是企业制定销售计划和生产计划的重要依据。

④ 编制销售计划。按照客户订单、市场预测情况、企业生产情况，对某段时期内企业的销售品种、销售量、销售价格作出安排。销售计划通常是按时间制定的，如按月制定，或者按连续几个月的计划滚动，但也可以制定针对某个地区或某个销售人员的销售计划。

⑤ 制定销售订单。根据客户需求、交货信息、产品信息和其他事项制定销售订单，并通过对企业的生产情况、产品定价情况、客户信誉的考查来确认销售订单，之后传递给生产计划人员用于安排生产，并进行订单跟踪管理。销售订单是生产、销售、发货、货款结算的依据，因而也是销售工作的核心。

⑥ 组织货源。按照销售订单的交货期组织货源、下达提货单、组织发货，并将发货情况转给财务部门。发货管理是根据销售订单中已到交货期的订单进行库存分配，下达提货单。如果是在工厂内交货的订单，则由客户持提货单到仓库提货；如果是工厂外交货的订单，则按提货单组织出库与发运。

⑦ 开出销售发票，向客户催收货款，传给财务部门记账。如果客户退货，可以开红字发票来冲抵销售收入。销售账款结算是指财务部门根据销售发票收取货款，也就是把客户来款分配到尚未收款的发票上；对于拖欠货款的客户，销售人员要做好收款计划，同时配合财务人员积极催款。

⑧ 为客户提供相关服务。企业为客户提供的服务分为售前、售中和售后 3 个阶段，销售部门解答售前的客户咨询，跟踪合同、交货情况、客户对于产品质量和交货期的满意程度，提供售后支持（如产品安装、调试、维护、维修），并向技术部门和质量部门提供产品的售后质量记录。

⑨ 销售与市场分析。销售统计分析指的是对各种销售信息进行汇总统计分析，包括各种产品的订货情况、销售情况、收款情况、发货情况、销售计划完成情况、销售盈利情况等，

可以从地区、销售人员、销售方式等多个角度进行统计与分析。

销售管理的业务流程可以用图 3-11 表示。

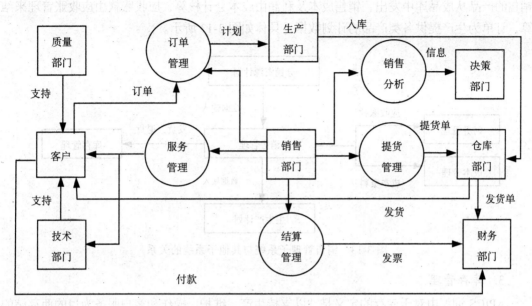

图 3-11　销售管理的业务流程

（3）销售管理子系统与其他业务子系统的关系

销售规划是 ERP 的第一个计划层次，销售计划是根据市场信息，考虑企业自身情况，如生产能力、资金能力制定产品的生产大纲。如果销售管理子系统链接了分销资源计划子系统，则销售计划来源于分销资源计划子系统。不同计划层次的关系如图 3-12 所示。

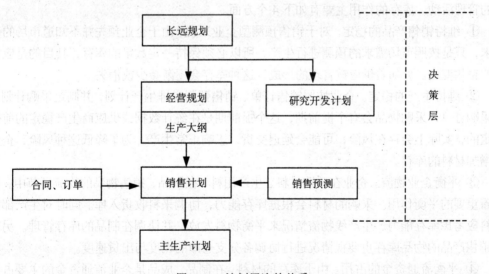

图 3-12　计划层次的关系

ERP 提供的销售预测、销售计划、销售合同（订单）是主生产计划的需求来源。销售管理子系统帮助企业的销售人员完成客户档案及信用管理、产品销售价格管理、销售订单（合同）管理、销售提货和服务管理及发票管理等一系列销售事务，为企业的销售人员提供客户的信用信息、产品订货情况、销售情况、获利情况，指导企业的生产经营活动。

销售管理子系统与库存、成本、应收账管理、生产子系统有着紧密的联系。简单地说，销售的产品从成品库中发出，销售成本及利润由成本会计核算，应收账款由应收账管理来结算，订单为生产提供各类产品的计划数据，具体如图 3-13 所示。

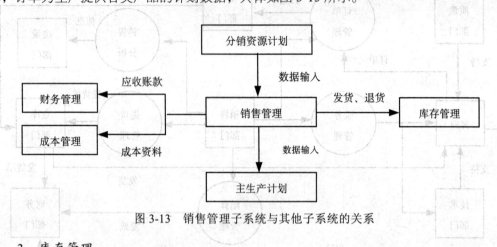

图 3-13　销售管理子系统与其他子系统的关系

3. 库存管理

APICS 词汇中对于库存的定义是"以支持生产、维护、操作和客户服务为目的而存储的各种物料，包括原材料、在制品、维修件、生产消耗、成品、备件等"，库存管理工作包括物料的存储、收发、使用、计划与控制等方面。

（1）库存的作用

库存管理是企业物料管理的核心，是指企业为了生产、销售等经营管理的需要而对计划存储、流通的有关物品进行相应的管理，如对存储的物品进行接收、发放、存储保管等一系列的管理活动。库存的作用主要有如下 4 个方面。

① 维持销售产品的稳定。对于销售预测型企业来说，由于企业预先并不知道市场的确切需求，只是按照市场需求的预测进行生产，所以必须保持一定数量的库存，其目的是应付市场的销售变化。但随着供应链管理的形成，这种库存会逐渐减少或消失。

② 维持生产的稳定。企业按照销售订单、销售预测安排生产计划，并制定采购计划，下达采购订单；采购物品会有个提前期，这个提前期是在统计数据或供应商生产稳定的前提下制定的，实际上会存在风险，可能会延迟交货，影响正常生产。为了降低这种风险，企业就会增加材料的库存。

③ 平衡企业物流。企业在采购材料、生产用料、在制品、销售物品的物流环节中，库存起着重要的平衡作用。采购的材料会根据库存能力，协调来料收货入库。同时对生产部门的领料应考虑库存能力、生产线物流情况来平衡物料发放，并协调在制品的库存管理。另外，对销售产品的物品库存也要视情况进行协调各分支仓库的调度与出货速度。

④ 平衡流通资金的占用。由于库存的材料、在制品、成品是企业流通资金的主要占用部分，因而库存量的控制实际上也是进行流通资金的平衡。例如，加大订货批量会降低企业的订货费用，保持一定量的在制品库存与材料会节省生产交换次数，但都需要寻找最佳控制点。

以上是库存有益的一面，但客观地说，任何企业都不希望存在任何形式的库存，无论是原材料、在制品还是成品，企业都想方设法降低库存。库存的弊端主要有如下 3 个方面。

a. 占用大量资金。

b. 增加产品成本与管理成本，库存材料的成本是计入产品成本的，而库存设备、管理人员的成本属于企业的管理成本。

c. 掩盖众多管理问题，计划不周、采购不力、生产不均衡、产品质量不稳定、销售不力等问题，都会被库存所掩盖。

（2）库存业务概述

ERP 系统涉及的库存管理一般有以下 3 个方面。

① 物料的出入库和移动管理。采购订单的来料入库过程包括根据采购订单接受物料、安排检验、办理入库手续、开入库单（收货单）、分配材料库存货位，同时要监督来料是否与订单相符。有些 ERP 系统中将来料收货、入库并入采购子系统，并由采购组织收料。

其他情况的来料收货、入库，其系统的处理流程与采购订单来料收货、入库不同，因为这类材料入库不需采购订单，经过检验合格后就安排入库。

上面两种情况的处理流程不同，但都可以在录入发票后，自动产生记账凭证（计入材料采购、应收款、库存材料等科目）。

材料的移动是指库存之间（如分厂之间、分公司之间）的物料调拨，这类物料可以要求检验（如长途运输后）或不要求检验，可以通过系统参数来控制，也可以根据系统参数要求生成凭证（如果财务的材料明细账还分仓库核算的话）。

入库业务还包括生产完工入库、生产剩余物料入库与销售退货入库。分别按照不同的流程处理，各种入库方式都可以通过自定义来实现。完工的产品有成品与半成品，完工入库后要计算生产成本，数据转入财务子系统处理；销售退货有不同的处理方式，如扣减货款、换货等处理，相关数据转入财务子系统。

物料出库有生产领料、非生产领料、销售提货等。生产计划的领料按车间订单与分工序用料，并能根据 BOM 与工艺路线自动生成工序领料单。非生产领料有多种形式，可以在系统中自由定义。销售提货按销售订单和合同生成出货单据，并自动生成销售订单与合同的出货单。生成的销售出货单可以追溯相应资料，如单据、订单、生产加工单、原材料信息等。这些过程都可以给财务子系统传递相关数据及生成财务记账凭证。

有些情况下还会涉及特殊物料发料，如印刷业的纸张，这些过程涉及物料的发料排版及余料管理等功能，属于行业性的特殊要求。如果库存管理子系统中没有提供相应的功能，就要考虑软件的二次开发工作。

② 库存盘点。库存盘点是对库存物品的清查，是对每一种库存物料进行清点数量、检查质量、登记盘点表的库存管理过程，目的主要是为了清查库存实物与账面数量是否相符，以及库存的质量状态等问题。

实物数量与账面数量有出入的，要调整账面数量，并且遵守相应的管理处理流程。每种库存物料都设立相应的盘点周期，并能通过系统自动输出到期应该盘点的物料。盘点方法一般有冻结盘点法和循环盘点法两种，前者要求盘点物料停止入库/出库操作，后者允许盘点物料进行入库/出库操作。

③ 库存物料管理信息分析。从各种角度对库存物料信息进行分析，例如，日常物料进、出、存的业务数据分析、物料占用资金分析、物料来源和去向分析、物料分类构成分析等，可以分析各种库存管理指标，这些信息对于企业的库存和其他管理工作有监督、促进的作用。

（3）仓库管理子系统与其他业务子系统的关系

库存管理子系统通过对库存物品的入库、出库、移动、盘点等操作，对库存物品进行全面的控制和管理，帮助企业的仓库管理人员管理库存物品。库存管理子系统从级别、类别、货位、批次、单件、ABC分类等不同角度来管理库存物品的数量、成本、资金占用情况，以便客户可以及时了解和控制库存业务各方面的准确数据，库存管理子系统与采购、生产、销售、成本、总账等子系统之间有密切的数据传递。例如，采购物料通过库存接受入库，生产所需原材料和零部件通过仓库发放，销售产品由成品仓库发货，库存物料成本及占用资金由成本和总账管理来核算。库存管理子系统与其他业务子系统的关系如图3-14所示。

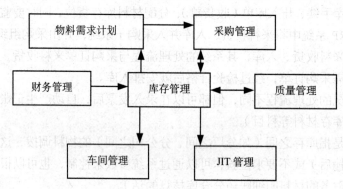

图3-14 库存管理子系统与其他业务子系统的关系

4. 存货成本的核算

存货是指为销售或耗用而储存的物品，包括如下4种类型。

① 在库存货：指企业生产经营过程中储存、以备出售或为生产和服务所需的多种物品，如库存商品、库存产成品、库存原材料和辅助材料等。

② 在途存货：指为出售或供生产、服务过程耗费以外购入的已付款或开出商业汇票，但尚在运输途中的各种物品，如在途商品、材料及修理用备件等。

③ 出租存货：指出租、出借给外单位使用的物品，如出租的包装物、工具用具等。

④ 加工中的存货：指为了出售而尚处于生产加工过程中的物品，如在制品。

存货成本核算实际上是存货计价问题，使用哪种核算（计价）方法将对会计报表中的损益产生影响，而报表中的收益则是企业内外衡量企业（管理人员）业绩的基本尺度。

（1）存货成本核算简述

存货成本核算在企业中是一项重要工作，原因如下。

① 存货在流动资产中所占比重最大。

② 价值一次性全部转移到成本，并在销售收入实现中得到补偿。

③ 在生产经营过程中处于不断耗用、销售、重置之中，流动性较强。

④ 存货品种繁多。

根据存货的用途可以将企业中的存货分为如下8种类型。

① 原材料：指用于制造产品并构成产品实体、服务于制造过程、与产品配套出售、供劳动手段备用的各种库存商品，具体包括原料、主要材料、辅助材料、外购半成品、修理用备件、包装材料、燃料等。

② 包装物：指为包装产品而储备，或在销售过程中周转使用的各种容器，如桶、箱、

袋、坛等。

③ 低值易耗品：指使用年限较短、单位价值较低、使用时不作固定资产核算的各种用具物品。

④ 委托加工材料：指因本企业的生产设备或技术条件的限制，而委托外单位进行加工的材料。

⑤ 在制品：指正在各个生产过程中加工或装配、尚未最后制造完工的产品。

⑥ 自制半成品：指经过一定生产过程、已检验合格交付半成品仓库，但尚未制造完、仍要继续加工的中间产品。

⑦ 产成品：指已经完成全部生产过程，经检验符合质量标准、验收入库的可销售产品。

⑧ 库存商品：指商品流通企业购入的、随时用来销售的多种商品。

根据《存货会计准则》的规定，下面这些项目不应计入企业存货范围。

① 已经按照合同开出发票账单，但是客户尚未提取的库存货物。

② 自制或委托加工库存的成本，包括耗用的加工前存货的实际成本和加工成本之和，有时还包括往返的运杂费开销。

③ 受捐赠的存货成本，指其公允价值。

④ 投资投入库存成本，指按照投资协议确定的价值作为实际成本。

⑤ 盘盈存货以相同或类似存货的重置成本作为实际成本。

（2）存货的计价方式

如果按实际成本进行计价，有如下 3 种方法。

① 个别计价法：又叫分批计价法，是指以库存收入时该物资的实际单位成本作为该批库存发出时的成本。这种方法适用于不能互换使用的库存，或为特定项目专门购入或制造并单独存放的库存，例如一些重要的昂贵物资、价格变动大的物品，或每批质量可能不太一样的物品。

② 加权平均法：也叫月末一次加权平均法，是指以月初存货数量和本月收入存货数量作为权数，在月末时计算加权平均单位成本，从而确定发出存货和期末存货的成本。这种方法适用于企业储存在同一地点、性能形态相同的大量存货的计价核算。计算公式如下。

加权平均单位成本 =（月初存货成本+本月收入存货成本）/（月初库存+本月接收库存）

发出存货成本 = 发出库存量×加权平均单位成本

期末存货成本 = 期末库存量×加权平均单位成本

③ 移动平均法：是指在每次有货物入库时都通过加权计算平均价格，并将此价格作为货物出库时的成本。这种方法通常用于前后成本差异较大的企业，此时不得不采取平抑成本的方式来进行存货成本核算。计算公式如下。

移动平均单位成本 =（上次结存存货金额+本次入库存货金额）/（上次结存库存量+本次入库量）

发出存货成本 = 发出存货数量×移动平均单位成本

结存存货成本 = 结存库存量×移动平均单位成本

④ 先进先出法：是假定出库时让先购进的库存先发出，发出存货的成本按入库的先后次序进行计价。这种方法一般适用于经营业绩受库存影响较大的企业。

⑤ 后进先出法：是一种假定后收到的货物先发出的方法，对发出货物的成本按最后收进

的那批单价来计算。这种方法在物价不断上涨的时期能给企业在纳税时带来优惠。

如果按计划成本计价，就是把企业每种存货的收入、发出和结存都按预先确定的计划单位成本核算，在实际情况中肯定会因计划价格与实际价格的差异产生成本差异，当实际成本大于计划成本时，差额称为超支差异，实际成本小于计划成本时，差异称为节约差异。计算公式如下。

材料成本差异率 = （月初结存材料成本差异+本月收入材料成本差异）/

（月初结存材料计划成本+本月收入材料计划成本）×100%

发出材料应负担的成本差异 = 发出材料计划成本×材料成本差异率

期末结存材料的成本差异 = 期末结存材料的计划成本×材料成本差异率

（3）存货成本核算子系统与其他业务子系统的关系

核算管理系统接收其他物流模块（如仓储、采购、销售）产生的核算单据，进行金额核算，对核算完成后的单据完成凭证处理过程，并将生成的凭证信息传递到应收、应付、总账等子系统。它们之间的关系如图 3-15 所示。

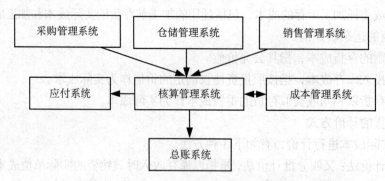

图 3-15　存货成本核算子系统与其他业务子系统的关系

3.4　生产管理模块

3.4.1　生产管理模块的功能

在 20 世纪 90 年代以前，ERP 系统大都只包含生产制造系统和财务金融系统，到 1999 年产生了 CRM 系统、供应链管理系统、分销管理系统以及物流管理系统等。

生产制造系统在 ERP 系统中是个比较特殊的模块，因为它既能独立运行，又能和其他子系统整合成一个标准企业生产中使用的系统。生产管理的核心概念是从投入（各种资源）到产出（产品或服务）的转变过程，包括物理上的转变（原料变为产品）和价值上的转变（提供用户所需的特性），于是生产过程可以定义为通过人、财、物等各种资源的消耗和使用来提供产品或服务的过程。

生产制造系统联系上游的供应商和下游的顾客，并指导整个企业的生产模式，好的生产制造系统应该能够提供应对多种生产运作模式的能力，同时满足各种生产方式和业务操作的需要，为了能够为顾客提供个性化产品、适应产品和市场的变化，生产制造系统提供了修改生产模型和计划的机会，多数 ERP 厂商不会将业务局限于一种制造模型，而是考虑将各种计划结合起来。

3.4.2 生产管理模块的结构

生产管理模块主要由主生产计划（MPS）、物料需求计划（MRP）和能力需求计划（CRP）构成。

1. 主生产计划

（1）主生产计划的概念

制造业涉及的物料计划分为 3 种：综合计划（销售计划与生产规划的综合考虑，也叫生产大纲）、主生产计划（Master Production Schedule，MPS）、物料需求计划。综合计划是根据企业的生产能力和需求预测，对未来较长时间内的产出内容、数量、投资等问题所作的决策，也就是对较长时期内需求和资源的平衡所作的设想。

MPS 是确定每个具体产品在每个具体的时间段的生产计划，计划对象一般是最终产品（销售产品），有时也可能是组件，然后再下达装配计划。ERP 系统的计划真正运行就是从 MPS 开始的，MPS 的确定过程伴随着粗能力计划的运行，也就是要对关键资源进行平衡，此外，企业的物料需求计划、车间作业计划、采购计划等均来源于 MPS，也就是先由 MPS 驱动物料需求计划，再生成车间作业计划与采购计划，所以 MPS 在 ERP 计划系统中起着承上启下的作用，实现从宏观计划到微观计划的过渡与连接，同时也是联系客户与销售部门的桥梁（但如果产品的生产周期很长，它的重要性就不那么突出了，一些大型设备如轮船、飞机，往往是一年做一次生产计划的安排）。MPS 的来源主要包括 6 项数据，即客户订单、预测、备品备件、厂际间的需求、客户选择件和附加件、计划维修件。

（2）MPS 的理论

下面是主生产计划的有关概念。

① 时段（Time Period）。时段就是时间段落、间隔、跨度，是在生产管理中使用的时间单位，可以是月、季、年或天。时段可用于说明某个期间的计划量、产出量和需求量，并以固定间隔进行汇总，对比计划、区分计划需求的优先级别，时段划分越细，就越能体现各计划批次的优先级。

② 时区（Time Zone）与时界（Time Fence）。时区是一段时间范围，如产品从计划、采购、投入到产出需要一个周期（不同的提前期），这就是一段时区；时界是一个特殊的时间点。常用的时区、时界如下。

时区 1：产品从投入加工到装配完成的时间跨度。

时区 2：产品的累计提前期以内、时区 1 以外的部分。

时区 3：时区 2 以外的部分。

需求时界（Demand Time Fence，DTF）：时区 1 和时区 2 的分界点。

计划时界（Planning Time Fence，PTF）：时区 2 与时区 3 的分界点。

计划确认时界（Firm Planning Time Fence，FTF）：也就是计划时界，因为产品在累计提前期内的计划一般都已经确认，如果尚未确认，可用生产时间可能小于累计提前期，即使马上确认也有可能延期。

具体如图 3-16 所示。

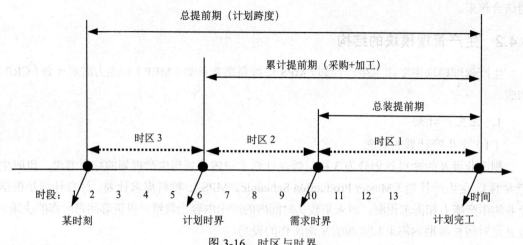

图 3-16　时区与时界

时区和时界对计划的影响可以用表 3-4 表示。

表 3-4　时区、时界对计划的影响

时区	需求依据	订单状况	计划变动代价	计划变动条件
时区 1	实际合同	下达与执行	很难变动	已经开始装配，尽量避免变动，由领导决定
时区 2	合同与预测	确认与下达	代价大，只能人工调整	计划员可更改完工日期，数量更改由领导决定
时区 3	预测为主	计划	允许变动，无代价	计划员可通过系统更改

MPS 的计划对象与方法如表 3-5 所示。

表 3-5　MPS 的计划对象与方法

销售环境	计划对象	计划方法	说　明
现货生产 （Make to Stock，MTS）	独立需求类型的物料	单层 MPS 制造 BOM 计划 BOM	可与分销资源计划接口
订货生产 （Make to Order，MTO） 工程生产 （Engineer to Order，ETO）	独立需求类型的物料	单层 MPS 制造 BOM	在 ETO 环境下会用到网络计划技术
订货生产 订货组装 （Assemble to Order，ATO）	基本组件、通用件	多层 MPS 制造 BOM 计划 BOM 总装进度 PAS	

ERP 系统中 MPS 的生成是个反复运算的过程，常见的 MPS 报表格式如表 3-6 所示。

表 3-6　MPS 报表

物品代码		A009	计　划　员		LH	计　划　日　期		2000-3-3
物品名称		VCD333						
型号/规格		XS-1				计量单位		台
可用库存		10	安全库存		5	提前期		7 天
批量规则		固定批量	批量		10	批量周期		
需求时界		3	计划时界		7			

物 品 代 码		A009		计 划 员		LH		计 划 日 期		2000-3-3
类别	时段	1	2	3	4	5	6	7	8	9	10
	过去	4-01	4-08	4-15	4-22	4-29	5-06	5-13	5-20	5-27	6-03
预测量		15	30	10	30	18	30	32	25	30	20
订单量		20	25	20	25	20	16	35	20	28	25
毛需求量		20	25	20	30	20	30	35	25	30	20
计划接收量		10									
预计可用库存量	16	6	11	11	11	11	11	6	11	11	11
净需求量			24	14	24	14	24	29	24	24	14
计划产出量			30	20	30	20	30	30	30	30	20
计划投入量		30	20	30	20	30	30	30	30	20	
可供销售量		6	5	0	5	0	14	−5	10	2	

MPS 的相关术语如下。

① 批量规则（Lot-sizing Rules）：表示物品的计划下达数量所使用的规则，分为两种，即静态批量规则和动态批量规则。使用前者时每一批的批量都相同，使用后者时允许每批的批量不同。常见的批量规则有如下 7 种。

最大批量——计划下达数不能超过此数据。

最小批量——计划下达数不能低于此数据。

固定批量——每次订货量按一个固定值下达。

直接批量——完全根据计划需求量决定订货量。

固定周期批量——每次订货的间隔相同，但批量数未必相同。

周期批量——根据经济订货批量计算订货间隔，决定每年订货次数，间隔期内的订货批量随需求量而变动。

倍数批量——按批量的整数倍下达订货量。

② 批量周期：指订货的周期，通常以天为单位。

③ 批量：指物品按批量订货时的数量。

④ 毛需求量（Gross Requirements）：指根据预测量和订单量，取其中较大的数量。

⑤ 计划接收量（Scheduled Receipts）：指由于前期下达订单的执行，将在某个时间到达的物品数量。

⑥ 预计可用库存量（Projected Available Balance，PAB）：即：前时段末的可用库存量+本时段计划接受量+计划产出量−本时段毛需求量。

⑦ 净需求（Net Requirements）：即：本时段毛需求−前时段末的可用库存量−本时段计划接受量+安全库存量。

⑧ 计划产出量（Planned Order Receipts）：指如果需求不能满足，系统根据批量规则计算需要的供应数量，这只是建议数量。

⑨ 计划投入量（Planned Order Releases）：指根据计划产出量、物品提前期、物品合格率计算出的投入数量。

⑩ 可供销售量（Available to Promise，ATP）：指在某个时段物品的产出数量可能大于订

单、合同数量，剩余部分就是可供销售量。

⑪ 装配提前期：指配件齐备后装配产品所需的时间。

MPS 的制定由主生产计划员（Master Scheduler）负责。此人必须熟悉产品结构、工艺流程、企业的生产资源、计划理论知识。MPS 计算流程如图 3-17 所示。

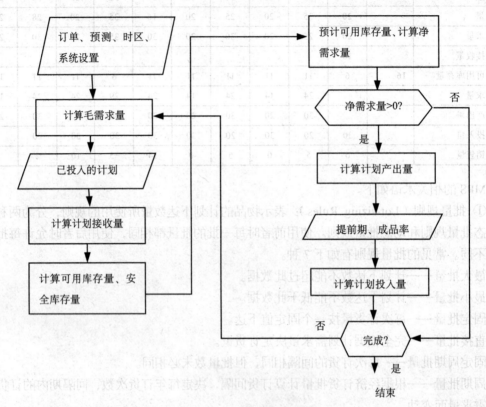

图 3-17　MPS 的计算流程

① 计算毛需求。在时区 1，毛需求等于订单量；在时区 2，毛需求等于订单量与预测量中的较大值；在时区 3，毛需求等于预测量。

② 计算计划接收量（见表 3-7）与过去的库存量。

表 3-7　计算计划接收量

类　别	时段	1	2	3	4	5	6	7	8	9	10
	过去	4-01	4-08	4-15	4-22	4-29	5-06	5-13	5-20	5-27	6-03
预测量		15	30	10	30	18	30	32	25	30	20
订单量		20	25	20	25	20	16	35	20	28	25
毛需求量		20	25	20	30	20	30	35	25	30	20
计划接收量	10										
预计可用库存量	16										

③ 计算预计可用库存量，见表 3-8。

表 3-8　计算预计可用库存量

类别	时段	1	2	3	4	5	6	7	8	9	10
	过去	4-01	4-08	4-15	4-22	4-29	5-06	5-13	5-20	5-27	6-03
预测量		15	30	10	30	18	30	32	25	30	20
订单量		20	25	20	25	20	16	35	20	28	25
毛需求量		20	25	20	30	20	30	35	25	30	20
计划接收量		10									
预计可用库存量	16	6	-19	-39	-69	-89	-119	-154	-179	-209	-229

④ 计算计划产出量，见表 3-9。

表 3-9　计算计划产出量

类别	时段	1	2	3	4	5	6	7	8	9	10
	过去	4-01	4-08	4-15	4-22	4-29	5-06	5-13	5-20	5-27	6-03
预测量		15	30	10	30	18	30	32	25	30	20
订单量		20	25	20	25	20	16	35	20	28	25
毛需求量		20	25	20	30	20	30	35	25	30	20
计划接收量		10									
预计可用库存量	16	6	-19	-39	-69	-89	-119	-154	-179	-209	-229
		6	11	11	11	11	11	6	11	11	11
净需求量			24	14	24	14	24	29	24	24	14
计划产出量			30	20	30	20	30	30	30	30	20
计划投入量											
可供销售量											

⑤ 根据提前期、成品率计算计划投入量（见表 3-10）、可供销售量。

表 3-10　计算计划投入量

类别	时段	1	2	3	4	5	6	7	8	9	10
	过去	4-01	4-08	4-15	4-22	4-29	5-06	5-13	5-20	5-27	6-03
预测量		15	30	10	30	18	30	32	25	30	20
订单量		20	25	20	25	20	16	35	20	28	25
毛需求量		20	25	20	30	20	30	35	25	30	20
计划接收量		10									
预计可用库存量	16	6	11	11	11	11	11	6	11	11	11
净需求量			24	14	24	14	24	29	24	24	14
计划产出量			30	20	30	20	30	30	30	30	20
计划投入量		30	20	30	20	30	30	30	30	20	
可供销售量		6	5	0	5	0	14	-5	10	2	

⑥ MPS 确认。制定了初步的 MPS 后要进行粗能力平衡，最后提出 MPS 方案，经过审核批准，保证符合企业的经营规划。确认 MPS 有如下 3 个步骤。

a. 分析初步的 MPS。分析生产规划和 MPS 之间的所有差别，MPS 中产品大类的总数应约等于相应时期内销售计划的数量，否则要调整 MPS，以保证和销售计划尽量一致。

b. 向负责部门提交分析结果。MPS 的审核工作由企业高层领导负责，组织市场销售、工程技术、生产制造、财务、物料采购等部门参加。

c. 批准 MPS 并下达有关部门。有关部门包括生产制造、物料、采购、工程技术、市场销售、财务等部门。

（3）粗能力计划

在 MPS 和 MRP 之后都要进行能力的校验，一般而言，对应前者是粗能力计划（Rough-cut Capacity Planning，RCCP），对应后者是能力需求计划（Capacity Requirement Planning，CRP）。RCCP 是对关键工作中心的能力进行运算而产生的一种能力需求计划，它的计划对象只是"关键工作中心"的能力。

粗能力计划的思想源于约束理论 TOC，TOC 认为，产量是由瓶颈（约束）资源决定的，即瓶颈资源也就是关键资源决定了企业的产能，只依靠提高非关键资源的能力来提高企业的产能是不可能的，所以进行能力分析时，重点要放在关键工作中心上。未进行过 RCCP 的 MPS 是不实用的。

RCCP 过程主要分为如下 3 步。

① 找出关键工作中心。如果各工序之间是单纯的串行或平行关系，那么其中效率最低的就是关键工序，对应工作中心就是关键工作中心。如果各工序之间有既有串行又有平行关系，就要用到关键路径求解。

② 计算关键工作中心各时段的负荷。

③ 能力—负荷平衡，有以下两种方法。

改变负荷：重新制定 MPS，延长交货期、减少订货量，甚至取消客户订单。

改变能力：更改工艺路线、加班、组织外协、增加人员及设备。

2. 物料需求计划

ERP 的应用就是从物料需求计划（MRP）逐步扩展开来的，实际上 MRP 始终是整个 ERP 的基础和核心。在闭环 MRP 中，还包括能力需求计划。

（1）MRP 的工作原理

MRP 是由 MPS 驱动的，结果又反馈给 MPS 用于确定是否需要调整。

MPS 的对象是最终产品，但一个产品可能包含成百上千要制造或要外购来的零部件、原材料，而且它们的提前期各不相同，投产顺序也有限制，所以需要事先作出计划保证均衡生产。

MRP 的计算依据主要有如下 4 项。

① 要生产什么？生产多少？（MPS，独立需求）

② 要用到什么？（BOM）

③ 已经有了什么？（库存信息、即将到货、即将产出信息）

④ 其他因素（有些独立需求可能未在 MPS 中体现，如维修件、备件、试验件等）。

MRP 的输出结果主要有如下两项。

① 还缺什么，缺多少（据此可生成外购物料的采购单或自制物料的加工单）。

② 这些物料的时间如何安排（据此可确定采购单的发放/交货期和加工单的开工/完工期）。

具体如图 3-18 所示。

我们以 X 产品为例将 MPS 展开为 MRP，假设生产 1 个 X 产品需要用到 1 个 A 物料，生产 1 个 A 物料需要用到 2 个 C 物料，生产 1 个 C 物料要用到 1 个 O 物料，XAC 的提前期为 1 个时段，O 的提前期为 2 个时段；XAC 的批量规则采用直接批量，O 采用倍数批量，批量基数为 40。

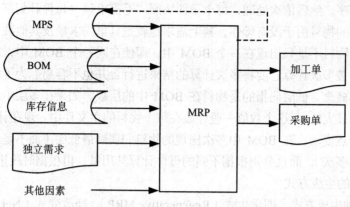

图 3-18　MRP 的输入与输出

MRP 是将 MPS 根据 BOM 逐层展开，每一层物料的需求输出即计划投入量作为下一层物料的毛需求量的输入，层内计算方法和 MPS 相同，实际上 MRP 中的每一层都相当于一个完整的 MPS 过程，如果在 BOM 中设置了物料的损耗率，那么对应物料的毛需求量还应加上相应的损耗。具体如图 3-19 所示。

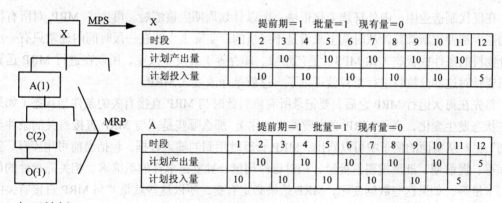

X　提前期=1　批量=1　现有量=0

时段	1	2	3	4	5	6	7	8	9	10	11	12
计划产出量			10		10		10		10		10	
计划投入量		10		10		10		10		10		5

A　提前期=1　批量=1　现有量=0

时段	1	2	3	4	5	6	7	8	9	10	11	12
计划产出量		10		10		10		10		10		5
计划投入量	10		10		10		10		10		5	

加工计划：

C　提前期=1　批量=1　现有量=0

时段	1	2	3	4	5	6	7	8	9	10	11	12
计划接收量	20											
计划产出量			20		20		20		20		20	
计划投入量		20		20		20		20		20		10

采购计划：

O　提前期=2　批量=40　现有量=10

时段	1	2	3	4	5	6	7	8	9	10	11	12
毛需求量		20		20		20		20		20		10
计划接收量						40						40
预计库存量	50	30	30	10	10	30	30	10	10	0	0	30
净需求量						10						10
计划产出量						40						40
计划投入量				40						40		

图 3-19　MRP 的展开模型

计算机进行推算的过程是：从 BOM 中的 0 层开始逐层进行，在层内首先将本层所有物料按一定规则排序，然后依次处理，每个子件按照"毛需求量 = 母件计划产量×子件用量"进行计算，0 层的物料由于没有母件，其毛需求量就是订单需求量及其他独立需求量。这里有个问题，有的物料不是只出现在一个 BOM 中，即使在同一个 BOM 中，有的物料也会多次出现，所以会被多次计算，要将多次计算的结果进行合并也不容易。为了解决这个问题需要引进低层码的概念。低层码指的是物料在 BOM 中的层数。如果在多层中出现，以最低层为准（即层数的最大值），这个数值一般存放在每个物料的主文件中。现在计算 MRP 的流程和前面相比有一点变动，在 BOM 中多次出现的物料归属到最低层（而不是像之前那样位于多个层次就计算多次），而且分别根据不同的母件计算其用量，再根据时段进行加总。

（2）MRP 的生成方式

MRP 有两种生成方式，即再生式（Regenerative MRP）、净改变式（Net Change MRP）。有的 ERP 系统同时提供这两种方式，供用户选择。

再生式 MRP 生成后会对库存信息重新计算，并覆盖原来计算的 MRP 数据，生成全新的 MRP。由于企业物料一般比较多，运行一次再生式 MRP 耗时太长，所以一般是周期进行的，如每周一次。但由于软件实现相对简单，所以很多 ERP 软件的 MRP 都采取这种方式。

在现代制造业中，内外环境变化很快，所以计划周期应该缩短。再生式 MRP 对所有物料的需求都要重新计算，从时间上来看是不经济的。实际上企业在一段时间内通常只有一小部分物料的条件或状态（如 MPS、工艺路线、库存等）会发生改变，所以在进行 MRP 运算时只要针对这部分物料进行重算就可以了，这就是净改变式 MRP。

首先在每次运行 MRP 之后，要记录所有物料此时与 MRP 直接有关的条件与状态（如果这些状态发生变化，表示 MRP 必定要发生变化）。那么哪些是"与 MRP 直接有关的条件与状态"呢？从前面的例子中可以看出，MRP 计算时用到的输入数据，包括当前可用库存、安全库存、提前期、批量规则、批量、相对母件用量、独立需求件的毛需求、相关需求件的母件需求量等，如果这些数据变化，MRP 结果必定有变，所以这些就是"与 MRP 直接有关的条件与状态"。

虽然设计上比较复杂，但净改变式 MRP 的优点显而易见：处理时间短，甚至可以随时运行而不影响其他模块的功能执行。

（3）MRP 的输出

在不同的 ERP 系统中 MRP 的输出不会完全相同，但是最常见的是缺料表的形式，即"还缺什么、何时安排"。缺料表中的物料有两类，即自制件和外购件。计划人员将前者确认为生产单（Work Order，WO），将后者确认为采购单（Purchase Order，PO），在一个完整的闭环 MRP 系统中这种由相关需求的生产单应该反馈回 MPS 并有所反应。

3. 能力需求计划

能力需求计划（Capacity Requirement Planning，CRP）是在 MRP 确认及下达之前，用来检验整个 MPS/MRP 的可行性的。CRP 利用工作中心数据中所定义的能力，将 MRP 导致的车间能力需求分配到各个工作中心资源上，在检查了物料和能力可行的基础上调整 MPS，并最终将 MPS 下达给车间。车间将按此计划进行生产。

（1）处理流程

闭环 MRP 的基本目标是满足客户和市场的需求，因此在编制计划时，总是先不考虑能力约束而优先保证计划需求，然后再进行能力计划；经过多次反复运算，调整落实才转入下个阶段。传统的能力需求计划的运算过程就是把 MRP 订单换算成能力需求数量，生成能力需求报表，如图 3-20 所示。

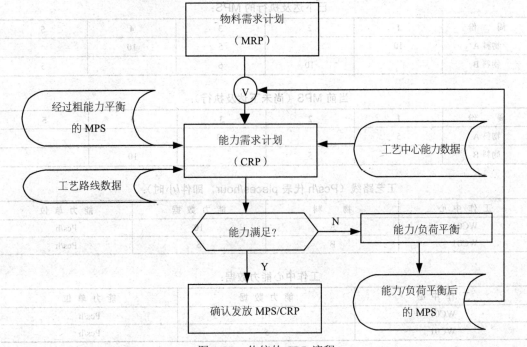

图 3-20　传统的 CRP 流程

其实在计划时段中经常出现能力需求超负荷或低负荷的情况，经典的闭环 MRP 能力计划通常通过报表形式向计划人员报告，但是并不进行能力-负荷的自动平衡。这项工作由计划人员人工完成。

（2）CRP 的分类

ERP 系统的 CRP 方法有无限能力计划和有限能力计划两种，有的系统能同时提供两种计划方式，供用户选择。

无限能力计划是指在做需求计划时不考虑生产能力的限制，面对各个工作中心的能力和负荷进行计算，作出能力/负荷报告。负荷>能力时，就要对超负荷的工作中心进行能力/负荷平衡。这种方式的实现相对简单，是目前多数国内 ERP 系统采用的形式。

有限能力计划认为工作中心的能力是有限的，计划的安排按照一定的规则进行，先将能力分配给优先级高的物料，如果负荷已满，优先级低的物料将被推迟加工。这种方法中 CRP 和 MPS 通常结合得非常紧密，CRP 甚至不需要单独在界面中输出，用户在系统中直接看到的就是经过调整后的 MPS，因而感觉不到 CRP 的存在。

（3）无限能力计划的编制

① 计算方法。考虑能力需求计划的计算方式时，要把 MRP 的物料需求量转化为负荷时间，即把物料需求转换为对能力的需求。工作中心加工物品的负荷计算方法是：负荷 = 物料

产量×标准工时。

编制 CRP 的具体做法是：将 MRP 各时段内要加工的所有物料通过工艺路线文件得到需要用到的各工作中心的负荷，再与额定能力进行比较，得到按时段划分的工作中心的能力/负荷报告，如表 3-11 所示。

表 3-11 CRP 计算模型

已下达及执行的 MPS：

周　　份	1	2	3	4	5
物料 A	10		5	10	
物料 B		10	6		5

当前 MPS（尚未下达及执行）：

周　　份	1	2	3	4	5
物料 A	5		10		
物料 B		5		10	

工艺路线（Pcs/h 代表 pieces/hour，即件/小时）：

工作中心	物　料	能力数据	能力单位
WC01	A	10	Pcs/h
WC01	B	5	Pcs/h

工作中心能力数据：

工作中心	能力数据	能力单位
WC01	10	Pcs/h
WC01	5	Pcs/h

工作中心日历：（略）

工作中心能力/负荷

周　　份	1	2	3	4	5
已下达负荷	100	50	80	100	25
计划负荷	50	25	100	50	
总负荷	150	75	180	150	25
能力	100	100	100	100	100
余/欠能力	−50	25	−80	−50	75
累计余/欠能力	−50	−25	−105	−155	−80

② 平衡与输出。

能力需求计划中有两个要素：负荷和能力，解决负荷过小或超负荷能力问题的方法有 3 种：调整能力、调整负荷、同时调整两者。

调整能力的方法主要有加班、增加人员和设备、提高工作效率、更改工作路线、增加外协处理，调整负荷的方法主要有调整生产批量、推迟交货期、撤销订单。

上面例子中的负荷/能力的不平衡问题可以如下调整。

如果第 1 周需求计划日期不能改变，则调整能力，如加班 50 小时。

如果第 3 周需求的物料提前到第 2 周加工，第 3 周需加班 55 小时。

第 4 周的物料推后加工。

无限能力计划存在一些问题，系统将市场需求的不均衡不加缓冲地直接加到生产系统上，往往导致生产计划的可行性不高，比如一周内某个工作日严重超负荷，而其他工作日完全不安排生产。虽然无限能力计划也强调能力/负荷平衡，但这个过程需要不断地人工调整 MPS，反复执行 MRP 和 CRP 进行模拟，最后得到可行方案。这一过程非常费时，在生产繁忙、计划周期短、变化频繁的情况下，无限能力计划往往很不实用。

（4）先进排程

为了克服无限能力计划的缺点，后来发展出了有限能力计划，并且逐渐成为近年来 ERP 系统的发展方向。实现有限能力计划的一种形式是先进排程系统（Advanced Planning and Scheduling，APS）。APS 能产生现在与将来的、通过各种规则及需求约束自动产生的、可视化的详细生产计划。生产计划能对延迟订单进行控制、采取行动管理控制能力和各种约束。这些约束包括资源工时、物料、加工顺序、自定义约束条件。它能管理整个资源，更重要的是它能考虑生产过程中所有的因素，快速响应意外的结果。

① APS 的编制方法。

最常用的有顺排和倒排两种方法。

顺排法就是从当前时刻（或计划开始时刻）开始，将各工序计划依时间顺序向后排程。假设现在是 6 月 13 日，我们接到两个订单（c001 和 c002），各订购 100 套方桌，交货期分别为 6-16 和 6-17，为简明起见，假定所有设计的采购物料都不短缺，且目前所有工作中心资源均未被占用或被计划。下面采用 APS 顺排法安排生产计划，总共分为 12 步。

a. 将所有任务按优先级排序形成任务队列。排序有多种规则可以选用，例如可以是要求完成日期、到达日期、加工时间等，假设现在按交货期排序，所以任务队列的顺序是 c001-c002。

b. 取第一个任务，是 c001。

c. 计算各工序占用对应工作中心的工作时间的跨度。计算方法是：占用工作中心时间 = 加工数量/效率。

计算各工序占用工作中新的时间跨度的过程如表 3-12 所示。

表 3-12　计算各工序占用工作中新的时间跨度

代　码	工 序 名 称	工 作 中 心	效率（件/小时）	加工数量/件	占用时间/小时
1	总装	Shop1	10	100	10
2	加工桌面	Shop4	50	400	8
3	装配桌面	Shop2	10	100	10
4	加工面板	Shop3	20	100	5
5	加工面框	Shop4	30	100	3.33

d. 确定关键路径，其余的就是非关键路径，如图 3-21 所示。关键路径是 4-3-1，如果网络图的结点很多，求解关键路径会比较麻烦，所幸系统会自动完成这项工作。如果有多条关键路径，可以任选一条。如果路径之间没有竞争关系，使用不同的工作中心、资源占用情况相同，则选择哪条都一样。如果这些条件不满足，选择不同的关键路径会有不同的排程结果，但如果差异不明显也能接受。

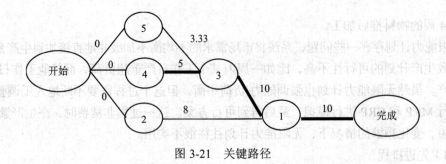

图 3-21 关键路径

e. 取第一个关键工序，即 4 号工序——加工面板。

f. 确定当前工序最早可开始时间。顺排法中工序的最早可开始时间就是当前时间。如果所需物料短缺，就应该加上物料的提前期；如果是加工件短缺就加上生产加工提前期；如果是采购件就加上采购提前期。由于 4 号工序的投入没有加工件，采购件也不短缺，所以最早可开始时间就是当前（6-13 的 9:00）。

g. 确定资源可用。确定该工序对应的工作中心资源在这个时段是否可用，目前 Shop3 工作中心空闲，所以可用。

h. 确定工序计划开始时间和计划结束时间。如果工作中心空闲，那么工序的计划开始和结束时间就是最早开始和结束时间；如果工作中心已被占用，那么工序的开始时间就要往后推。现在工序 4 的计划开始时间是 6-13 的 9:00，计划结束时间是 6-13 的 14:00。如果当天结束不了，就推到下个工作日的开始时间接着算。

i. 设置工作中心对应时段的状态为占用，这样其他任务就不能再在这个时段使用这个工作中心。

j. 转向紧后关键工序。为关键路径上的紧后关键工序安排时间。这个过程循环进行，直到当前任务的所有关键工序都安排好。

k. 转向非关键工序。关键工序排程结束后，当前任务的时间跨度就确定了，非关键工序的安排在时间上可以有一定的松动，即只要在紧前工序结束以后开始、在紧后工序开始以前结束就行。这样就有两种排程方式，分别以前面的两个时间点为限往后排或往前排。我们采取第一种方式，结果如图 3-22 所示。

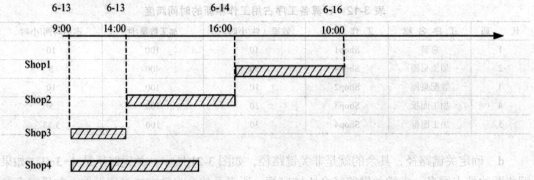

图 3-22 关键工序排程 1

l. 转向队列中的下个任务。现在转向任务 c002，同样是先安排关键工序，再安排非关键工序，但是注意 4 号工序要使用的工作中心 Shop3 在 6-13 的 14:00 之前是占用状态，只能在这之后才能开始为 c002 的 4 号工序服务。同理其他工序使用 Shop2、Shop1 的时间也要推后，结果如图 3-23 所示。

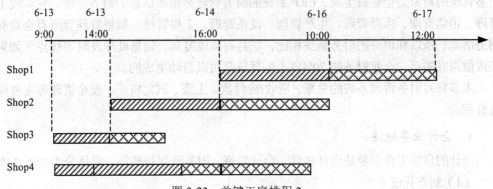

图 3-23　关键工序排程 2

在当前条件下，在任务的累计提前期不能满足交货期的情况下，顺排法会通过推迟部分或全部工序的加工来解决，虽然并不希望延迟交货，但是资源无法满足时只能如此。

以上是顺排法的工作流程。如果采用倒排法则正好相反，从交货期指定的完成时间开始，将各工序计划倒推向前排，例如，如果订单 c001 的交货期为 6-21，那么系统会从 6-20 的最后时刻向前排，得到 1 号工序的开始时间应该是 6-19 的 15:00，然后 3 号工序的开始时间应该是 6-18 的 13：00……倒排法的特点是，在满足交货期的情况下，加工尽可能推迟开始，这是符合 JIT 思想的，但这里有个问题，如果交货期无法满足，会导致某些工序的开始时间排到当前时刻之前，显然这是不可行的。

② APS 的特点。

与传统的 MPS-MRP-CRP 相比，引进了 APS 后，系统中 MRP 的闭环流程会发生一些变化，最显著的就是将 MPS、RCCP、CRP 等处理集成到了一起，因此在流程中就很难区分出明显的能力需求处理过程了。

另外，与传统的 MPS 相比，APS 对工作中心、工艺路线中的效率数据的准确性相当敏感，个别数据不准确，会导致某些任务占用工作中心的时间变多或变少，从而影响其他任务的安排，最糟糕的情况是引起连锁反应，影响到全盘计划。所以在 APS 中要高度重视基础数据的准确性。

3.5　财务管理模块

3.5.1　财务管理模块的功能

财务管理（Financial Management，FM）是对会计工作、活动的统称，现代会计学把企业会计分为财务会计（Financial Accounting）与管理会计（Management Accounting），主要为企业外部提供财务信息的会计事务称为财务会计，主要为企业内部各级管理人员提供财务信息的会计事务称为管理会计。财务管理是基于企业再生产过程中客观存在的财务活动和财务关系而产生，根据再生产过程中的资金运动，财务管理的内容包括固定资金管理、流动资金管理、产品成本管理、销售收入管理、纯收入和财务支出管理等。

无论是在 MRP II 阶段还是进入 ERP 阶段，财务管理始终是核心的模块和功能，会计和财务管理的对象是企业资金流，ERP 系统的财务管理是集成信息的财务管理，它集成了采购管理、销售管理、库存管理、生产管理、设备管理、工程管理、质量管理等所有企业有关的财务活动，所以和单一的财务系统相比，它具有集成度高、信息处理及时等优点。如果信息集成做得好的话，企业财务的 70%以上的凭证是可以自动生成的。

本节将对财务管理系统的总账、应收/应付款、工资、固定资产、现金管理等主要模块进行介绍。

1. 会计业务概述

会计的日常工作主要是会计核算、会计监督、财务计划与预算，具体分为如下 3 类。

（1）制作凭证

每项经济业务都要取得或填制原始凭证，审核无误后填写凭证分录，编制记账凭证，一段时间后将凭证归类装订成册以备检查，财务涉及的凭证一般包括收款凭证、付款凭证和转账凭证。

（2）根据凭证记账

按规定设置总账、明细账、日记账，根据审核无误的会计凭证及时登记入账。企业的账务有对内与对外两类，对内的有资产、成本、工资、材料、利润等，对外的有往来账、银行账。往来账是指企业与往来户（客户、供应商）之间发生的应收款、预收款、应付款、预付款业务，往来业务量一般比较大，应收款方面经常发生客户拖欠货款的现象，应付款方面对账很复杂，所以通常为往来户单独设立账户记录应收应付款项。银行账要计算每天的收入、支出并结出余额，另外，企业要根据银行发来的对账单和自己记录的银行日记账进行核对，并制作未达账调节表。

（3）财务报表、财务分析

企业在每个核算期末制作报表，上报上级单位和财政税务部门，各类财务报表（三大报表是资产负债表、利润表、财务状况变动表）从不同角度反映企业的经营和财务状况，财务工作还能及时为企业领导提供相关的财务数据信息，如资金使用情况、企业赢利情况、资金运转情况等。财务分析工作汇总各类财务信息，通过分类整理和系统分析可以看出企业财务活动及经营活动中存在的问题。

2. 企业的会计程序

企业在生产经营过程中的会计程序是不断循环的，包括如下 6 个步骤，具体见图 3-24。

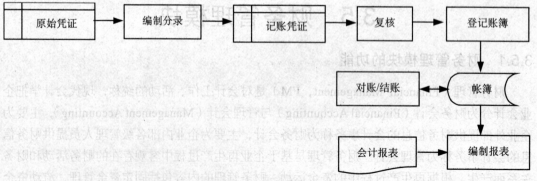

图 3-24 财务处理流程

① 编制分录。根据审核合格的原始凭证，确定贷方账户和金额，然后制作记账凭证。编制分录可以是根据一张原始凭证填制，或者是根据若干张同类原始凭证汇总填制。

② 复核。记账凭证经过复核才能作为登记账簿的依据，分别进入总分类账、明细账、日记账，涉及现金和银行存款的要出纳签字确认。

③ 登记账簿。根据记账凭证中的借贷方账户和金额登记日记账、明细分类账和总分类账，根据权责发生制的原则，调整有关账户的经济业务，处理会计期间需要递延或预记的收入和费用账目。

④ 对账。为了保证账簿记录和会计报表数据真实、可靠，登账后要进行账簿与实物的核对、账簿与账簿之间的核对、账簿与凭证的核对，做到账户试算平衡，试算平衡的公式如下。

本期借方发生额合计=本期贷方发生额合计

本期借方余额合计=本期贷方余额合计

期初余额+本期借方发生额−本期贷方发生额=本期余额

⑤ 编制报表。根据登账后的账户余额及本期发生额等编制资产负债表、利润表、现金流量表等会计报表。

⑥ 期末记账。一个会计期间结束时，进行账目结算，结束有关账户。

3. 企业的记账程序

记账程序如图 3-25 所示。

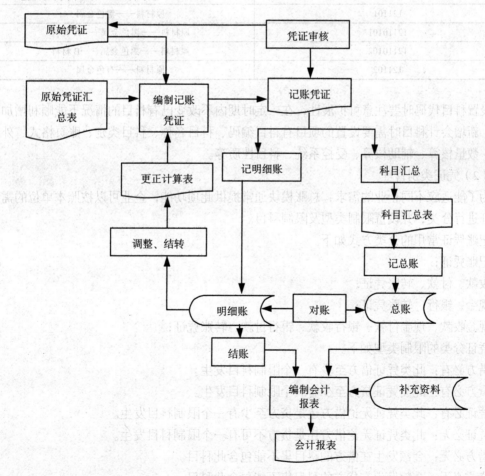

图 3-25 记账程序

3.5.2 财务管理模块的结构

1. 总账管理

（1）总账科目维护

会计科目是对会计对象具体内容分门别类进行核算所规定的项目，科目设置的层次深度将影响到会计核算的详细准确程度。

会计科目是根据会计对象具体内容进行分类，一般在行政事业单位中分为资产、负债、净资产、收入、支出五类，在企业单位中分为资产、负债、所有者权益、成本、损益五类。会计科目通常采用群码的编码方式，即将会计科目分成若干段，每段有固定的位数，第一段表示一级科目代码，第二段表示二级明细科目代码，以此类推。例如，4-2-2结构就是一种常见的科目代码结构，表示一级科目代码4位（最多可以设置9 999个一级科目），二级代码科目2位（最多可以设置99个二级科目），三级代码科目2位（最多可以设置99个三级科目），如表3-13所示。

表3-13 4-2-2结构的科目代码

科 目 代 码	科 目 名 称
1211	原材料
121101	原材料——黑色金属
12110101	原材料——黑色金属——A材料
12110102	原材料——黑色金属——B材料
121102	原材料——有色金属

设置科目代码时要注意可扩展性，在一定时期内不改变已有科目的情况下能顺利增加新科目。新增会计科目时需要设置的项目有科目编码、科目名称、科目类别、账页格式、外币核算、数量核算、辅助核算、受控系统、科目性质等。

（2）凭证类别管理

为了能适应不同企业的需求，总账模块通常提供此项功能，企业可以按照本单位的需要对凭证进行分类，并设置限制类型及限制科目。

记账凭证常用的分类方式如下。

记账凭证；

收款、付款、转账凭证；

现金、银行、转账凭证；

现金收款、现金付款、银行收款、银行付款、转账凭证；

凭证分类的限制类型如下。

借方必有：此类凭证借方至少有一个限制科目发生。

贷方必有：此类凭证贷方至少有一个限制科目发生。

凭证必有：此类凭证无论借方还是贷方至少有一个限制科目发生。

凭证必无：此类凭证无论借方还是贷方不可有一个限制科目发生。

借方必无：金额发生在借方的科目集不能包含此科目。

贷方必无：金额发生在贷方的科目集不能包含此科目。

（3）币别管理

币别管理功能用于管理外币的折算方式、汇率等。折算方式分为直接汇率与间接汇率两种，折算公式如下。

$$外币 \times 直接汇率 = 本位币$$
$$外币/间接汇率 = 本位币$$

（4）辅助核算的管理

辅助核算是为了满足内部管理的要求，在原有科目核算的基础上增设的核算方式，即对同一笔经济业务在按科目分类核算的同时又按部门、员工、客户、项目的一项或多项分类核算，目前的多数软件只能同时进行两项辅助核算。例如，为了反映各部门的收入费用结余情况可使用部门核算，为了反映职工个人借、还、余情况可使用员工核算，为了反映客户的收支结余情况可使用客户核算，为了反映特定项目收支结余情况可使用项目核算。

部门核算：主要为了考核部门费用收支的发生情况，及时地反映控制部门费用的支出，对各部门的收支情况加以比较，便于进行部门考核。提供各级部门总账、明细账的查询，并对部门收入与费用进行收支分析等功能。

个人往来账管理：主要进行个人借款、还款管理工作，及时控制个人借款，完成清欠工作。提供个人借款明细账、催款单、余额表、账龄分析报告及自动清理已清账等功能。

往来管理：主要进行客户和供应商往来款项的发生、清欠管理工作，及时掌握往来款项的最新情况。提供往来款的总账、明细账、催款单、往来账清理、账龄分析报告等功能。应收管理系统可对应收账款从客户、部门、个人3个角度进行管理，核销管理可灵活处理三角债业务。还提供客户信用度、信用天数实时预警、全面的账龄分析，从而提高应收账款的回收水平。

项目管理：主要用于生产成本、在建工程等业务的核算，以项目为中心为企业提供各项目的成本、费用、收入等汇总与明细情况及项目计划执行报告等，也可用于核算科研课题、专项工程、产成品成本、旅游团队、合同、订单等，提供项目总账、明细账及项目统计表的查询。

（5）科目余额维护

期初余额维护用于输入期初余额或者结转年初余额时使用（如果系统中已有上年的数据，就可以使用结转上年余额的功能，将上年度各账户余额自动结转到本年度）。

（6）制作凭证

制作凭证的方法有多种，最常见的是在总账系统手工填制记账凭证，此外，还能使用常用凭证、机转凭证来录入。

常用凭证指的是将常用的凭证格式存储起来作为凭证模板，调用后仍能修改。

机转凭证是指当企业每月把收入和成本结转到本年利润，或在年终把收入支出结转到本年结余，或通过编制转账公式来处理其他业务子系统发生的经济业务。自动转账模块包括定义转账分录、生成转账凭证、获取内外数据等功能（先定义所有的凭证要素值，再根据定义的公式从历史凭证文件或其他文件中提取数据、计算数据，生成机制凭证，也能从其他系统获取数据实现自动转账）。自动转账模块获取数据的途径包括内部转账和外部转账，内部转账是通过账务处理系统来获取数据，总账系统的账户余额是生成内部转账凭证的主要数据，因此，内部转账只能在月末进行，且所有凭证必须记账后再结转；外部转账主要是通过账务处理子系统及其他子系统获取数据，又有两种处理方式，一种是由各有关子系统直接编制记账凭证供账务处理子系统调用，另一种是由各子系统对各自数据分类统计后统一汇集到转账模块生成机制凭证。

（7）凭证审核

审核无误的凭证才能进行记账，审核人和制单人不能是同一人，取消审核的操作只能由审核人进行。审核方式有如下两种。

静态屏幕审核方式（人工方式）：系统将未审核的凭证显示在屏幕上，审核人进行目测检查。这种方式效率较低。

二次输入审核方式（自动方式）：将同一批记账凭证再次输入，由计算机对比两次输入结果是否相同，从而检查输入错误。这种方法查错效率高，但重复输入很费时。

由于两种审核方式都有不足之处，有些企业仍然采用手工记账时的审核方式，即审核由系统打印出来的记账凭证，到月末需要记账时才在系统里进行批次审核，完成系统审核的动作。

（8）记账、对账、试算平衡

记账就是根据审核后的记账凭证，按时间顺序分别记入相应账簿。记账工作可以在编制一张凭证后进行，也可以编制一天的凭证后记一次账，也就是说可以一天记多次，也可以多天记一次。

由于账簿是编制报表的重要依据，所以为保证报表数字真实、可靠，各类账簿间、账簿与凭证间、账簿与实物间都需要进行核对，做到账账相符、账证相符、账实相符，虽然一般来说只要记账凭证输入正确，自动记账后的各种账簿应该就是正确、平衡的，但由于非法操作或病毒影响可能破坏某些数据，引起账账不符，为了发现并解决这些问题，应经常进行对账，至少每月一次，一般在月末结账前进行。

试算平衡是根据会计恒等式和借贷记账法的规则，通过汇总计算和比较，来检查账户记录正确性的方法。试算平衡分两种，即发生额平衡和余额平衡。

对于发生额平衡，由于在借贷记账法的规则中，借贷两方的金额是相等的，所以当一定会计期间的全部经济业务都记入相关账户后，所有账户的借方发生额总数和贷方发生额总数也应该相等，即全部账户借方发生额合计＝全部账户贷方发生额合计。

对于余额平衡，借贷记账法中资产＝负债+所有者权益，资产类账户表现为借方余额，负债及所有者权益类账户表现为贷方余额，所以全部账户借方余额合计＝全部账户贷方余额合计。

要注意的是，在试算平衡中等式两边不等说明账簿记录肯定有错误，但等式两边相等不能说明账簿记录肯定正确，如重记、漏记、会计科目错误、记账方向相反等操作是不影响等式平衡的。

（9）凭证与账簿的查询

这是企业财务人员用的最多的一项操作，目前多数 ERP 软件的总账系统都提供各种各样的报表和详尽的凭证查询方法。

（10）编制报表

会计报表是以日常会计核算为主要依据，综合反映企业资产、负债、所有者权益情况，以及一定时期的经营成果和现金流量的书面文件。编制报表分为两步：首先定义报表格式，其次定义报表数据来源（通常是从账表中获取数据，或将获取的数据进一步加工生成新的数据）。

会计报表中的勾稽关系如下。

资产负债表：

$$资产 = 负债 + 所有者权益（账户式）$$
$$资产 - 负债 = 所有者权益（报告式）$$

利润表和利润分配表：

$$主营业务利润 = 主营业务收入 - 折扣与折让 - 主营业务成本 - 主营业务税金及附加$$
$$营业利润 = 主营业务利润 + 其他业务利润 - 营业费用 - 管理费用 - 财务费用$$
$$利润总额 = 营业利润 + 投资收益 + 营业外收支$$
$$净利润 = 利润总额 - 所得税$$

现金流量表：

$$各类现金流入 - 各类现金流出 = 现金及现金等价物净增加额$$

会计报表的生成顺序应该是：利润表及附表（利润分配表、主营业务收支明细表等）→资产负债表及附表（应交增值税明细表等）→现金流量表。

（11）结账

结账是指结转给各账户的本期发生额和期末余额，终止本期的账务处理业务。结账包括期末转账业务处理、月结、年结，结账是一种批处理，只允许每月结账日使用。

结账前应进行以下检查工作。

① 上月未结账，则本月不能记账也不能结账，但可以填制、复核凭证（跨月制单）。

② 本月还有未记账的凭证时不能结账。

③ 若总账与明细账不符，则不能结账。

④ 若是结 12 月的账，则必须产生下年度的空白账簿文件，并结转年度余额。

⑤ 已结账的月份不能再填制凭证。

财务管理中总账模块与其他模块间的关系可以用图 3-26 表示。

2. 应收/应付账管理

（1）应收/应付账的概念

应收账是企业因销售商品、提供劳务而向购货单位（客户）或接受劳务单位收取的款项，它是企业在生产经营过程中因赊销商品或按合同先行提供劳务而形成的客户欠款，除此之外形成的应收款项不属于应收账的范围。应收账可以按不同客户和不同货币设立账户，应收账涉及的业务有客户资料维护、客户维护管理、对账（月结）、账龄管理及预付款管理。

应付账是企业应付的购货账款，是企业向外赊购商品的会计处理，即在购入商品时，按发票价格分别计入购货和应付账账户，如果附有折扣条件的，则在按期偿付账款时，将取得的折扣数额带入购货折扣的账户。

（2）应收/应付账管理的作用

其作用主要有以下 6 个方面。

① 改善发票与收付款处理精度。

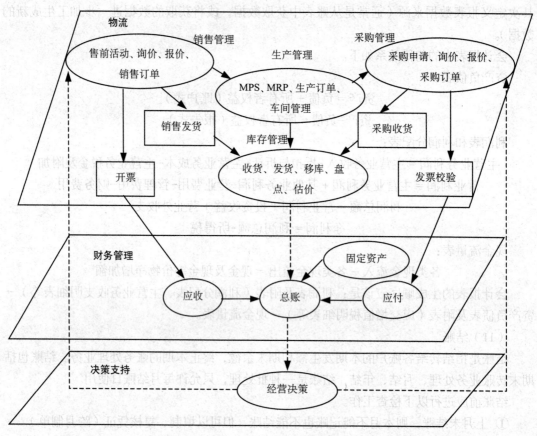

图 3-26　总账模块与其他模块间的关系

② 及时提供对账单。

③ 改善客户、供应商的查询响应，可以立即答复客户、供应商、相关人员关于账款的问题。

④ 简化了客户发票和账款收入的处理过程，大大减少计算费用、检查信贷额度、生成客户对账单、处理发票和支付的时间。

⑤ 提高资金的运用，改善资金的配置。

⑥ 提高商业信用，改进资金周转率。

（3）应收/应付账模块的功能

应收/应付账模块的功能主要有如下 6 项。

① 客户、供应商资料的维护。这里面又包括 4 项，分别是基本资料维护、结算币别（收付款时使用的币种）、结算方式（包括货到结算、月度结算，或者自定义）、扣税方式（包括应税内含、应税外加、不计税等）。

② 对账管理。包括生成对账单和调整对账单。生成对账单是指企业根据客户或供应商交易时商定的结算方式和时间，按月或按日将出库单或入库单生成对账清单，然后发给客户或供应商进行对账。调整对账单是指企业与客户、供应商对账后，就双方差额（漏计或多计）进行调整。双方确认的对账单作为开发票的依据。

③ 发票管理。可以将对账清单、出库单、入库单等信息传递到发票，发票输入后可以验

证所列物料的出入库情况，核对销售订单和采购订单，计算差异，查看指定发票的收付款情况。目前多数公司开发票都使用特定的开票系统和发票样式，所以 ERP 系统并不需要真正开发票，只要将正式发票与订单、采购单关联起来。

④ 账龄管理。分析应付账龄，通过建立应收账款客户的付款到期期限和应付账款的收款到期期限，系统自动生成催款单和付款排期表，减少坏账损失，合理调配资金。

⑤ 坏账管理。包括坏账条件维护、坏账申请、坏账审核、坏账处理等功能。坏账处理方法包括直接转销法、备抵法，前者是直接从应收账款中转销，计入当期损益，后者是估计坏账损失，计入各期损益，形成坏账准备金，计入备抵账户，当坏账发生时，根据金额冲减准备金，同时转销相应的应收账款金额。

⑥ 建立会计分录。应收账系统能自动建立有关应收账的全部会计分录，这些分录可以自动过到总账中去。

3．工资管理

（1）有关概念

工资分为工资核算和工资管理两部分，其中工资核算部分处理员工工资的结算、核算和分配，并且按工资总额提取各项费用，流程如图 3-27 所示。工资核算是根据员工考勤记录、工资标准、各项应发补贴、各项代扣款等原始资料来结算应付工资和实发工资，进行计提、分配和结转，编制转账凭证。工资管理是处理员工的工资政策，如制定工资计划、预算和标准等。

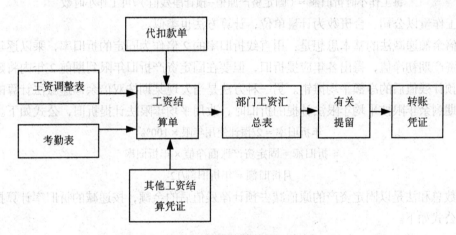

图 3-27 工资核算的处理流程

（2）工资模块的主要功能

① 工资核算功能。完成考勤、工资调整表、代扣款项目的输入，然后计算应付给员工的实发工资金额、计提费用，再进行分配和结转，编制转账凭证，打印各类工资表，提供查询功能。

② 工资管理功能。完成单位的工资计划、工资预算、工资标准等管理功能。

需要注意的是，不同的 ERP 软件有不同的划分方法，如有些软件将这两块分开，也有些软件将这两块结合起来，作为企业人力资源管理的工资报酬部分。

4．固定资产管理

（1）有关概念

固定资产是指使用年限在 1 年以上，单位价值在规定标准以上，并在使用过程中保持原有实物形态的资产，如房屋、建筑物、机器设备、工具等。不属于生产经营主要设备的物品，单位价值在 2 000 元以上、使用期限超过两年的也作为固定资产。由于固定资产占用大量资金，所以固定资产的管理是企业的重要基础性工作。

（2）主要功能

固定资产管理的主要功能包括如下 5 个部分。

① 基础数据维护。基础数据包括固定资产分类、固定资产科目（如固定资产、累计折旧、租金费用等）、固定资产卡片。

② 资产折旧管理。通过设置折旧参数和折旧方法来计算折旧费用，并自动生成转账凭证。折旧参数包括折旧基数、净残值、折旧年限等，折旧方法主要有平均年限法、工作量法、双倍余额递减法、年数总和法。

平均年限法也叫直线法，指固定资产在预计的折旧年限内，根据原始价值和净残值，按每年平均计提折旧的方法。一般企业都选用这种方法，公式如下。

$$固定资产年折旧额 = （固定资产原值-预计净残值）/折旧年限$$

$$固定资产年折旧率 = 固定资产年折旧额/固定资产原值 \times 100\%$$

$$固定资产月折旧额 = 固定资产原值 \times 固定资产月折旧率$$

工作量法指以固定的各会计期间完成的工作量为依据，计算各期折旧额的方法，公式如下。

$$每工作小时折旧额 = （固定资产原值-预计净残值）/可工作小时数$$

若工作量以公司、台班数为计量单位，计算方法也类似。

双倍余额递减法的基本思想是：用直线折旧率的 2 倍作为固定的折旧率，乘以逐年递减的固定资产期初净值，得出各年应提折旧，但要在固定资产折旧年限到期前 2 年内将账面净值扣除预计残值后的净额平均摊销。另一种方法是当发现某期按双倍余额递减法计算的折旧小于该期剩余年限按平均年限法计提的折旧时，改用平均年限法计提折旧，公式如下。

$$年折旧率 = 2/预计使用年限 \times 100\%$$

$$年折旧额 = 固定资产账面净值 \times 年折旧率$$

$$月折旧额 = 年折旧额/12$$

年数总和法是以固定资产的原值减去预计净残值后的余额，按递减的折旧率计算折旧的方法，公式如下。

$$年折旧率 = 尚可折旧年数/各年的折旧年限之和$$

或 $$年折旧率 = （折旧年限-已折旧年限）/［折旧年限 \times （折旧年限+1）/2］$$

$$每年折旧额 = （固定资产原值-预计净残值）\times 年折旧率$$

③ 资产增减管理。包括固定资产的增加和减少两个管理功能，前者主要有固定资产购入、自建、改建和扩建、其他单位投资转入、融资租入、捐赠、固定资产盘盈等，后者主要有固定资产转让、报废、损毁、盘亏等。

④ 资产维修管理。部分固定资产的修理可以在设备管理中处理，其余部分转入固定资产修理处理。对于经常性修理所需费用，由于数额较小，一般在发生时直接计入当月费用，借记"制造费用"、"管理费用"等账户，贷记"原材料"等账户，对大修费用，数额较大，一般采用预提、待摊的方法。

⑤ 资产租赁管理。包括固定资产的租入、租出的租赁合同管理及租金计划管理。合同作

为计算费用的依据，一般要说明租赁的时间范围、费用计算方法、费用明细、每期付款时间、原值、净值、往来客户类型等。

5. 货币资金管理

（1）有关概念

货币资金管理是对硬币、纸币、支票、汇票、银行存款管理的统称。为了防止资金被挪用、被盗，保证账证相符、保证正常经营和日常支付，一个健全的货币资金收入和支出的管理表现在以下几方面。

① 建立明确的货币资金管理的日常处理程序。

② 将货币资金的经营工作和有关的记账工作严格分开。

③ 将货币资金支出活动和收入活动分开。

④ 收入的现金必须每天存入银行，支出的现金超过定额的要使用支票。

（2）主要功能

货币资金管理主要包括以下 6 项功能。

① 收入管理。主要是回收销售收入和应收账款。

② 支出管理。主要是支付购货支出和应付账款。

③ 票据管理。这里的票据是在应收/应付的账务处理中产生的各种票据，如期票、汇票和支票，这些票据要有收到和签发处理、到期回收和偿付处理、贴现处理、票据登记处理。

④ 零用现金和银行存款的核算。包括预付款的核算，提供国际通用的各种应收账付款作业及付款形式。

⑤ 银行对账管理。企业为了防止记账差错，保证银行存款账目正确无误，通常要求出纳人员定期对银行存款进行清查，清查一般采用核对账目的方法进行，即根据银行送交的对账单与企业银行存款日记账的记录逐笔核对。如果余额不等，可能是记账错误，也可能是存在未达账项，为了消除后者的影响，企业要编制银行存款余额调节表。

对账管理的内容包括如下几个方面。

a. 录入银行期初余额。

b. 录入或导入银行对账单，形成对账单文件。

c. 通过自动对账、手动对账相结合的方式进行核对，核销已达账项，产生未达账项。

d. 编制银行存款余额调节表。

e. 查询功能。

银行对账的流程如图 3-28 所示。

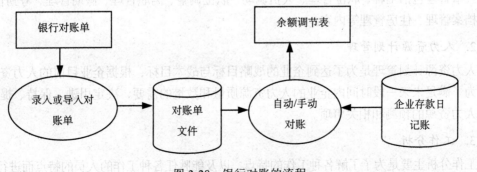

图 3-28　银行对账的流程

⑥ 其他管理。如票据维护、票据打印、付款维护、银行清单打印、付款查询、银行查询和支票管理等。

6. 财务模块与其他功能模块的关系

具体如图 3-29 所示。

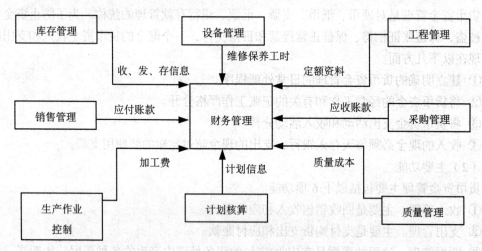

图 3-29 账务子系统和其他子系统的关系

3.6 人力资源管理模块

3.6.1 人力资源管理模块的功能

ERP 涉及企业所有的资源管理与运用业务，不管是企业内部的人、财、物的流动，还是外部环境，都是企业涉及的资源，都是 ERP 管理理论研究的范畴。市场上也有独立的人力资源管理系统提供，但最好的解决方案是与 ERP 系统的集成，人力资源管理（HRM）模块只有连接生产管理模块、质量管理模块、财务管理模块等各大模块，才能全面进行人力资源管理绩效评估，同时为产品的成本提供人工费用。

人力资源管理模块的功能一般分为如下 7 个方面。

1. 人事管理

人事管理包括工种、职位管理、人员调动、职位调整、离职管理、假期管理、考勤管理、人事档案管理、住房管理等内容。

2. 人力资源计划管理

人力资源计划管理是为了达到企业的战略目标与战术目标，根据企业目前的人力资源状况，为了满足未来一段时间内企业的人力资源质量和数量的需要，决定引进、保持、提高、流出人力资源的预测和相关事项。

3. 工作分析

工作分析主要是为了了解各种工作的特点，以及能胜任各种工作的人员的特点而进行的，是对某工作作出明确规定，并确定完成这一工作需要什么样的行为的过程，包括工作描述和工作说明书两部分。

4. 员工招聘

员工招聘包括招聘需求申请、审批、发布招聘信息、建立测试题库、测试成绩管理、录取与招聘评估等内容。

5. 绩效评估

绩效评估的主要目标有两个：评价和帮助员工发展，前者包括绩效衡量、报酬补偿、激励，后者包括员工自我管理、发掘员工潜能、改进沟通、提高绩效。

6. 报酬管理

报酬分为金钱与非金钱两类，非金钱报酬有职业性奖励、社会性奖励，金钱报酬有工资、奖金和福利。

7. 人力资源测评

各企业根据自身情况进行测评，建立本企业的测评试题库，并可以连接自动阅卷系统，测评管理包括建立测试题库、测试结果统计分析。

3.6.2 人力资源管理模块与其他子系统的关系

人力资源管理模块与其他子系统的关系如图 3-30 所示。

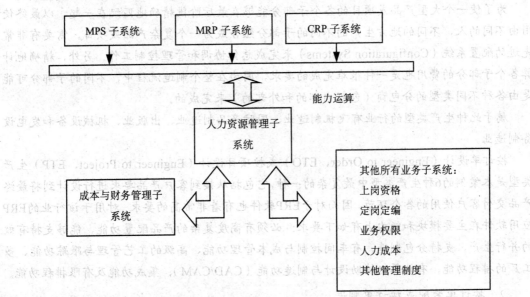

图 3-30 人力资源管理模块与其他子系统的关系

人力资源为 MPS、CRP、MRP 等系统提供人力资源的能力数据，并根据计划与管理的实际情况不断调整人力资源的配置与管理方法。

人力资源管理同样为成本管理提供成本核算基础数据，实现企业的成本管理目标。

人力资源涉及企业所有业务部门的如下内容。

① 上岗培训、资质认证。

② 各部门、单位的定岗、定员、定编管理。

③ 业务权限管理，也是 ERP 系统操作权限管理。

④ 部门与单位的人力成本预算与控制。

⑤ 人力资源测评、管理策略、劳动冲突等管理。

⑥ 人力资源的策划与目标管理。

⑦ 企业文化建设。

案例分析

ERP软件中的生产类型

ERP软件的生产管理模块中常见的有以下6种类型，请思考各种类型在实际企业中的应用方式。

1. 按订单设计或按项目设计

在这种生产类型下，一种产品在很大程度上是按照某一特定客户的要求来设计的，所以说支持客户化的设计是该生产流程的重要功能和组成部分。因为绝大多数产品都是为特定客户度身定制，所以这些产品可能只生产一次，以后再也不会重复生产了。在这种生产类型中，产品的生产批量很小，但是设计工作和最终产品往往非常复杂。在生产过程中，每一项工作都要特殊处理，因为每项工作都是不一样的，可能有不一样的操作、不一样的费用，需要不同的人员来完成。当然，一些经常用到，而且批量较大的部分，如原材料，可以除外。

为了使一个大型产品或项目的各个子部分能够在最后阶段精确地匹配在一起，以最终使用由不同的人，不同的地方生产的不同的子部分组合成为一个复杂产品或项目，需要有非常先进的配置系统（Configuration Systems）来完成总体协调和管理控制工作。另外，精确地计算各个子部分的费用也是一件很难完成的要求，因为在整个制造流程中，不同的子部分可能是由各种不同类型的分包商（包括内部的和外部的）来完成的。

属于此种生产类型的行业有飞机制造业、国防产品制造业、出版业、机械设备和发电设备制造业。

按订单设计（Engineer to Order，ETO）或按项目设计（Engineer to Project，ETP）生产类型是本案例的6种生产类型中最复杂的一种，它包括从接到客户产品要求进行设计到将最终产品交付客户使用的各个环节，因而对于ERP软件也有着非常高的要求。对用于该行业的ERP应用软件在主要模块和能力上有如下要求：必须有高度复杂的产品配置功能，能够支持有效的并行生产，支持分包制造，有车间控制与成本管理功能、高级的工艺管理与跟踪功能、多工厂的排程功能，有计算机辅助设计与制造功能（CAD/CAM）、集成功能及有限排程功能。

2. 按订单装配或按订单制造

在按订单装配（Assemble to Order，ATO）或按订单制造（Make to Order，MTO）生产类型中，客户对零部件或产品的某些配置给出要求，生产商根据客户的要求提供为客户定制的产品。所以，生产商必须保持一定数量的零部件的库存，以便当客户订单到来时，可以迅速按订单装配出产品并发送给客户。为此，需要运用某些类型的配置系统，以便迅速获取并处理订单数据信息，然后按照客户需求组织产品的生产装配来满足客户的需要。生产企业必须备有不同部件并准备好多个柔性的组装车间，以便在最短的时间内组装出种类众多的产品。

属于此种生产类型生产的产品有个人计算机和工作站、电话机、发动机、房屋门窗、办公家具、汽车、某些类型的机械产品及越来越多的消费品。

满足这种生产类型的ERP软件必须具有以下关键模块：产品配置（Production Configuration）、分包生产、车间管理和成本控制、高级的工艺管理与跟踪功能、分销与库存管理、多工厂的排程、设计界面及集成模块。

3. 按库存生产

在按库存生产（Make to Stock，MTS）类型中，客户基本上对最终产品规格的确定没有什么建议或要求，他们的投入很少。生产商生产的产品并不是为任何特定客户定制的。但是，按库存生产时的产品批量又不像典型的重复生产那么大。通常，这类生产系统的MOB只有一层，而且生产批量是标准化的，因而一个标准化的成本可以计算出来的。实际的成本可以和标准成本相比较，比较结果可以用于生产管理。

典型的属于按库存生产类型的产品有家具、文件柜、小批量的消费品、某些工业设备。

按库存生产类型是大多数MRP Ⅱ系统最初设计时处理的典型生产类型，因此，基本上不需要特殊的模块来处理它。

4. 批量生产

在批量生产（Batch）类型中，处于生命周期初始阶段的产品可能会有很大变化。在纯粹离散型生产中产品是根据MOB装配处理的，而在批量生产类型中，产品却是根据一组配方（Recipe of Ingredients）或是原料清单（Bill of Resources）来制造的。产品的配方可能由于设备、原材料、初始条件等发生改变。此外，原材料的构成和化学特性可能会有很大的不同，所以得有制造一个产品的一组不同的配方。而且，后续产品的制造方法往往依赖于以前的产品是如何造出来的。在经过多次批量生产之后，可能会转入重复生产类型。

批量生产的典型产品有医药、食品饮料、油漆。

适合于此类生产类型的ERP系统必须具有实验室管理功能，并具备允许产品的制造流程和所用原材料发生变化的能力。关键模块有并发产品（Coproducts）和副产品（Byproducts）、连续生产、配方管理、维护、营销规划、多度量单位、质量和实验室信息管理系统。

5. 重复生产

重复生产（Repetitive）又被称为大批量生产，是那种生产大批量标准化产品的生产类型。生产商可能需要负责整个产品系列的原料，并且在生产线上跟踪和记录原料的使用情况。此外，生产商还要在长时期内关注质量问题，以避免某一类型产品的质量逐步退化。虽然在连续的生产过程中，各种费用，如原料费用、机器费用，会发生重叠而很难明确分清，但为了管理需要，仍然要求划分清楚。

重复生产类型往往用倒冲法（Backflush）来计算原材料的使用。所谓倒冲法，是根据已生产的装配件产量，通过展开MOB，将用于该装配件或子装配件的零部件或原材料数量从库存中冲减掉。它基于通过计算得出的平均值，而不是实际值。

重复生产类型需要计划生产的批次，留出适当的间隔，以便对某些设备进行修理。

属于重复生产类型的产品有笔、用于固定物品的装置（如拉链）、轮胎、纸制品、绝大数消费品。

适用于重复生产类型需要的ERP系统需要具备如下关键模块或功能：重复生产、倒冲法管理原料、高级库存管理、跟踪管理和电子数据交换（EDI）。此外，那些生产健康和安全用品的企业则有更高的要求，可能需要对原料来源、原料使用、产品的购买者等信息进行全面的跟踪和管理。

6. 连续生产

在连续生产（Continuous）类型中，单一产品的生产永不停止，机器设备一直运转。连续生产的产品一般是企业内部其他工厂的原材料。产品基本没有客户化。

此类产品主要有石化产品、钢铁、初始纸制品。

适合于连续型生产的ERP系统的关键模块有并发产品和副产品、连续生产、配方管理、维护、多度量单位。

案例来自：http://blog.chinabyte.com/a/2652810.html.

小结

ERP是将企业所有资源进行整合集成管理，简单地说，是将企业的三大流——物流、资金流、信息流——进行全面一体化管理的管理信息系统。在企业中，一般的管理主要包括三方面的内容：生产控制（计划、制造）、物流管理（分销、采购、库存管理）和财务管理（会计核算、财务管理）。这三大系统本身就是集成体，它们互相之间有相应的接口，能够很好地整合在一起来对企业进行管理。

关键字

JIT：Just in Time　准时生产

TQM：Total Quality Management　全面质量管理

OPT：Optimized Production Technology　优化生产技术

DRP：Distribution Resource Planning　分销资源计划

Item Number 或 Part Number　物料编码

BOM：Bill of Materials　物料清单

WC：Working Center　工作中心

CWC：Critical Working Center　关键工作中心

routing　工艺路线

MPS：Master Production Schedule　主生产计划

PCCP：Rough-cut Capacity Planning　粗能力计划

CRP：Capacity Requirement Planning　能力需求计划

MRP：Material Requirement Planning　物料需求计划

APS：Advanced Planning and Scheduling　先进排程系统

FM：Financial Management　财务管理

 **思考题**

1. ERP 系统中的主要模块有哪些？它们的关系如何？
2. 画出你所知道的企业采购、生产、销售的业务流程。
3. ERP 的财务管理与一般的会计电算化有何区别？

 **阅读书目**

周跃进. 企业资源管理控制一体化. 北京：机械工业出版社，2011.

罗鸿. ERP 原理、设计、实施（第 3 版）——信息化经典丛书. 北京：电子工业出版社，2005.

闪四清. ERP 系统原理和实施——高等院校计算机应用技术系列教材. 北京：清华大学出版社，2006.

黄小原，卢震，赵晓煜. ERP 理论与构建. 北京：科学出版社，2006.

杜作阳. 企业资源计划应用教程. 武汉：华中科技大学出版社，2005.

朱江，陆娜，韦海英. 企业资源计划. 广州：广东经济出版社，2006.

第二部分　ERP 的实施

第4章　ERP 实施概述

思考题

1. ERP 系统中的主要模块有哪些？它们之间有何关系？
2. 画出各个流程在企业中的……以及……和操作业务流程。
3. ERP 的模块有哪些？各有什么样的特点和应用？

【教学知识点】

ERP 项目实施概述；

ERP 项目的关键成功因素；

ERP 项目的管理内容。

阅读书目

周玉清. 企业资源管理原理—设计……北京：机械工业出版社，2011.
罗鸿. ERP原理·设计·实施（第3版）——清华大学出版社. 北京机械工业出版社，2005.
陈启申. ERP从内部集成起步——供应链视角下的集成……北京出版……出版社，2006.
黄小原，卢震. 供应链管理·理论·方法……ERP理论与实践……科学出版……出版社，2005.
杜佳明. 企业资源计划应用设计与……北京：中国科学大学北京，2005.
木志，陈菊红，赵晓鹏. 企业资源计划……企业资源计划……北京……电路出版社，2005.

导入案例

百事可乐ERP实施案例

百事可乐公司是一家全球著名的饮料企业。1994年，与中国共同投资的上海百事可乐饮料有限公司在上海及周边城市中有多个销售网点，被《财富》杂志评为全国最受推崇的50家外商投资企业之一。为了占有更大的市场份额，及时、准确地反馈各种市场信息、转变销售测量，建立一套灵活、高效的集成系统对于上海百事可乐饮料有限公司来说是迫在眉睫的事情。

面临问题

上海百事可乐饮料有限公司在实施IFS系统之前使用的是自行开发的销售管理系统，由于系统集成性比较差，况且上海百事可乐饮料有限公司分销点分布比较分散，有市内和市外的销信网点，沟通交流和数据的分享存在很大的问题，造成各个点的产品调配速度缓慢，由于对各个点的库存数据掌握不及时，生产计划的变更情况比较多。

上海百事可乐饮料有限公司希望在实施ERP系统后，公司的管理再上一个台阶，内部控制机制更加完善，以提升企业的竞争能力。

解决方案

上海百事可乐饮料有限公司采用了IFS的一整套企业应用解决方案，系统涉及财务、采购、销售、库存、质量、生产计划、车间管理、成本、设备维护、市场营销、业务绩效管理等各个方面。整个项目将分3个阶段分步实施。

项目实施

在本项目中，IFS充分发挥了系统构架组件技术的优点。针对百事可乐进入到中国后，为适合中国市场和商业环境，在管理上、业务运作上进行的特殊调整和流程处理，IFS公司采取

"组件—再集成"的对应方法，比较好地处理了一些行业特殊流程，对个别的功能也可在功能组件一级进行客户化和修改，减少了开发工作量，又满足了用户需求。目前第一期库存管理、销售管理、财务应收已经上线运行；第二期的采购管理、生产订单管理、财务应付和总账也已经上线运行，目前正在进行生产计划系统的实施；第三期会有质量管理、设备维护、资产管理、业务绩效、PDA等系统的实施。

利益回报

IFS提供了一套解决上海百事可乐饮料有限公司销售和生产计划问题的整个解决方案，有效地管理了其基本业务。创建了一套集各个销售网点于一体的综合性解决方案，从而有效地控制了产品的调拨、应收账款及客户的信用控制、原物料采购、生产计划等。特别在于及时、快速地掌握了主要客户在各个销售网点的信息，更好地为这些关键客户提供优质的服务。加强信用管理，减少坏账损失，利用有效的信用管理，可以分渠道、分地区、分客户、分业务员、分品种制定合理、有效的信用政策，有效控制超信用业务。同时，结合缜密的应收账龄管理，及时预防坏账损失，加速货款的回笼。

高信息决策的及时性和有效性

通过信息系统能够及时、准确地提供企业决策及生产计划和生产调度所需要的数据，日常业务数据从粗放到细节、从生产基地到各销售部门和销售子公司都可以随时反映，大大增加了基于定量的、可透化的决策，提高决策的及时性、准确性和有效性，大大降低了决策的风险。

通过历史定量数据的积累、对比和分析，建立了合适的数学模型，提高事前预测和事后分析的能力。各级管理人员不再是为每天的无效、交叉、纠乱的问题所困挠，各级管理人员可以提前通过系统预知各子公司的运营状况，及时发现问题，以防制举的管理成本可以大大降低，并化解企业的管理风险。利用生产计划、物料需求、采购计划的有效管理，控制了盲目采购，得利于比质比价的透视化管理，大大节约了采购成本。结合对库存结构的合理控制，将库存合理化分布，大降低了库存占用和不良库存。

案例来自：现代物流http://www.modern56.com/webpage/solutions/200709/200709251447B9A3537.htm.

4.1 ERP 项目的实施过程

4.1.1 需求调研

这一阶段的主要工作是对企业各个部门的业务流程初步了解，收集到各个部门业务流的单据，了解各个部门的人员对 ERP 的认识和期望，以制定实施计划，找出项目实施的难点。

那么调研怎么安排，要调研哪些部门，每个部门的哪些人参加哪些方面的调研，每个部门调研多长时间，总共需要多长时间，需求汇报和讨论需要多长时间等，这些问题都需要项目组双方认真讨论。

很多 ERP 实施顾问都有这么一个认同，就是需求调研不过是走个过场，反正最后是把标准产品的功能模块给客户。甚至这种认同也会出自金蝶、用友、SAP、赛捷这样的大牌公司的实施顾问。

其实这种想法是很不正确的，一套产品的功能模块不一定都适合每个公司，一旦出现不适应的情况，对后面的上线工作将造成很大的困难，甚至是整个项目失败。

ERP 系统是一套严谨的系统体系，只有确定好需求，才能制定相应的解决方案，从而根据解决方案上线。因此，需求调研工作能起到承前启后的作用，需要双方认真对待，否则如果造成项目返工，带来的人力、物力的损失将无法估量。同时，双方也应该理性地看待需求调研，一般很少有不变更的需求和不增加需求的 ERP 项目。因此，双方（特别是实施方）也都应该有一个相应的心理准备。

4.1.2 培训

把培训放在第二步，并不是说培训是具有时段性的，以后就不进行了，而是要从现在开始一直持续到整个 ERP 项目实施完毕。

这一过程的主要内容是让企业各个阶层人员认识到什么是 ERP，应用 ERP 系统能给企业带来哪些效益，另外就是要进行 ERP 软件中的各个系统模块的功能培训。

面向企业中高层领导干部、业务骨干的 ERP 培训，宜采用比较生动的形式，把 ERP 的一些大道理讲明白、讲透彻。

面向企业中层干部、业务骨干、项目核心小组、职能小组、IT 小组成员的培训，可以在项目启动后进行模块培训，根据培训模块数目的多少，这个培训需要 10 ~ 15 天。

面向操作人员的培训，要在 ERP 详细解决方案确认之后进行，紧密结合企业实际，面向企业各个应用环节的操作人员，进行长期的基本操作培训。

4.1.3 业务流程的拟定

在此阶段 ERP 实施顾问要根据自己对该企业的了解并结合自己或所在公司对企业所在行业的累积经验，结合 ERP 系统拟定出一个符合企业需求的业务流程，并在系统中得到合理的体现。这是一个非常重要的阶段，一个企业的管理能否从此通过 ERP 得到提升，流程能否更加完善，就需靠这个流程拟定了。

4.1.4 编码原则的确定和资料收集

在此阶段是企业能在实施顾问的指导下，制定企业应用 ERP 的基本原则，其中包括物料的编码原则、供应商的编码原则、客户的编码原则、产品结构（包括 BOM 架阶）的分阶建立等。

在企业员工熟悉了各项编码原则的基础上，收集企业应用 ERP 系统管理所需要的全部基本资料，包括物料、供应商、客户、部门、人员等的资料。

4.1.5 业务流程的测试

此阶段的主要目的是企业人员测试流程拟定的合理性，并使用企业实际的业务流程来测试 ERP 系统的功能完善性和操作的方便性。

4.1.6 数据的导入

每个信息系统上线都会有期初数据准备和导入的动作。

数据准备是一项庞大而烦琐的工作，所以越早进行越好。并且是要贯穿于 ERP 项目实施的全过程。

我们简单地将 ERP 实施所要准备的数据分为两大类，即静态数据和动态数据，也可称为基础数据和事务数据。

静态数据是指开展业务活动所需要的基础数据，如物料基本信息、客户、供应商数据、财务的科目体系等。静态数据的特点是它在整个数据的生命周期中基本保持不变，同时它是动态数据的基础，公司所有业务人员通过调用静态数据来保持同一数据在整个系统中的唯一性。（4.1.4 节中已经有所准备）

动态数据是指每笔业务发生时产生的事务处理信息，如销售订单、采购订单、生成指令等。动态数据按照时点来分，又可以分为期初数据和日常数据。其中上线时点的数据对 ERP 上线前的数据准备尤其重要，它代表系统在期初上线这样的时间点上，公司动态数据的当前状态，我们称其为期初数据（或者称为初始数据）。期初数据既包括上线时点所有物料库存的数量和金额、财务科目的余额，也包括那些未完未结的业务单据，像未交货的销售订单、未付款的采购订单等。

说到底，导入数据主要的目的是搜集 ERP 系统上线的期初数据，并在实施顾问人员的指导下录入 ERP 系统，为企业正式应用 ERP 系统奠定坚实的基础。

4.1.7 上线辅导

上线辅导的目的是将企业的实际业务数据在 ERP 系统中进行处理，一般在系统上线的第一、第二个月的时间里面，要遵循必要的模式，以防企业人员在上线初期由于操作不熟练而造成错误。

4.1.8 月结辅导

月结辅导的主要的目的是在应用系统一个自然月后，通过 ERP 系统来导出企业管理所需要的各种报表，并检验报表的完善性和数据的准确性。

一个企业要想成功地实施一个 ERP 系统，单纯靠以上几个步骤是远远不够的，ERP 的实施是一个非常规范、严谨的过程，我们在这里可以将这个过程分为两大部分。

1. 以实施文档全面贯穿实施过程

在实施的过程中，实施顾问应将各种标准的实施文档提交给企业，以确保 ERP 项目实施的质量，也就是说，实施顾问与企业之间的工作与文档的制作息息相关，可见文档在项目实施进程中的重要性。

那么，文档到底对整个实施工作有怎样的作用呢？首先，我们大致将 ERP 实施中的文档作为一个分类，具体如下。

① 分阶段实施计划文档。

② 分阶段目标设置文档。

③ 标准业务流程文档。

④ 标准编码、标准数据文档。

⑤ 标准参数设置文档。

⑥ 功能操作指南。

这些文档将会伴随着 ERP 实施的各个阶段逐渐充实、完善，这些文档也同时记载了整个实施的过程和成果，这些文档的价值如下。

①　书面化的文档有助于实施人员与企业人员明确了解各自的职责，信息互通，共同把握实施过程的节奏。

②　标准业务流程文档更有助于双方明晰业务流程，有效配合业务流程的重组和优化。

③　标准编码、数据文档及标准参数设置文档是实施中不可缺少的基础资料，可有效减少重复工作，避免对正常工作的影响。

④　功能操作指南可帮助最终用户规范化操作，加强培训效果。

我们知道，ERP 的实施工作时间漫长，在这个时间跨度中，企业在最初实施 ERP 时确定的 ERP 项目人员，也许难免会发生一些变化，那么，在发生变化时，ERP 实施文档就可以承担起指导双方快速工作的标准文档的作用；还有，当 ERP 实施完成后，企业的运行过程将是更漫长的过程，那么实施的标准文档就将成为企业实施信息化的公共载体，成为指导企业后续工作的航标和企业后续人员培训方面的素材。

2.　将培训工作全面贯穿实施过程

在 ERP 实施的过程中，培训始终是作为一条主线的，具体来说，在系统实施过程中，培训的主要对象包括 4 类，即企业领导层、核心小组（项目负责人）、技术小组和最终用户。

①　企业领导层的培训。对高层的培训主要是 ERP 管理理念的培训，通常会由软件提供商安排较资深顾问师对企业领导层进行 ERP 管理思想的培训，使得企业领导层能够从总体上理解 ERP 系统的理念、流程和功能。

②　核心小组（包括项目负责人、部门经理）的培训。培训内容包括 ERP 系统管理思想的概念、ERP 系统的具体功能及 ERP 系统各种报表的应用。

③　技术小组的培训。技术小组的成员主要包括参与 ERP 系统及相关 Database 和网络安装、设置及管理的信息部门成员。培训的主要目标是提供 ERP 系统的设计结构、各个模块的关联关系与数据库结构、系统问题处理等。

④　最终用户的培训。培训目的是使用户了解 ERP 系统、业务前景、目标及带来的好处，使用户能清楚地了解到 ERP 是什么，怎样通过它提高个人及整体的业务表现，使用户发觉其工作内容的变化及 ERP 将如何融入其日常工作。同时向用户提供从现状到未来迁移过程中通用的术语，指导用户如何使用 ERP 系统完成其工作。

ERP 的实施过程中的培训作为实施的一条主线，既体现了 ERP 实施的很高的附加值，又充分体现了 ERP 实施过程中的知识转移。ERP 从半成品到成品的过程实际上就是知识转移的过程，其中包含企业的管理诊断、实施战略的选择，业务流程的设定，对企业需求恰到好处的分析等。

通过上面的分析，最后再来归结一些 ERP 的实施原则。

①　统一规划、分步实施、效益驱动、数据先行的原则。避免各部门各系统建成一个个信息化"孤岛"或"简单应用"，使各部门各系统的信息实现集成共享。ERP 系统的运行依赖准确、及时和完备的数据，数据准备工作是整个系统实施过程中头绪最多、工作量最大、耗时最长、涉及面最广、最容易犯错误且错误代价极大的一项工作，一定要提早进行并认真对待。

②　建立管理信息系统，全面提升管理，实实在在地解决企业的管理问题，贯彻"源于现状，高于现状"的思路，方案的制定要考虑到企业各级管理人员的适应程度，做到既符合企

业实情又要先进实用。企业主要领导亲自抓，企业领导、专业人员及软件公司三结合协同工作，确保系统一次成功见效。

③ 一线与第一时间原则。一线管理人员要高度重视，各项管理要落实到第一线，责任要落实到第一线，信息来自第一线，信息反馈到第一线；第一时间收集与录入信息，第一时间反馈信息，第一时间控制信息，第一时间发出指令。

④ 系统实施和管理办法同步原则。企业管理现代化是现代管理思想、现代化组织管理方法和手段的结合体。

4.2　ERP 项目的关键成功因素

企业如何成功实施 ERP 项目？这是从事 ERP 事业的人员关心的话题，也是准备实施或正在实施 ERP 项目的企业最为关心和经常提及的话题。在很多的报刊、杂志及咨询管理的网站，我们可以看到各种各样的文章、经验总结、失败教训、统计分析、具体实施方法等，五花八门。

随着 ERP 系统应用的日渐普及，人们对于实施 ERP 的神秘感和挫折感正逐渐淡去，取而代之以一种更理性的态度，去寻找成功实施的正确方法。根据多年的实施经验来看，ERP项目的关键成功因素可以从实施策略、组织机构、人员配置、培训工作等几个方面进行总结。

4.2.1　实施过程中要讲究策略

首先，做好项目实施的总体规划。在项目开始实施前，首先要做好项目实施的整体计划，各分项目的实施都应在整体计划所划定的框架内进行，以保证整个项目实施的协调一致。企业在上 ERP 项目前必须清楚企业自身的现状，明确引入 ERP 项目的目的，这样选型和实施都会做到有的放矢。ERP 实施与做板凳其实是一样的，不要总想得到最完美的。

在确定本阶段实施 ERP 的具体目标和投入成本时，首先就要认识到万能的 ERP 是不存在的。千万不要被销售代表天花乱缀的承诺搞晕了头，必须坚守己见，选择适合自己的、在行业内成功使用的 ERP 产品。

其次，充分利用企业现有的软、硬件资源。在保证项目整体先进、合理的前提下，尽量利用企业现有的软、硬件资源，根据企业现有的软、硬件状况，提供接口与企业的 ERP 系统集成，并且充分利用现有的数据，以避免重复劳动、给企业带来不在计划中的支出。

再次，ERP 系统采用分步实施的策略。实施 ERP 这样一个大系统，涉及人力、物力、财力的消耗都比较大，因此在遵循"满足需求、先进、科学、符合实情"原则的前提下，采用"总体规划、分步实施、重点突破、效益驱动"的实施策略是非常必要的。

第四，认真进行数据准备工作。ERP 系统的运行依赖数据的准确、及时和完备。可以说数据准备工作是整个系统实施过程中头绪最多、工作量最大、耗时最长、涉及面最广、最容易犯错误且错误代价极大的一项工作，所以一定要提早进行并认真对待。

ERP 系统试运行前的数据准备是一个相当烦琐的工作，是一个系统工程，它直接决定着企业实施 ERP 系统的成败。为此实施 ERP 系统的企业负责人和信息化负责人一定要做好有关数据准备的管理工作，同时有关参与人员也应该做好密切的配合工作，最终保证企业 ERP 系统的成功实施，为企业带来竞争力和经济效益。

第五，人机并行时间不宜过长。并行时间越短，ERP 项目的成功率就越大，这有如下几个方面的原因。

① 在并行时期，工作量是很大的，时间长了，业务人员都很疲惫，甚至会对 ERP 系统产生反感情绪。

② 并行时期业务部门一般都是先做旧系统，再做 ERP 系统，这时他们并没习惯看 ERP 系统的数据，而仍是以旧系统数据为准，所以 ERP 系统的数据有可能得不到及时跟踪，时间长了，ERP 系统数据的垃圾会越来越多，甚至变成了一套无用的系统。

③ 在并行时期，为核对 ERP 系统余额与旧系统余额，必须指定截数点，将业务停下来进行核对。当出现差异时还需调整，这是要花费一定时间的，所以每月都会有补数、入数的过程，相当于经常要将多天的工作压在一两天内补做完成，如果月月如此，业务人员的工作量很大。

最后，重视高层领导在项目中的作用。对于 ERP 项目需要解决高层面的生产和经营管理问题时，企业高层必须与项目保持十分密切的关系。比如需要解决库存控制、成本各项目和各阶段的控制、生产和投资决策等对生产经营决策有重大影响的问题。如果对这样的层次需求企业高层重视不够或参与程度不够，会造成底层的互相扯皮推诿，并且使一些问题的解决没有连续性，最后又推翻原来的解决方案。

往往一些企业做 ERP 项目时，解决问题的目标订得很高，但是，不注重企业本身的条件，如本身的素质、高层对项目的认识、高层对项目的参与程度、可能达到的效果都未考虑成熟，所以结果与愿望相差很大。

ERP 系统的实施是一项投入大、风险大、实施难度大的系统工程，是企业管理模式、管理思想、管理方式的一场变革，没有企业决策者对这一巨大工程的认识、支持与直接参与就没有成功的可能。大量的实践表明，高层领导的承诺是企业成功实施 ERP 的关键，主宰着系统的成功与失败。

4.2.2　合理安排项目组织机构

在整个项目的组织机构中，实施领导组、实施小组和软件公司项目组在整个项目的进展过程中，分别担负不同的责任和扮演不同的角色。具体地说，实施领导组是以企业主管领导为首的决策机构，该机构应站在企业经营战略的高度，从计算机应用与企业经营管理的长远规划出发，提出企业管理信息系统的目标和要求。实施小组负责制定和下达分期项目实施计划，解决和协调实施过程中遇到的各类具体问题，定期向实施领导组汇报计划执行情况，指导各业务部门、车间的项目实施工作。软件公司项目组负责与用户实施小组共同制定项目实施的具体计划，对用户的管理人员进行培训，指导用户进行规范化的实施工作。

ERP 系统实施的成功与否，人的因素占很大比重。因为实施 ERP，不仅是单纯掌握如何使用一套软件，而是要实现以计算机为工具的人机交互的管理系统。所以，在整个系统的实施过程中，对于实施人员的配置也变得尤为重要。

根据 ERP 专家的意见，实施人员应该由企业的总经理带队，副总经理和信息主管共同负责，生产各部门、各流程的业务主管、技术负责人共同实施。实施小组的组长应该由企业的高层领导担任，要有足够的权威，具备在各部门协调 ERP 项目实施的权力。

4.2.3 项目实施人员的配置

ERP 实施是一项艰巨而复杂的高技术工作，实施项目成功与否，人的因素是第一位的。ERP 项目几乎涉及企业方方面面的所有人员，因此要完成这项工作，就必须要提高所有人员（包括各级领导、管理人员和职工）的技术水平和素质。首先，在技术方面要培训员工能主动地将系统的运行与本职工作和实际业务流程结合起来，尽快地适应和使用新系统。对软件与企业实际流程有出入的地方，应能积极、主动地想办法变通，以在系统中得以实现；其次，培训还应包括人员的理念和认识方面，要通过培训提高全员对实施 ERP 项目根本意义的认识，提高积极性和主动参与意识，提高和增强全员的信心和热情，使所有员工都能尽快地进入角色。

培训要贯穿于项目的始终，应分阶段、分内容、分人员、分管理层次进行。只有在 ERP 项目的实施过程中，始终将对全体职工的教育培训放在首位，做好了坚实的培训工作，才能使项目具有长久、鲜活的生命力。

ERP 系统在企业中的实施必须有一个具有推动力的项目小组，核心成员要是在企业中具有一定影响力的人员，并且具有较强的业务综合能力、工作协调能力和领导能力，最好是全职的，只对决策层负责，如果核心成员归属于部门，在开展工作时会先考虑自己部门利益或受制于部门领导而必须服从本部门利益，这样实施 ERP 系统时将会产生一定程度的不必要的管理上的妥协，而给系统实施增加人为的风险，以牺牲系统运行的有效性为代价。

另外，项目核心成员必须具有必要的承担实施压力的能力。因为在项目的实施过程中，不可避免地会面临职能部门的压力，特别在系统实施的关键点，如动态数据切换、业务操作变化时，如果没有坚定的意志，有技巧地释放、转化、协调这些压力，其结果往往是妥协。必须明确在实施过程中，有些是可以妥协的，有些则坚决不可妥协，否则严重的后果将是前功尽弃。具有核心成员的高效的项目小组是实施 ERP 成功的重要保障，如果企业暂时没有这样的人员，也要注意在实施过程中配合软件公司做好有意识的培养工作。

企业实施 ERP 系统是一项大型的技术工程，除技术依托单位组成的技术服务队人员参与设计与开发实施外，企业也应组织有关部门相应的技术人员参与系统的开发及系统的运行与维护工作。

参与系统开发与维护的技术人员应由以下几类人员组成。

第一，系统分析及管理人员。

第二，应用系统维护人员。

第三，网络和硬件及数据库专职管理人员。

第四，计算机操作和数据录入人员。

第五，各部门都应配备相应的操作人员。

4.2.4 培训是成功实施 ERP 系统的重要因素

ERP 培训管理涉及软件提供商和企业两方面。对于企业来说，通过培训让企业的各级人员明确 ERP 的概念，清楚 ERP 的实施将给企业带来的可能变化，并且应该明晰实施 ERP 后各个岗位的人员的新工作方式和带来的人员变革。

培训是成功实施 ERP 系统的重要因素。ERP 培训有两个重要目的：一是增加人们对 ERP 相关知识的了解；二是规范管理人员的行为方式。通过培训要使用户的各级管理人员不仅要明确什么是 ERP，它的实施将给企业带来哪些变化，并明确实施 ERP 后各个岗位的人员如何进行新的工作方式。培训将采用授课和现场培训的方式进行，将对 ERP 理论、ERP 软件系统功能、使用操作、数据采集等方面的内容进行不同层次的培训。

通过培训可使下列人员达到如下目标。

第一，技术人员。了解 ERP 原理，理解系统中产品结构的组成和作用，会运用计算机熟练地输入、查询、修改产品的组成等。

第二，生产管理人员。懂得 ERP 运行原理，会操作菜单查询工单状态，熟悉工作规范，清楚工单从领料到加工、汇报的整个过程，了解缺料、拖期的原因，并能进行处理。

第三，数据维护人员。理解自己维护的基础数据在系统中的来源和用途，能熟练操作菜单进行数据维护。

第四，系统管理人员。深刻理解 ERP 运行原理和各模块间的关系，能够为各业务部门提供咨询与培训，并能对系统进行日常维护。

第五，操作员。对 ERP 的基本概念和原理有一定的了解，会正确使用菜单上的功能进行数据的输入，熟悉数据输入的具体注意事项和规定，熟练地操作计算机。

在项目的实施过程中，目前还没有一套完善、成熟的理论做导引，这需要不断地总结失败和成功的经验和教训，从中去寻找和重视那些有规律性的、具有重要作用的共性成功因素。只有这样，我们才能少走弯路，避免失败，提高项目实施的成功率。

ERP 软件不是一套简单的通用化软件，如何将软件功能与企业业务结合起来，如何使用适合企业业务的功能，除了本书以上提到的几方面要素外，还必须借用咨询公司的经验，才能有效保证 ERP 项目的成功实施。

4.3 ERP 项目的管理内容

既然 ERP 是企业管理信息系统，实施应用必然要结合业务流程的优化，也就是企业资源配置的合理化，而企业的效益又依赖于描述这种配置规划模型的优化，那么就让我们把建立规划模型的优化作为我们首要的、最终的目标，其他任务都放在次要的从属地位上。在 ERP 的实施中，要把 ERP 与工业自动控制系统的概念分开。ERP 是一个资源调度或决策支持系统，其中有对生产、设备、能力及各种工艺的评估和计算，但不能等同于自动控制。

4.3.1 ERP 项目的特征

1. 目标柔韧

IT 项目最大的特点就是其需求规格不容易完整、确切地表述。不像盖大楼，所有的部件事先都有确切的设计图纸，也不像机加工，螺钉、螺母的规格都有很好的约定和国家标准，事先有非常具体的设计，完工后又有非常好的验收标准，甲方、乙方有共同的约定可遵循，IT 项目目标的柔性很大，项目的范围不容易确定，用户所理解的 ERP 系统实施成功的标准和供应商所理解的标准往往有很大的出入，这是因为：

第一，用户经常受到经验和专业能力的限制，很难确切、完整地表达自己的需求，换句话说，客户往往不知道自己想要什么。

第二，ERP项目实施过程本质上是一个服务过程，实施顾问给客户提供的是服务，而客户得到的则是一种体验，客户体验的感受成为对供应商实施顾问服务的一种客观评价，这个评价中掺杂着很大的感性成分和个性成分。比如说，关于产品易用性的评价，客户学会了、操作熟练了可能就说好用，客户没学会，操作别扭可能就说不好用。这个案例告诉我们，软件的易用性在很大程度上存在感性成分，扎实地培训客户能够有效地弥补软件设计上的易用性缺陷。

目标柔韧对所有项目管理者来讲都是很头疼的事情。所以，这类项目要实施成功，项目经理要更加注重除满足软件固有功能之外的影响客户评价的因素，这些因素有时候会起到决定性的作用。一个不争的事实是：软件产品很难做到无懈可击，客户只要存心找茬，总是能找出来的，可见目标柔韧这个固有的特性本身是造成很多软件项目失败的原因。

2. 综合性强

IT行业具有很强的渗透性和带动作用，是国民经济发展的带动力量，所以，国务院机构改革把信息产业部归并为工业和信息化部。信息化已逐步渗透到国民经济第一、第二、第三产业及社会生活的各个领域，有效地推动了产业结构调整，促进了产业技术改造，提高了人们的生活水平，为产业发展和整个社会生活带来了革命性的变化。

软件产品和信息技术都是推动企业管理进步或者技术改进的工具，因此，这个工作必须和其所服务的对象紧密结合，脱离了具体业务的信息系统只能是一种游戏。也就是说，信息技术项目需要的人才一般要有一定的行业背景，对项目经理和业务骨干的综合素质提出很高的要求，优秀的项目经理必须是既有计算机专业知识，又有行业知识的复合型人才。如果ERP项目经理对所服务企业的行业背景不甚了解、对企业商业模式的理解不够深刻，就很难帮助企业提升管理水平。

3. 跨组织性

ERP项目组最大的特点是一般是由两个甚至更多的组织组成，项目组中既有供应商的实施顾问和项目经理，又有客户自己的各级领导、应用人员和项目经理，有时候还会有项目监理等第三方。这类项目中，项目经理是临时性的，团队成员是兼职参与项目的，如果没有项目的实施，所有的团队成员都有他们自己本职的工作，ERP项目实施的工作任务是凭空添加出来的，这就给项目组的协调和项目任务的落实带来一定的困难。

在跨组织项目组中，要顺利推进项目，严格的工作分工和责任指派、严肃的纪律保障和团队成员间的相互信任非常重要。

4. 过程不易监控

ERP实施项目和传统的实施项目最大的不同是其中间结果的质量很难鉴定，而且中间结果和最终结果之间的联系不直接。譬如盖房子，从打地基起到盖完5层，人人都能看见和看懂它的进度，ERP项目实施则不同，比如调研阶段的结果就是一个几十页的Word文档，这些文档的优劣只有专家才能评价，所以软件开发和实施的过程只有具备专业知识的人才能够真正看懂，这就使得ERP实施项目的过程检视和过程评审有一定难度，因为外行是看不懂的，甚至客户方也是看不懂的。

正因为 ERP 实施项目过程不易监控，过程管理就显得至关重要，稍有不慎，就会造成大量返工或工作遗漏，从而影响整个项目的进度、质量和投资。

5. 伴随着管理变革

ERP 实施项目失败率很高的另一个原因却在项目之外，那就是 ERP 项目实施常常伴随着企业的管理变革，相当比例的失败项目，与其说是 ERP 项目实施的失败，还不如说是企业内部管理变革的失败。

因为 ERP 本身是一个新的信息化管理手段，使用这种管理手段和办公方式必然会冲击企业固有的管理模式。信息化的管理手段和传统的管理手段之间的冲突通常是很激烈的，有时甚至会涉及企业内部高层权力的再分配，触动一部分人的既得利益。ERP 项目实施顾问动辄有意无意就卷入企业内部的这些矛盾中去。从这个意义上讲，ERP 实施过程就是企业内部管理模式的变更过程。

6. 受文化的影响大

每个项目都是在一种或多种文化形式的背景下运行的，所以文化会影响 ERP 项目的实施成败。最为明显的例子如企业的执行力文化，企业良好的执行力会对 ERP 项目顺利实施起到推波助澜的作用，相反，在执行力不好的企业实施 ERP，则是逆水行舟，举步维艰。有时候文化对项目成败的影响甚至可能是决定性的，在保守的企业文化笼罩下，中层干部和基层人员缺乏创新能力，几十年如一日地干同样的事情，从来没改变过，也从来没怀疑过它的合理性，更不打算优化现有的流程和制度，遇到这种情况，ERP 要落地生根，阻力就会较大，失败的风险就会大一些。本着整体规划、分步实施的原则，对 ERP 项目所有方面的计划、组织、管理和监控都是为了达到项目实施后的预期成果和目标而采取的内部和外部的持续性的工作程序。这是对时间、成本及产品、服务细节的需求相互间可能发生矛盾进行平衡的基本原则。建立起一整套行之有效的项目和风险管理机制对提高 ERP 系统的实施成功率至关重要。

4.3.2　ERP 项目过程管理

对于 ERP 项目的实施，软件商与用户企业的合作是长期的，因此在项目的开始就必须对项目的连续性和系统性加倍重视。

① 软件商能够伴随企业共同成长。

② 软件商提供的 ERP 具有先进性。

③ 实施服务操作规范且文档齐全。

④ 软件商实施服务人员稳定。

⑤ 客户企业选拔项目负责人要慎重。

⑥ 企业需要建立有利于项目实施的规章制度。

一个完整的 ERP 项目通常包括三大阶段：需求分析、系统选型和系统实施。在系统实施阶段又可细分为实施计划、业务模拟测试、系统开发确认、系统转换运行、运行后评估 5 个主要步骤。项目管理围绕整个 ERP 项目的全过程，对项目的立项授权、需求分析、软硬件的评估选择，以及系统的实施进行全面的管理和控制。一个典型的 ERP 项目管理循环通常包括项目开始、项目选型、项目计划、项目执行、项目评估及更新、项目完成6项主要内容。

ERP项目的实施过程大致可以归结为如下6步。

项目开始：项目开始阶段主要针对ERP项目的需求、范围和可行性进行分析，制定项目的总体安排计划，并以"项目合同"的方式由企业与ERP软件公司确定项目责任和授权。对于多数中小企业来说，往往缺乏信息管理人才，前期的工作建议委托咨询顾问公司协助完成。

项目选型：在明确了项目的期望和需求后，系统选择阶段的主要工作就是为企业选择合适的软件系统和硬件平台。对软件商的选择和评估是综合性多方面的，这阶段的主要工作是进行系统选择的风险控制，在综合评测的基础上考察：合理匹配系统功能和自身需求，综合评价供应商的产品功能和价格、技术支持及服务能力等因素，避免在系统选型过程中出现舞弊等行为。

项目计划：项目计划阶段是ERP项目进入系统实施的启动阶段，主要进行的工作包括确定详细的项目实施范围、定义递交的工作成果、评估实施过程中主要的风险、制定项目实施的时间计划、成本和预算计划、人力资源计划等。

项目执行：项目执行阶段是实施过程中历时最长的一个阶段，贯穿ERP项目的业务模拟测试、系统开发确认和系统转换运行3个步骤中。实施的成败与该阶段项目管理进行的好坏休戚相关。在项目执行阶段进行的项目管理的主要内容包括实施计划的执行、时间和成本的控制、实施文档管理、项目进度汇报、项目例会和纪要等内容。

项目评估：项目评估阶段的核心是项目监控，就是利用项目管理工具和技术来衡量和更新项目任务。项目评估同样贯穿于ERP项目的业务模拟测试、系统开发确认和系统转换运行3个步骤中。项目评估主要侧重阶段性评估、项目里程碑的鉴定和验收、实施质量的检验等。

项目完成：项目完成阶段是整个实施项目的最后一个阶段。此时，工作接近尾声，已经取得了项目实施成果。在这一最后阶段，仍有重要的项目管理工作需要开展，主要有行政验收、项目总结、经验交流、正式移交等。

贯穿上述6个项目管理阶段全过程的工作是项目的表现衡量和质量管理，以及项目风险的管理控制。

4.3.3 ERP项目管理的范围

ERP项目启动：策略计划和项目选择。

依据企业的战略规划和愿景，结合当前实际做业务流程优化分析，找出项目实施的切入点进行全面规划。

- 需求评估。对企业的整体需求和期望作出分析和评估，并据此明确ERP项目成果的期望和目标。
- 项目范围定义。在明确企业期望和需求的基础上，定义ERP项目的整体范围。
- 可行性分析。根据项目的期望和目标及预计项目的实施范围，对企业自身的人力资源、技术支持等方面作出评估，明确需要为配合项目而采取的措施和投资的资源。
- 项目总体安排。对项目的时间、进度、人员等作出总体安排，制定ERP项目的总体计划。
- 项目授权。由企业与ERP软件公司签订ERP项目合同，明确双方的职责，并由企业根据项目的需要对咨询公司进行项目管理的授权。

ERP实施前的范围规划是确保项目的总体界限和目标及对项目的期望值是合理的和可以

达到的；确保双方（企业和软件供应商）对项目实施的认识是一致的；确保双方能够保证项目实施所需要的投入；确保双方对今后项目实施过程中可能遇到的困难和阻力有充分的估计并有对策。

- 确定详细的项目范围。对企业进行业务调查和需求访谈，了解用户的详细需求，据此制定系统定义备忘录，明确用户的现状、具体的需求和系统实施的详细范围。
- 定义递交的工作成果。企业与实施咨询公司讨论确定系统实施过程中和实施结束时需要递交的工作成果，包括相关的实施文档和最终上线运行的系统。
- 评估实施的主要风险。由实施咨询公司结合企业的实际情况对实施系统进行风险评估，对预计的主要风险采取相应的措施来加以预防和控制。
- 制定项目的时间计划。在确定详细的项目范围、定义递交的工作成果和明确预计的主要风险的基础上，根据系统实施的总体计划编制详细的实施时间安排。
- 制定成本和预算计划。根据项目总体的成本和预算计划，结合实施时间安排，编制具体的系统成本和预算控制计划。
- 制定人力资源计划。确定实施过程中的人员安排，包括具体的实施咨询公司的咨询人员和企业方面的关键业务人员；对用户方面参与实施的关键人员，需要对其日常工作作出安排，以确保其对实施项目的时间投入。

4.3.4　ERP 实施工作分层细化分工结构

这里简单地说明在 ERP 项目实施过程中软件公司实施顾问和企业项目小组成员的分工。项目经理完成整个方案的实施目标。

企业项目小组负责人：项目总体管理，检查签署项目交付文档，主要在高层项目负责人和各部门项目组成员之间起沟通桥梁作用，准备并管理项目预算，管理和定义实施范围，获得、分配、实时管理项目客户端资源，监控和推进问题解决流程，负责确保项目不偏离原有目标和范围，组织人员培训等。

软件公司实施负责人：项目总体和日常管理、准备并维护项目工作计划及进展记录、负责制定实施策略、项目的控制与预算、定义并管理实施范围、明确所有参与项目咨询和实施工作的顾问的职责、监控和推进问题解决流程、对项目变更活动进行协调、参与业务流程的解析、拟订培训方案等。

软件公司服务人员：对用户单位的管理提供组织结构和流程优化等方面的建议、向企业项目小组传授先进的管理理念和系统知识、在业务流程设计中提供最好的商业实践、定期汇报项目的进展、按时完成所分配的任务、作为建议者帮助企业项目组完成所有必须的任务等。

企业项目小组成员：在项目经理的领导下提出符合自身特点的业务需求、参加业务调研会，提供所属部门现行业务流程及具体组织结构、就实施或咨询顾问提出的咨询建议进行讨论，并提出反馈意见、负责收集各类调查问卷，并在实施或咨询顾问的指导下参与分析并做好本职范围内的工作，如数据的整理与集中等。

4.3.5　ERP 项目时间管理

1.　制定项目时间表的重要性

实施 ERP 是个庞大的管理和系统综合性的工程项目，过程控制主要体现在项目实施过程中的时间控制，其主要作用和任务是：控制项目实施过程中各阶段投入的各种资源和达到目标所用的时间，使之尽可能达到项目实施计划的原始要求。

当一个切实可行的总体实施计划和目标被制定和批准以后，如何监督和控制就成了一个重要的问题。根据在许多项目中实施的经验，基本上可以这样讲，很少有一个项目是完全按照实施计划预定的时间来进行的，因为再好的计划也不可能预见所有的问题并事先制定出对策。所以对实施过程的监督和控制，主要着眼于以下几个方面。

① 要使实施各方都明白时间计划是严肃的。

② 即使时间计划是严肃的，但也是可以调整的，调整进度计划必须合理并得到高层领导批准。

③ 化整为零，按每一个实施的小阶段对投入的资源和达到的目标所需时间进行监督控制。

④ 发生问题造成时间上的调整是正常的，但不控制问题是不正常的。

⑤ 控制问题的方式有追究责任、调整资源、改变方法、调整计划、停止计划，以此来掌握和控制时间。

2. 项目活动时间预评估

在项目的实施过程中，监督和控制的依据是计划和目标，监督和控制的目的是要使实施工作按计划进行并达到预期的目标。当有问题发生时，其直接的表现就是实施结果偏离了原来的计划和目标，在这种情况下，项目负责人的工作就是要尽早发现这种偏离，并分析原因。如果是因为原来的时间计划和目标制定得不合理，或者发生了预料之外的情况而又无法克服，这样就必须调整时间计划和目标。如果不是原来的计划和目标的问题，则一定是资源的问题，这里所讲的资源是指广义的资源，如时间、人力、资金、技术和工具等。企业在实施 ERP 项目时，资源发生问题是最常见的，而好的项目时间计划可以在开始时就考虑到时间的富余量，并懂得如何分清责任和如何及时控制资源的合理投入。

项目过程控制和评估的工作方法可以概括为以下几个方面。

① 将一个大阶段分成多个小阶段，按照每一个小阶段进行时间计划。

② 监督和控制每一个小阶段时间计划的可行性，监督和控制按照计划的资源投入。

③ 监督和控制问题的发生，分清责任者，并且监督和控制调整的措施及其执行情况。

4.3.6 ERP 项目成本管理

在中国的信息化过程当中，很多企业需要别人的经验，需要了解信息化的先进管理思想。大多数企业已经知道 ERP 能够给企业带来利润，但是上 ERP 到底要花多少钱，市场上众多的 ERP 产品到底哪一个最好？中小型企业生产的 ERP 系统好用吗？什么是功能全的 ERP 系统？价格考虑什么？它们心里没有底，它们需要一个好用又买得起的 ERP 系统。

归根结底，企业是要合理、经济地控制好 IT 投资，尤其是在 ERP 投资中控制好总拥有成本。解决这个问题的关键是要建立一个经济评估机制，对各种存储方法做投资回报率（ROI）和总体拥有成本（TCO）评估。

1. 了解情况

在选择和实施 ERP 系统的过程中，企业 CIO 要明确以下 4 个问题，才能很好地进行 ERP 系统投资时的成本预算。

（1）什么是最好的系统

每个人说出来的最好的系统都不一样。那么什么是最好的系统呢？可以从以下两个方面来评价。

第一，信息系统能否支撑企业的战略。很多人在选信息系统时，不是考虑企业整体战略，而仅仅是为了解决人手不够的问题。但现在 CEO 已经更多地考虑领导一个高效、敏捷的企业，以便灵活地应对市场。此时 CIO 选择信息系统时，其关注点就转移到能否支撑企业战略的要求上，而不是针对某一战术需求进行选择。

第二，这个系统能否提供最佳效率。所有的 CIO 都在考虑提高性能价格比，但性能价格到底怎么比？从性能方面看，应该包括适应性、可用性、可扩展性。信息系统不仅要解决复杂的计算问题，还要对未知的问题进行预测和控制，同时这个系统应该从 CEO 到公司的临时工，从公司总部到最末端的分支机构都可以使用。

（2）什么是功能全的系统

首先对企业管理来讲，所谓的功能全，一直是一个变化的过程。因为，功能全本身也是功能简单、单一到功能完善、复杂慢慢变化出来的。任何企业的信息化都包括内部的核心部分和外部的扩展部分，而核心部分的关键就是 ERP 系统。

企业的 ERP 系统主要包含财务管理、人力资源管理，以及围绕财务和人力资源管理的企业运营和行政管理。而企业的运营和行政管理基本包含库存和生产制造的管理、销售订货和发运的管理、采购的订货管理及维护和质量的管理，也就是通常说的产、供、销的业务链。所有这些完成企业内部运作的绝大多数任务，而要顺利完成与外部联系的任务就要靠以下 4 个扩展系统了。

① 有效的客户关系管理系统（CRM）有助于营销前端管理的延伸，通过它来做到市场的优化、对客户长期的维护、对销售员的管理。

② 供应商关系管理，主要就是对合同、招投标的管理，特别是对供应商及货源的有效控制。

③ 产品生命周期管理，包括从产品设计一直到其整个营销、生产、制造过程，最后被一代新的产品替代，整个完整的产品生命周期的管理。

④ 扩展的供应链网络管理，是针对企业间的库存和生产制造部分，使得供应链从原来企业内部的需求链扩展到供应商和客户末端。

除此之外，现在还有很多新型的管理内容，比如商务智能、企业的信息门户、企业信息交换总线、移动商务等，实际上都是对于整个企业业务平台的扩充。同时，还要考虑行业自身的特色和运作中跨行业组织等方面的其他因素。

（3）价格考虑什么

ERP 投资中的价格问题就是总拥有成本（TCO）的问题。它主要考虑包括 ERP 系统的实施、集成、运营、维护等各个方面的成本。从底层来讲，ERP 系统必须要具备安全、稳定、高效和开放的系统。IT 行业的发展日新月异，作为企业的 CIO，更多的是考虑系统的整体安全、稳定、高效和开放。企业的系统和供应商开发软件是不一样的，要力求的是一种稳定。

投资一个 ERP 系统之后并不是就万事大吉了，还有很多事情要做。比如 ERP 系统，可以减少手工作业，这能省多少钱？能够实现实时的财务控制，这是不是能够带来回报？能够实现计划的精确度，降低库存量，这才是明显的资金变化。这些都是要考虑的问题。

（4）如何实施

实施就是在企业实现信息化的过程，主要包含业务流程和技术实现两个部分。对于现在的企业实施信息化，由于可以找到大量的参照样本，因此业务流程部分比以往要容易，但往往在技术实现上会出现问题。

纯粹从技术层面看，把通用产品变成客户的专门产品就是实施的过程，一般要经过如下几个步骤。

第一步：要定位于国家级的通用组件，现在很多产品是世界通用的，但是到了一个国家，必须有国家的特征。

第二步：要做通用行业级组件，所谓"通用行业级组件"就是符合某个行业标准和共性的功能和设计。

第三步：行业的特殊组件，如电信系统、进出港系统等特殊化的行业组件。

第四步：客户的特殊组件，也就是使通用产品变成客户可用的产品，这里讲的只是技术处理，这些技术处理可以把以往很多技术处理的经验固化、产品化下来，使得整体投入大大降低。当然，作为有效的、带有业务经验的产品，必须具备明确的投资回报目标，当供应商为用户提供信息系统时，不一定非常了解用户的情况，但是他们可以告诉用户，通常企业用了这个系统后，应该在哪几个点上发生变化。

2. 解决问题

绝大多数企业上信息系统时都是这样花钱：信息化的最初需求不是企业级的，大多数公司都是从部门做起，例如，财务要进行电算化、仓库需要管理等，因而最初的需求是面向功能的。但是这种起步自然而然就会产生信息孤岛，怎么办？开发接口。

这样一来，跨部门的业务成本提高了，产生的结果似乎是用了信息系统后，不但没有省钱反而花钱更多了。这就是没有认真考虑总拥有成本的结果。

企业究竟该如何投资？购买信息系统的钱应该花在什么地方？很多人认为购置一个信息系统，大部分钱应该花在购置硬件平台、软件、咨询、实施和服务上。而根据总拥有成本的概念，购买软件、硬件、咨询服务的投入只占整个投资的 32%，而更多的费用投入在系统的管理、技术支持和培训方面。

用户的培训往往被实施者忽略，以前企业形容 ERP 的数据是"垃圾进垃圾出"，为什么？因为系统本身不具备产生数据、自动消化数据的能力，用户输入什么系统就算什么。由于对用户的培训不够充分，使得企业信息系统的效率较低。

那么怎样才能降低系统的成本呢？应该从 4 个方面来考虑，即降低初期投资、加速收益时间、缩短实施时间、提高效率，而省钱的方法也有如下 4 个：第一，实施服务产品化，咨询公司有没有产品化的经验非常重要；第二，系统管理套件化，要有一套有效的管理服务体系，否则 IT 部门就变成了救火队，浪费资源，扩大成本；第三，技术支持层次化，IT 部门后面有供应商进行技术支持，但企业自己也应该建立自己的在线咨询，让使用者得到有层次的技术服务；第四，业务流程标准化，从 CIO 的角度来讲，越标准化的业务流程，管理的有效性就越好，从而成本控制得就更好。但这个问题不是 CIO 有能力解决的，这是企业的整体管理要求。

总之，通过服务的改造，可以使总拥有成本下降 50%以上，这不是意向性的数字，而是通过实践总结出来的。企业信息化实际上有很多方法实现，认识到以上几个问题，在实施信息系统时，就会有较好的方向感，使得整个信息系统在良好的总拥有成本下获得最大的信息回报。

4.3.7　ERP 项目风险控制

实施 ERP 的风险控制可以分为 4 个步骤，即识别风险、衡量风险、管理风险、监控项目进程与状态。

识别风险主要的工作是确定可能影响项目实施的风险并记录风险的特征。需要注意的是：风险识别是贯穿整个项目实施的全过程的，而不仅仅是项目的开始阶段；可能的风险包括各种内部因素和外部因素；在识别风险的同时，需要辩证地分析其负面效应（即风险带来的威胁）和正面效应（即潜在的机会）。

衡量风险，主要是对识别的风险进行评估，确定风险与风险之间的相互作用及潜在的一系列后果，同时还需要确定风险的重要性和处理风险的优先次序。在这一阶段可以采用的分析工具包括风险评估矩阵、预期投资回报率、模拟和决策树等。管理风险是风险控制中最为直接，也是最为关键的一个步骤。

在管理风险的过程中，需要对风险的正面效应（即潜在的机会）制定增强措施，对风险的负面效应（即可能的威胁）制定应付方法。对于不同的风险，需要根据其重要性、影响大小及已经确定的处理优先次序采取相应的措施加以控制，对负面风险的反应可以是尽量避免、努力减小或设法接收。另外，在处理风险时需要注意"及时性"——即在第一时间对各种突发的风险作出判断并采取措施，以及"反复性"——即对已经发生或已经得到控制的风险需要经常进行回顾，确保风险能够得到稳定、长期的控制。

最终，我们需要对项目过程进行监控，检查风险控制的实际效果，评价项目的整体表现。

综上所述，项目管理是通过项目管理循环，从表现衡量与质量管理、风险管理控制等不同方面对项目进行控制，使企业实现项目所预期的成果和目标。项目管理对 ERP 项目的成功进行、对各种实施风险的管理控制有着至关重要的作用。

〜〜〜 **案例分析** 〜〜〜〜〜〜〜〜〜〜〜〜〜〜〜〜〜〜〜〜〜〜〜〜〜〜〜〜

宝利家私ERP的实施

宝利家私（BERDINI）是新加坡外商独资企业，主要从事沙发、沙发床等钢木结构家具产品的设计、生产及开发，产品远销美国、日本、意大利等国。宝利家私是典型的按客户订单生产的企业，由于产品全部外销，海外客户对产品质量和交货期要求很严格，因此围绕这些问题在ERP系统的功能设计上需要实现一系列特殊的要求。

2005年9月，宝利家私ERP一期工程（包括主生产计划、物料需求计划、采购管理、出口管理、库存管理、工作流与审批流、消息的通知与响应等模块）验收，取得了良好的效益。

2005年10月，宝利家私实施ERP二期工程，包括生产过程监控、车间管理、人力资源管理、质量管理、工艺图纸、PTQC图线分析、产品图片管理等，进一步解决保证交货期与提高产品质量等问题，达到降低成本、提高客户满意度等目标。2006年5月，宝利家私ERP二期工程按计划顺利验收，基本达到预期目标。

随着前两期ERP工程的顺利实施，宝利家私的决策层和管理层对运用信息化系统提升企业管理水平有了更为深广的要求，2006年11月启动ERP三期工程。三期工程的重点在于对现有的ERP系统进行深化应用和功能完善，力求在性能上追求卓越，在功能上重点加强数据分析能力，以更好地发挥ERP系统的作用。随着2007年10月三期工程顺利验收，宝利家私ERP系统流程更趋合理、控制力度更为强大，为企业管理带来了显着的效益。一个家具企业，投巨资实施ERP，信息化的广度和深度在家具行业是不多见的。

企业作为实施主体 + 专业化顾问队伍是成功实施的组织保证

企业作为实施的主体，体现在除了企业总经理从始至终的支持外，企业实施队伍和实施人员的素质至关重要。若没有企业内部人员的参与，软件供应商无法对企业的业务和流程做深刻的了解，从而难以按照企业的实际需要实施ERP；同时，如果企业内部的实施人员缺乏对软件的深入了解和项目实施的经验，也无法协调企业内部各部门的工作。宝利家私的项目负责人舒经理在ERP实施过程中体现了很强的专业性和责任心，付出了艰巨的劳动，为项目的顺利实施作出了很大贡献。

为了确保项目的正常推动和顺利进行，天剑公司一开始就派出了具有丰富ERP实施和企业流程管理经验的咨询顾问与宝利家私管理人员一起组成项目实施小组，共同进行项目实施工作，从而在组织上奠定了项目成功的基础，并在后来的实施过程中得到了证明。

在实施项目过程中另一个突出的问题是由于ERP系统的复杂性，在实施过程中涉及的部门很多，许多实施工作需要多部门协作才能完成，因而，如何协调部门之间的工作避免出现扯皮现象是整个实施组必须要解决的问题。解决这个问题最好的办法是"沟通、沟通、再沟通"，ERP项目组在沟通过程中起主导作用，遇到特殊情况，也会搬动企业的总经理王总出来亲自解决问题，这样就使问题能得到更深入的探讨，并达成最终的共识。

宝利家私 ERP 系统的特色

1. 具有明显的家具行业特点

宝利家私ERP系统是在天剑ERP 4.0的基础上，根据家具行业的特点，经过客户化开发并通过企业实践的家具行业ERP系统，具有明显的家具行业特点，具体如下。

① 产品规范化管理。家具产品结构复杂、种类繁多，产品更新换代周期短，因此存在产品编号与实物不匹配等问题；同一款产品随时会更换材料、配件和产品组合方式，BOM种类繁多；产品工艺手工程度高、作业流程规范度低。宝利家私ERP针对以上问题，对企业的产品版本信息、产品基本资料、产品BOM、产品质量要求、产品包装要求、产品图片、PQCT（Product Quantity Control Table）图、工艺图片、外观图、组装图等按照产品类别进行统一、有效的管理，建立了完整的产品档案，能够实现良好的产品演示功能；宝利家私ERP能有效地根据产品更新换代周期较短的特性，支持成品、半成品等产品图片的管理；能够根据车间生产工序协助自动绘制PQCT图，产品的不同部件和不同车间可以合并出该产品的整体PQCT

图，发挥PQCT图指导生产过程的作用；能够结合用户权限对图片进行相关操作；并能贯穿到其他管理模块，如询价单、打样单、销售订单、客户投诉单等。

② 订单变更管理。家具行业一般同时存在订单设计、订单生产、订单装配等多种生产模式，客户订单变化频繁、个性化要求高，这些都加大了生产计划的管理难度。宝利家私ERP提供因生产订单修改、取消和紧急插单导致主生产计划变动所引起的生产损失、采购损失报告，以及订单交货期的变化报告，将报告提交给相关部门审核评估，决定是否进行主生产计划中的订单调整，从而减少损失；统一通过正负数冲减来实现生产订单的修改、取消，通过修改时间通知单和预排产实现紧急插单。正负数的冲减和时间的修改贯穿于计划、采购、生产和入库的全过程。

③ 订单动态跟踪。根据宝利家私订单生产的特点，ERP系统可根据订单进行预排产，制定生产计划，根据排产发现企业的瓶颈工序；通过MRP分解自动产生采购计划及生产任务单；通过对任务单的下达自动产生领料单；能够实时掌握、追踪订单的执行状况，如订单原材料、配件的采购进度，各个车间的领料数量、完工数量，产品的入库数量等，以保证订单的交货期不受延误；实时掌握订单的交付能力，使企业在激烈市场竞争环境中提高快速应变能力，为客户更快、更优地提供产品和服务。

2. 工作流、审批流管理

一般的管理信息软件都是靠用户从一大堆菜单项中找出需要工作的窗口，这类方式我们称之为被动式的管理，这种管理方式很容易忘记或者丢失需要完成的工作，对管理工作容易造成反馈不及时、信息滞后，从而延误最佳的决策时机。

宝利家私ERP系统在管理模式方面上了一个台阶，在ERP中加入了工作流、审批流的理念。ERP将需要审批的单据自动推到用户的计算机桌面，让用户一打开计算机就能看到需要处理的工作，用户会及时收到各级人员的信息，并通过系统进行信息的处理和反馈，这就是天剑ERP所倡导的主动式管理。工作流、审批流管理功能在ERP系统中起到的特殊作用如下。

① 用户能够根据自己的管理模式自定义单据的审批流。

② 单据数据管理规范化，审批流程清晰，能有效地提高单据审批的效率。

③ 机构或人员变动时无需修改软件，系统能够快速地调整单据的审批流程。

④ 只要有单据审批，当上一个环节审核完毕后系统会自动将单据发送到下一个审批人的桌面，并弹出提示信息督促审批。

⑤ 制单人或各个审批环节的人员可以随时查看审批的过程及状态；只要具有同等角色或者权限的人员都能够共享到单据处理的信息，以便让相关人员能够知道某项工作的进展。

3. 信息预警系统

在ERP实施过程中，经常需要一些预警信息，例如：

① 仓管员需要及时知道哪些物料低于安全库存，哪些物料已经过期。

② 计划部需要及时知道有哪些新的订单需要排产。

③ 采购员需要及时知道哪些供应商的采购订单已经过了到货日期，却没到货。

④ 业务员需要提前几天知道客户订单产品的完成情况。

⑤ 财务人员需要知道到付款期限的应付款情况，已到收款期限的应收款情况。

⑥ 人事部需要知道哪些员工迟到、旷工、合同到期等。

宝利家私ERP的预警系统能够自动把这些的预警信息及时发送到用户的桌面，并弹出提示信息。而且用户能够根据自己的需求灵活自定义预警信息的内容，包括预警提前期、预警间隔、预警接收人等。使用户能及时收到预警信息，提高了工作效率，企业也做到了高效管理。

实施体会

ERP系统的实施，对于ERP产品和企业需求方面是个磨合的过程。在实施过程中企业提出的合理需求，天剑公司的实施顾问总是想方设法去实现，比如操作方面的易用性，基本上是做到有求必应；当然偶尔宝利家私也会提出一些违背业务逻辑的需求，这时候天剑公司的实施顾问就会同其进行耐心的沟通和解释，在这个过程中双方不免也会出现一些争执，但并不会影响双方的合作，因为，它们有一个共同的目标——让企业用好ERP。

为适应ERP系统带来的改变，企业必须在组织架构和部门职责上作出相应的调整。因此，实施ERP系统往往需要同时进行企业流程优化和改善的工作。在流程改造中，会涉及部门职能的重新划分、岗位职责的调整、业务流程的改变、权力和利益的重新分配等，如果其不能妥当地处理这些问题，将会给其带来不稳定因素。

案例来自：http://www.erpwhy.com/html/20090730/473.html.

 **小结**

本章主要阐述了 ERP 项目的实施过程、ERP 项目的关键成功因素、ERP 项目的管理内容。分析了 ERP 项目实施能带来的直接经济效益和间接经济效益，介绍了 ERP 项目实施的策略，同时简要说明了实施过程中存在的问题。主要从 4 个方面说明了 ERP 项目的关键成功因素。在介绍 ERP 项目的管理时，主要从 ERP 项目的特征、ERP 项目过程管理、ERP 项目管理的范围、ERP 实施工作分层细化分工结构、ERP 项目时间管理、ERP 项目成本管理和 ERP 项目风险控制等 7 个方面来阐述。

 **关键字**

MRP Ⅱ：Manufacturing Resources Planning　制造资源计划
MRP：Material Requirements Planning　物料需求计划
BOM：Bill of Material　物料清单

 思考题

1. ERP 项目实施过程主要包括哪些内容？结合实际谈谈还有哪些问题。
2. 简述 ERP 项目的关键成功因素。
3. ERP 项目管理的内容主要有哪些？请简述之。

📖 阅读书目

郑称德，陈曦. 企业资源计划（ERP）. 北京：清华大学出版社，2010.

曹汉平，王强. 信息系统开发与 IT 项目管理. 北京：清华大学出版社，2006.

胡彬. ERP 项目管理与实施. 北京：电子工业出版社，2004.

程控. MRP II/ERP 实施与管理. 北京：清华大学出版社，2003.

李健. 企业资源计划（ERP）及其应用. 北京：电子工业出版社，2004.

傅德彬等. ERP 实施宝典. 北京：国防工业出版社，2004.

陈庄等. ERP 原理与应用教程. 北京：电子工业出版社，2006.

闪四清. ERP 系统原理和实施. 北京：清华大学出版社，2006.

第 5 章 ERP 的规划与选型

【教学知识点】

项目规划的原则；

项目规划阶段的工作内容；

选型过程；

选型过程的主要考查指标；

国内外 ERP 产品的介绍和对比；

国内外 ERP 产品的市场占有率。

导入案例

国网能源开发有限公司攻克 ERP 选型问题

国网能源开发有限公司（以下简称能源公司）是国家电网公司（以下简称国网公司）的全资子公司，于2008年成立。能源公司以运营管理国网公司调峰调频火电厂，煤炭资源的开发、生产、仓储、配送等为主营业务，以确保电网安全、经济、稳定地运行。

能源公司的信息化建设背景

自国网公司2007年正式启动ERP系统建设以来，历经"启动"、"推广"、"决胜"三年的建设，于2009年年底实现了28家网省公司和国网公司总部ERP系统的全面上线，即"SG186工程"。能源公司在"SG186工程"期间，基本完成了一体化平台部署，实现了协同办公、综合管理等业务应用，初步建成下属各单位专有应用系统。随着国网公司"三集五大"体系的建设及发电产业的快速发展，对能源公司的信息化工作提出了更高的要求。为此，能源公司开始开展"直属单位信息化深化与提升专项工程"，目标是充分利用"SG186工程"建设成果，建立高标准、综合性信息化系统，为能源公司又快又好地发展提供坚强的支撑。但是，项目启动大会刚刚开完，整个项目却进入了停滞状态，工作无法推进下去，导致这种情况发生的原因是项目组无法确定本次实施ERP选用何种软件平台。

能源公司的软件选型难题

国网公司ERP系统平台软件已经选择了ERP软件供应商SAP的产品。SAP在实施时定制化的修改量只有10%，实施一整套ERP的速度会很快。虽然SAP的优点很多，但是缺点也很明显，就是缺乏灵活性和复杂性。企业实施SAP时要尽可能地去适应软件，而不是通过二次开发让软件适应企业，因为如果二次开发量太大，将会在软件升级时带来麻烦。能源公司在"SG186

工程"期间，下属多家火电厂已经成功实现了采用EAM（Enterprise Asset Management）系统进行生产管理。EAM是面向资产密集型企业的信息化解决方案的总称。目前国内的发电企业多数都在用MAXIMO来实现设备、检修、物资、项目等生产管理相关业务。EAM是以设备为核心，以提高资产可利用率、降低企业运行维护成本为目标；而ERP以财务为核心，以为流程工业和制造业降低生产成本为目标。

EAM从固定资产管理或设备管理的角度深化管理，这也是ERP系统的一个方面，所有EAM系统的成功都有助于ERP系统的成功实施。从集团层面来考虑，按照企业管理模式实施SAP是最好的；从下属各单位的层面来考虑，MAXIMO已经深入人心，实施MAXIMO是最好的，而且还延续了前面的建设成果。SAP和MAXIMO之间究竟选择哪一个平台来实现能源公司的信息化系统，成为能源公司信息化改革的最大难题。

能源公司的软件选型解决方案

1. 项目组织

为了确保能源公司ERP选型的正确、合理和有效，能源公司专门成立了由企业主管信息化领导、业务骨干、咨询顾问与信息技术专家组成的选型小组。其中项目领导小组8人、业务骨干18人、咨询顾问20人、专家小组8人。

2. 预选方案的提出

经过ERP选型小组的反复推敲，决定最终通过逆向思维，暂时不定平台，而是通过将业务功能切分成小模块，采用了假设的方式对每一个小模块采用哪种平台进行评分，最终组合出了3套解决方案。

方案一：全面替代。全面实施SAP，替代目前MAXIMO系统中的设备管理、检修维护、项目管理、物资管理、库存管理、采购管理功能；SAP与MAXIMO不进行集成。

方案二：单向集成。保留MAXIMO的完整功能，通过系统集成实现SAP与MAXIMO的数据交互，保证数据的单一入口及一致性；电厂生产管理只使用MAXIMO系统。

方案三：双向集成。保留MAXIMO的设备管理、检修维护、项目管理、库存管理、采购管理功能，同时将人力资源、财务管理、主数据管理、项目、采购、库存使用SAP进行实施；通过系统集成实现SAP与MAXIMO的双向集成。

3. 预选方案的评价

对预选方案的评价，选型小组建立了包括人、财、物集约化满足度，对电厂业务的满足度，项目总体成本，项目实施时间进度，接口复杂度，后期运维难度和集成性在内的7个维度，对上述3套方案进行打分，每个单项维度满分为5分，满分为35分。打分结果如表5-1所示。

表5-1　3套解决方案的得分情况

分　析　面	方案一：全面替代得分	方案二：单向集成得分	方案三：双向集成得分
1. 人、财、物集约化满足度	5	2	5
2. 对电厂业务的满足度	3	5	5
3. 项目总体成本	2	5	4
4. 项目实施时间进度	4	5	4
5. 接口复杂度	5	4	3
6. 后期运维难度	4	4	4
7. 集成性	5	4	5
小计	28	29	30

4. 最终方案的产生

最后，能源公司根据打分结果选择了方案三，即双向集成方案，决定与国网公司保持一致，满足人、财、物集约化的需要。能源公司总部在SAP系统中实施，同时发挥MAXIMO系统在生产管理方面的优势，SAP与MAXIMO优势互补。这个方案的特点是在满足国网公司总部人、财、物集约化要求的同时，能最大限度地满足电厂生产管理业务的需求。

通过方案三，得到了能源公司ERP系统的蓝图。蓝图显示：SAP给集团管理者提供了数据展现的平台，MAXIMO给基层单位提供了业务处理的平台，MAXIMO通过接口给SAP提供业务数据。

能源公司ERP选型经验总结

能源公司通过此次ERP平台选型，总结出平台选型的如下原则。

① 要在保证公司前期投资的前提下进行。能源公司下属各单位在"SG186工程"期间已经完成的信息系统建设在这次选型中是重点考虑的因素，继承并深化这些应用才是本次ERP项目真正的核心。

② 要考虑长远的信息化建设发展，站在集团公司的高度进行考虑。国网公司提出的人、财、物集约化的管理要求不是要求技术的统一，而是要求管理的统一。要实现这个目标最基本要做到业务数据的统一，因为数据是支撑着辅助决策功能的基础，集团公司职责是下属公司的舵手，决策分析是最迫切的管理需求。

③ 要保证业务流程的完整和顺畅，保证数据的可靠性和安全性。业务数据来源于基层单位，友好的数据输入界面和所见即所得的流程控制是保证业务顺畅的基础，无须重复录入是业务人员最基本的要求，数据的校验、备份与恢复也是软件平台必须具备的功能。

④ 软件稳定性及可维护/扩展性要强。抛开成本因素，软件选型应该选择技术成熟、市场占有量大、售后服务好、维护方便、升级容易的ERP产品。

⑤ 软件的集成性要好。ERP系统一定会与其他信息系统产生数据交互，即接口，如图形接口、条形码接口等。要达到ERP与各个系统间无缝集成，做到用户身份同步、权限同步、待办事务同步，ERP软件具有强大的接口能力无疑是必须的，所以要求软件开发商有能力提供各种成熟的接口组件。

案例来自：王宏艳，刘文远. 攻克ERP选型难题——国网能源开发有限公司案例.企业管理，2011，3.

5.1 ERP 项目规划

5.1.1 项目规划的原则

任何工作都要规划，ERP 项目作为一个系统工程，规划工作尤其重要。我们在做 ERP 规划时，一定要把企业的各个部门都要考虑进去，把它当成一个整体，不要顾此失彼。ERP 规划是企业导入 ERP 过程非常关键的一步，这需要站在企业战略层次的高度，把企业作为一个有机的整体来看待。全面考虑企业所处的环境、本身的潜力、行业特点、具备的条件及企业未来进一步发展的需要，ERP 的规划要勾画出企业在一定时期内，所想达到的内控程度，从而确定 ERP 实施的进度。

一般的 ERP 项目规划总的原则是：总体规划、分步实施。就是对企业导入 ERP 进行总的规划，具体实施的时候是分步进行的。

同时，根据企业客户的具体情况，在总体规划的前提下，确定分阶段的项目实施计划。项目规划是 ERP 系统设计、规划的指导思想。正确的指导思想是制定系统方案可行性的前提，也是 ERP 系统实施成功的基础。

5.1.2 项目规划阶段的工作内容

ERP 项目规划的原则确定后，就是在这个原则下实施具体的规划工作。总体来说，ERP 实施项目规划应该有 4 个方面的内容，即实施前期任务、实现目标规划、实施项目过程管理和后期管理。

1. 实施前期任务

这一部分应该是在对企业详细调查了解的基础上，对企业的所有需求和现有条件作出细致的分析，确定项目实施的总体范围和期望值，而且这个期望值是合理的，是能满足企业功能要求并且能够实现的。企业用户与 ERP 软件供应商对需求分析、实施内容和范围达成一致，对实施中必要的人力和财力投入达成共识，确保双方对今后项目实施过程中可能遇到的困难和阻力有充分的估计和对策。

2. 实现目标规划

企业应建立项目实施小组，一般称之为项目组，明确制定项目实施各阶段的时间进度和阶段定义，描述评价达到这些目标的标准和方法，与企业用户中高层领导协商讨论并获得最终可行的实施方案。

3. 实施项目过程管理

ERP 项目是一个系统工程，因此导入 ERP 是一项长期而细致的工作，为了很好地完成这个系统工程，应当依据需求分析将整个大项目拆分成阶段性的子任务，充分体现整体规划、分步实施的原则。每个小阶段的需求和解决方案都应该用文档描述清楚。项目实施过程中要经常召开阶段性的会议，对前期的工作进行控制，保持必要的信息沟通，注重项目实施文档的建立和保存。

4. 后期管理

项目规划在这一部分要详尽描述规划目标与项目实施工作安排的衔接程度，明确项目实施后所能达到的效果。并将需求分解成三部分，首先是系统软件能够直接实现的，这部分应该占 60%左右；其次是需要用户适当进行流程改变来变通解决的，这部分一般占 30%左右；再次是需要结合企业特殊情况和实际问题作二次集成开发的，最好不超过 10%，否则实施周期会过长，从而难以控制。

5.2 选型方式和考查要素

由前面可知，导入 ERP 管理软件直接关系到企业信息化建设是否能真正发挥其效益，企业导入 ERP 系统，涉及资金、时间、人力等多方面的投入，耗费巨大。因此，在对 ERP 软件产品进行选购的时候一定大意不得，也即所谓的 ERP 选型问题。那么，ERP 选型如何"有的放矢"？怎样才能保证企业选型不出现问题呢？

5.2.1 选型过程

1. ERP 系统软件的获取方式

在 ERP 选型过程中，有必要先了解 ERP 软件的获取方式。ERP 软件是系统配置中的关键，ERP 软件系统的获取主要通过如下几种方式进行。

（1）购买成熟的 ERP 商品软件直接应用

直接购买成熟的 ERP 软件模块，这个方式使系统实施时间短、见效快，避免了 ERP 系统的低水平重复开发，但系统维护难度大，尤其是非开放式系统，当系统原有功能需要调整的时候会很困难。ERP 系统软件的选购不仅是考虑软件的功能、质量等，同时要从更深层地去理解软件的管理思想、管理方法和管理组织结构要求，与本企业现有管理方法、管理组织结构和管理思想比较，找出其差异，有选择地重点了解国内外的 ERP 软件产品的性能、价格和适应性。

（2）完全利用自己的力量自主开发

自主开发就是完全利用企业自己的开发力量来开发 ERP 管理软件，很明显这将将来的软件维护、管理、更新提供了方便，培养了队伍。但往往历时长、投入大，系统功能受到开发人员经验的限制。

调研表明，企业上 ERP，完全靠自我开发，风险巨大。受企业资源、人才的局限，企业的 ERP 开发力量通常达不到开发 ERP 这些大型软件系统所要求的水准，也跟不上 IT 技术进步和管理创新的步伐，容易出现起点低、规划差、过程长、更新慢和偶然成功后却留不住相关人才等众多问题。

（3）购买 ERP 软件和二次集成开发并举

这种方式兼顾了上述两种方法的优点，而且克服了它们的缺点，但也出现了新的矛盾和不足，用户动态的需要和系统开发方法之间的矛盾尤其突出。用户从外行变成内行，从不熟悉到精通，往往在系统分析时用户提出的需要受到对系统认识的限制，不正确、不全面、不实用、没有充分利用系统应有的全部功能。在开发过程中要通过学习、实践不断提高认识。需要调整原有的需要，开发商在系统采用生命周期法不便于变动，引起合作之间的矛盾。因此在选择开发商时首要考虑的是对开发系统的经验。已承担过哪些类型的软件开发，与企业的需要有何差异，在开发过程中开发商要引导用户提出合理的需要，确定正确的目标。

实践证明，购买成熟通用的 ERP 商品软件进行适度二次集成开发，符合社会专业化分工协作的规律，取得成功的多。专业的 ERP 公司通常拥有一群既懂管理又懂 IT 的人才，通过学习国外企业管理软件的理念和模式，逐步集成出了一套适用于中国企业的 ERP 软件，并在迅速扩大的市场中不断改进、优化和完善。

2. 选型过程

在明确了开发方式后，ERP 系统选型阶段的主要工作就是为企业选择合适的软件系统和硬件平台。选型过程就是从要导入 ERP 系统软件开始，从众多的 ERP 管理软件商里选择一个本企业合适的系统软件的一系列工作。系统选型的一般过程如下。

（1）建立软件选型小组

软件选型小组应包括企业高层领导、企业各 ERP 使用部门领导、ERP 项目总负责人、需求功能调查员。建议由选型小组的组长担任 ERP 项目总负责人。选型小组建立以后需要定期开会讨论选型事宜，收集关于软件供应商和软件系统的资料，负责选型的全过程。

（2）进行需求分析

① 各个部门需要处理的业务需求。如有关业务的数据流入、业务数据处理方式（处理步骤、处理特点等）、业务数据流出的情况。尤其注意产品的结构特点、物料管理特点、生产工艺特点与成本核算特点。再根据各项业务需求，识别企业需求的分类级别，如重点需求、一般需求或可有可无的需求等。

② 考虑用计算机处理的业务数据的软件使用权限的设置。有时企业的权限需求很特殊，例如，不只是对功能的控制权限有要求，而且对字段，甚至对字段内容的控制权限也有要求。

③ 业务报表需求。企业的报表形式非常丰富，需要对报表需求列出清单，标识出必要需求、一般需求或最好需求等。

④ 调查企业现有数据接口。企业在以前可能已经有各种各样的信息系统，如 CAM、CAI、CAD、PDM、DSS 等，因此，要考虑这些数据的传输问题。

（3）访问并初步筛选供应商

根据自身的规模和需求分析，先访问一些具有一定规模的 ERP 软件供应商，初步筛选出适合本企业需求的 ERP 软件供应商。主要是让项目咨询公司根据企业的期望和需求，综合分析评估可能的候选软硬件供应商的产品，筛选出若干家重点候选对象。

（4）进一步筛选供应商

主要从以下几方面进一步考察初步筛选的 ERP 软件商的综合实力。

① 有成熟、定型用户群的 ERP 的软件开发商。

② 软件的研发队伍和开发工具能适应本企业发展的需要。

③ 具有丰富经验的实施咨询的顾问人才。

④ 参观和考察 ERP 软件商的成功客户（与本公司同类型的企业）。

（5）候选 ERP 软件系统演示

经过前两步的筛选工作，筛选出 3~4 家符合条件的 ERP 软件商来企业做系统功能详细演示，这是软件选型中最关键的一步。重点 ERP 系统候选对象根据企业的具体需求，向企业的管理层和相关业务部门做针对性的系统功能演示。

（6）ERP 软件系统评估和选型

项目咨询公司根据演示结果对重点候选对象的优势和劣势作出详细分析报告，并把参考意见一并提供给企业；企业结合演示的效果和咨询公司的参考意见确定初步的选型对象，在经过商务谈判等工作后，最终决定入选的 ERP 系统。

在项目选型过程中，其主要项目管理工作是进行 ERP 系统选择的风险控制，包括正确、全面评估系统功能，合理匹配系统功能和自身需求，综合评价供应商的产品功能，价格和技术支持能力等因素。

5.2.2　主要考查要素

企业选用的 ERP 管理软件，无论从国外引进，还是采用国产化软件，或是委托开发、自行开发，都应综合考虑以下要素。

① 要用全局、集成和发展的观点看，企业信息化是为了在企业经营管理信息集成的基础上，全面提高企业的生产经营管理水平和市场竞争力。ERP 管理软件的思想应具有一定的先进性和超前性。

② ERP 管理软件的层次是否与企业管理层次和企业硬件环境相适应，其软件是否与企业所追求的目标相一致。

③ ERP 管理软件支持数据库的能力，是否能与 Oracle、Sybase、Informix 等主要数据库很好地连接。

④ ERP 管理软件是否具有先进的体系结构。

⑤ ERP 管理软件是否有良好的服务保证、技术支持、培训等。

⑥ ERP 管理软件质量是否可靠，是否有众多的成功用户，操作界面是否方便、灵活、直观，是否采用了先进的程序开发技术，软件是否已做了本地化工作等。

企业在选择 ERP 产品时，必须充分考虑企业自身的特点和各个软件的特点，在遵循科学、合理的选型原则上，尽量找到适合自己企业的产品，提高 ERP 实施的成功率，具体选型原则如下。

① 成本效益原则。企业软件在选择时，要注意成本效益原则，并不是技术越先进功能越强大越好。一般功能越强大的软件，其购买成本越高，并给企业整体组织管理带来的变革冲击就越强，管理改革成本也就越高。一般而言，ERP 软件始终都面临着更新换代的压力，如果购买了有过多冗余功能的软件，不仅成本高而且存在着功能浪费。

② 成熟性原则。对于 ERP 系统而言，因为涉及的范围很广，一方面需要有开放性，实现与其他软件的无缝连接；另一方面应选择成熟的有系统化的完整解决方案的产品，不要选择未经实践证实的产品。这有助于减少实施的不可预见性，降低实施风险。同样，成熟的产品不仅技术成熟，而且服务成熟，因此通常都有持续可靠的服务作为保障。

③ 安全性原则。ERP 系统会扩大企业内部部门之间的沟通，而信息的范围扩大后，要保证信息安全、合法地使用，保证信息的不丢失，这是 ERP 实施的先决条件。

总之，企业选择 ERP 系统要注重系统的实用性、合理性、先进性、开放性、可靠性和经济性等指标。要从软件功能满足程度、软件技术水平、实施服务质量、供应商合作态度及投入产出效益指标等方面进行综合评价，选择理想的 ERP 软件产品和合作伙伴。目前，在国内的企业管理软件市场上有许多 ERP 产品。如何选择合适的 ERP 产品主要考虑以下几个指标。

1. ERP 的功能指标

ERP 功能是否先进主要从以下几个方面来考察。

（1）MRP Ⅱ 理论

从本源来说，ERP 的核心应是 MRP Ⅱ，国外软件都是基于 MRP Ⅱ（制造资源计划）理论，它包括分销、财务和生产制造三大部分。这种管理思想比国内绝大部分企业所使用的管理方法先进。国内一些较好的 ERP 软件公司产品也包融了以库存为核心和西方市场经济模式的 MRP II 管理思想，同时还将 MRP II 中的一些基于西方模式的死板规定进行了灵活处理。

（2）先进的 ERP 理论

西方市场经济模式与中国目前及将来相当长一段时期实行的社会主义市场经济模式有很多不同点；以库存为核心的生产管理也与我国企业常用的以财务为核心的集成管理体制和要求不一致。同时，进入 20 世纪 90 年代中期，企业管理理论已上升到 ERP，它是 MRP II 管理理论的扩展和升级，强调以各种业务的财务核算为核心的管理，在传统 MRP II 的基础上增加了大量的业务与财务间的核算功能，以及 JIT 控制、全面质量管理、设备管理、数据仓库模式的决策分析功能等。

（3）开发系统使用的工具

任何商品软件都或多或少会有用户化和二次开发的工作。随着应用范围的扩大，企业必然会增补一些功能。因此，开发工具必须方便用户掌握和使用。即使是第 4 代语言、CASE 或面向对象的开发工具，也需要认真分析和比较。各企业的报表格式会有所不同，需要用户化，这是一个极普遍的要求，软件必须有方便用户生成自己所需报表格式的功能。另外，也要尽量选择适用的软件，减少二次开发的工作量，以缩短实施周期。

（4）软件的运行环境

对一个开放型的软件来讲，硬件的选择余地较大。开放系统的主要标志是系统的可适应性，采用符合工业标准的程序语言和工具、数据库、操作系统和通信界面。从实用角度要考虑硬件的耐用性、可靠性（企业的管理信息系统是不允许中断的）、容易操作和维护。应结合数据处理量（如产品结构复杂程度、工艺路线的工序数量、每月的各种订单数、计划修改的频繁程度等）及响应速度选择计算机的型号档次（有的软件可提供确定硬件容量时供参考用的计算程序）。

2. ERP 的功能适应性指标

对于一个 ERP 软件，不但要看它的理论设计水平高不高、算法先进不先进，更重要的是看它是否实用。如果某软件部分模块对自己的要求很符合，其他模块不太符合，而企业对它的需求又不太迫切，则可以先选择部分模块，其他模块以后再上。除功能需求之外，选择软件时还要考虑价格、售后服务、供应商实力等因素。

（1）软件功能的覆盖面

ERP 软件功能应以满足企业当前和今后的发展需求为准。多余的功能只会造成使用和维护的复杂性。如果有些功能要在软件版本升级后才能实现，必须认清升级的可能性、时间及条件等能否满足企业的实施进度。软件的可用比率取决于用户对 ERP 原理接受的程度、企业深化改革的程度及软件功能对用户适用的程度，并不取决于 ERP 是进口的还是国产的。

（2）易操作性能的针对性设计

由于我国业务人员普遍缺乏计算机应用经验，所以管理应用软件使用操作的难易程度直接影响使用效果，甚至导致项目失败。国外软件的使用对象不存在这种操作困难，因此软件设计也没有考虑这一点，许多软件所认为的常识性概念和技巧对中国使用者来说都是难懂的知识，使用和培训的难度都很大。而国内一些优秀的 ERP 软件系统考虑到了这个问题，软件作了针对性设计，增加了许多在线帮助信息、代码提示功能，在使用中尽量减少了汉字输入的操作，而且还支持手写输入识别技术，容许用户笔输入汉字。特别是增加了大量的输入信息有效性检验，最大限度地避免了用户的误操作和错误信息的录入。

还有，国外软件提供英文界面及资料，对企业的管理人员素质要求比较高，而且在软件的操作习惯及界面风格上与我国的软件也存在差异。例如，国外软件界面一般比较简单、抽象，主要强调软件可实现的功能，以键盘操作居多；而国内的软件界面比较丰富、直观、易学易用，不仅强调软件的功能，而且注重键盘和鼠标的配合使用，可操作性强。再比如国外软件的报表格式比较简单，对格式没有特殊要求，而且一般没有格线，只追求数据的正确性；然而国内软件报表格式丰富、布局合理、美观大方，设有格线，体现了东方传统文化的特点。从界面及操作上比较，更加符合中国的传统习惯，操作简单。

（3）符合国内管理体制和业务习惯

企业会受到软件系统的制约。企业引进了一种管理软件并准备付诸实施，就是引进了一个新管理模式的企业系统，换言之，一种企业计划与控制的模型就以软件为载体带进了企业。在新的企业系统建立过程中，企业的计划与控制模式受到所选定的软件系统模式的制约。如果软件系统是企业老管理方式的"翻版"，企业将因应用这种软件而变得更为僵化；如果软件由对制造企业知之甚少者所炮制的，对引进软件的企业来说，将面临着灾难。

国外软件产品是在西方市场经济模式下开发的，其国情文化和操作习惯与我国企业管理需求不尽相同。国内一些优秀的 ERP 软件公司非常了解国内企业的业务规范和具体工作流程，所以在产品的设计上特别照顾了我国业务人员的操作习惯，使得软件在使用时比较容易被用户接受和掌握。

从业务流程上比较，国内的软件更加符合中国的实际情况，更加容易为企业所接受；从使用效果来看，国产财务软件的巨大成功无疑是国内企业管理软件的有力验证。

（4）解决企业内外部的复杂环境

在国外，企业内部和企业间的关系都比较单一，都遵循着市场经济的统一规律。而国内企业则不同，内部、外部的环境都很复杂并且混乱，既有市场机制，又有计划机制，同时还有人情关系等机制、内部管理体制理不顺、外部三角债不断等。在这种情况下，专为国外相对简单的管理模式而设计的软件，不可能很好地解决国内企业所面对的复杂问题。

我国引入 MRP II /ERP 软件有近 20 年的历史，目前用户数不过千余家，从总的应用效果来看，成功的例子非常鲜见，多数企业付出了巨大的代价而收效甚微。

当然，也有些应用比较成功，但都限于部分子模块，仅仅实现了局部系统的独立运行，信息尚未在整个企业范围内共享。从各模块的应用情况来看，应用比较成功的模块依次是仓存管理、销售管理和采购管理等。因此，东西方文化的差异，企业所处市场环境的不同，也使得企业管理中的业务处理流程存在着很大差别，从而增大了系统实施的难度。

（5）对国家政策的支持

由于文化不同、管理体制不同、国家制度不同，我国存在着许多区别于西方的管理方法和政策法规。比如，国家财政部要求财务软件一定要符合我国的财政制度，并且还要通过财政部门评审，国外软件必须通过部级评审。

（6）企业原有资源的保护问题

这里所说的资源，主要指的是企业已在原有系统上运行的数据及原有的硬件。是否有必要保护及如何保护，首先应在服从新系统长远需求的前提下谈保护，不可削足适履。如原有数据不规范、不符合 ERP 原则要求或原有系统信息集成度不能满足要求时，从企业的长远利益着想，只能推倒重来，不要迁就落后。

3. ERP 的服务水平指标

售后服务与支持直接关系到项目的成败。售后服务包括各种培训、项目管理、实施指导、二次开发及用户化等项工作，可由咨询公司或软件公司承担。由熟悉企业管理、有实施经验的专家顾问做售后支持，这对保证项目正常进行，及早取得效益是非常必要的。这方面的重要性在国内已逐渐被人们所理解。国外 ERP 项目的成功率高，有充分的服务支持是一个重要因素。在国外，支持服务人员通常具有美国生产与库存管理协会（APICS）的生产库存管理资格证书，如 CPIM、CFPIM、CRIM 等，服务支持费用与软件价格之比一般为 2:3，往往由一名管理专家（应用顾问）和几名软件专家（技术顾问）组成顾问组来承担服务与支持工作。

（1）客户需求的修改

任何软件都不能 100%地符合并满足企业的需求，因此，对软件按客户需求进行修改，将通用软件变为企业完全适用的软件的工作，是成功实施管理软件的首要条件。

每个企业的具体情况均有所不同，一个企业管理软件的成功应用，必然需要对软件进行一些修改，而且国人又喜欢追求完美，不断提出修改要求。对此，国外软件基本上要采取变通处理的方法，实在要改，也要拿到国外去改，因为国外软件公司产品管理机构都设在国外，国内人员无权也无法进行软件修改。再次，国外软件多数都是早期的产品，受当时计算机技术的影响，修改极不方便，企业为此要付出高昂的费用，对企业的实施造成影响，甚至成为实施的最大阻力。最后，产品的升级更新也基本不考虑相对份额极少的中国市场需求。

国内一些优秀的 ERP 软件尽管比国外软件更适应国内企业，但仍然坚持为用户提供客户化服务，而且软件的设计和开发都在国内进行，可随用户要求而改动软件。从软件修改方面比较，国内的软件由于开发得比较晚，技术上比较先进，更加容易修改、维护，再加上其遍布全国的分支机构，能够更加及时地了解用户的需求，提供良好的售后服务。

（2）技术转移

管理软件的应用不是"一时"的事情，它将伴随软件的整个生命周期。所以，企业计算机人员能否掌握软件维护技术，将直接影响软件能否长时间地成功应用。国内一些优秀的 ERP 软件公司可向用户提供技术转移服务，即将优秀的 ERP 软件的设计技术、开发技术、源程序、所有的技术文档和用户文档等都提供给用户，使用户能够真正全部地拥有自己所购买的软件，并掌握二次开发和维护的技术和能力，而国外软件无法做到这一点。

（3）细致周到的培训安排

培训工作的好坏将直接影响软件的使用效果和实施周期。国内一些优秀的 ERP 软件公司能够为用户提供细致周到的培训安排。针对使用者的不同岗位和不同层次，从一般操作员到厂长经理，从计算机基础概念、基本操作到软件生成数据的灵活分析与应用、MRP/ERP 管理理论等方面提供多种软件使用培训课程。同时，还特别对计算机人员进行基本技能培训，课程有主机硬件的基本操作、硬件常见问题和常用维护技术、软件系统结构、设计思想、编程方法等；还对用户系统管理员进行专门的培训。国外软件公司只是提供很少量的软件使用培训。

（4）技术支持力量

对用户提供大量的技术服务需要大量的技术支持力量，在这方面国外软件公司比较重视软件的销售，技术人员占公司员工的比例较小，一般不能保证有足够的力量来为用户进行周到的技术支持。

（5）系统维护支持

国内一些优秀的 ERP 软件公司能够为用户提供长期的软件维护服务，提供长期的技术支持和升级更新的软件产品。可以通过远程在线通信技术，直接为用户提供实时的系统维护支持，随时解决用户系统发生的问题。国外软件公司可以提供软件升级产品，但很难为用户提供长期的软件维护服务。

（6）用户满意程度和系统成功率

国内一些优秀的 ERP 软件公司对自己的 ERP 产品的功能适应性强，技术力量雄厚，技术支持服务周到细致，以及对用户应用效果的高度重视，所以一直保持着 100% 的系统成功率和极高的用户满意程度。而国外软件由于追求销售利润、软件不适用、不能客户化、技术支持力量不足等种种原因，软件的成功率很低，有些能够使用部分模块，有些甚至一点也没用起来。

4. ERP 的费用指标

对待价格，一方面要考虑软件的性能、质量及其所包括的内容，另一方面应当做投资/效益分析。要考虑实施周期，避免因售后支持不足或二次开发拖延过长而影响效益回收。软件投资应当是软件费用、服务支持费用、二次开发费用、延误实施损失的收益之和。此外，在计算回收期时还应考虑日常维护费用。

（1）软件购买费用

软件的投资分几部分，在软件使用权购买费用上，国外软件一般都比较昂贵，这是因为其公司运行成本、产品开发成本及在国外的参考价格等都很高。从价格方面来讲，国外软件一般报价要几十万甚至几百万美元，其主要的用户基本上集中在大型企业。而我国 85% 的企业都是中小型企业，高额的费用及闲置的功能，使我国大部分的企业对其望而却步，从而使这种新的管理思想不能得到普及和推广。

而国内一些优秀的 ERP 软件的购买费用则很低，是同类国外产品的一半或更少。从价格上比较，仅为国外软件的 1/7～1/5，广泛适合于国内各种类型、各种规模的企业，易于普及和推广。当然，现在国外大型 ERP 供应商也在纷纷推出中小企业版，价格也降至与国内软件同等水平，甚至更低，这对国内 ERP 软件供应商是一个很大的冲击。

（2）实施服务费用

软件实施服务费用，国外公司收费标准一般在每人天工作量 800～1 200 美元，个别最高的有 8 000 美元，最便宜的约 600 美元。国内一些优秀的 ERP 软件的实施费用为每人天 350～400 美元，差距很大，当然，这也意味着买国外软件公司服务的费用至少可以买到双倍时间的更优质的国内一些优秀的 ERP 软件及服务。

5. 服务商的背景

选择优秀的 ERP 服务商也是项目成功的关键因素。可以从 5 个方面进行评估。

① 管理严格，在行业中有明显优势。

② 通过国际标准认证，如 ISO 9000 认证或至少有成功案例和很强的质量意识。

③ 有长期自行开发的经验和经历。

④ 有与世界一流 IT 软件商合作的资源。

⑤ 能够稳定发展。

因此，CIO 在选择服务商需从项目开展、验收与质量控制和运行维护与升级的信誉角度进行评估。

在选择 ERP 软件系统时，用户需要考虑该软件生产公司的技术人员情况如何，如软件实施人员是否绝大部分参与过软件产品的开发制作，对软件产品是否十分熟悉，该公司的实施人员是否具备计算机技术和业务专业知识。这些对用户上 ERP 系统是否成功起着重要的作用。

软件商应当有长期经营战略，通过能满足技术进步和用户需求的产品和高质量的服务，赢得市场。从我国软件市场来看，一些 20 世纪 80 年代的 MRP Ⅱ 软件产品已不再出现。一些更开放、功能更完善、使用更方便的软件正在不断推出。选用软件应考虑软件产品的寿命、周期、先进性、适用性与可扩展性，争取同软件商之间能建立一种长期合作的关系，以适应企业管理信息系统的长远发展。

在电子商务时代，大型应用软件的产品架构应该能够支持企业从大量生产体系转向灵捷竞争体系，满足用户在"丰富客户价值"、"通过合作提高竞争力"、"建立适应变化的组织"、"充分利用人员与信息的杠杆作用" 4 个方面的需要，最终帮助企业造就一个获利稳定的经营基础。飞速发展的计算机网络和日益开放的全球技术经济市场，使得企业不可能再固守一隅以求得生存。商务模式与国际接轨是企业的参赛资格，大型应用软件必须辅助企业取得这个资格。因此，用户在选购时应当注重软件供应商及其产品本身的国际化品质。

综上所述，目前市场上的企业管理软件主要有以 MRP Ⅱ /ERP 为代表的国外软件及以全面企业管理为代表的国内软件两大类，各有优缺点。国外软件主要体现了 MRP Ⅱ /ERP 的管理思想，是在西方市场经济比较发达的环境下产生、发展起来的，其优点在于具有严密的逻辑性，而且在国外应用得比较成熟。但将其应用在中国的企业管理中，却存在许多问题。而国内的全面企业管理软件却能够立足于中国本地，服务于中国的企业，在多方面占得得天独厚的优势。国内的管理软件厂商仍然应该充分考虑中国国情和管理基础，盲目引进国外 ERP 软件，欲速则不达，生搬硬套国外管理思想，只能是作茧自缚，重蹈过去近 20 年国外 ERP 软件在我国应用鲜有成功案例的失败之路。

当然，我们也应该清楚地认识到，尽管国内一些优秀的 ERP 软件有许多优点，同时也存在不同程度的缺点，比如管理理论还不够完善；国内对企业管理方面的研究还存在着一定的片面性，还需要借鉴国外的先进经验等。而国外软件在国内市场上也在向满足国内的实际出发改进自己的软件，所以用户在选择 ERP 软件产品时要加以全面的考虑。

5.3 国内外主要 ERP 产品介绍

近年来，中国生产制造 ERP 通用型产品的市场规模与日俱增，参与该市场竞争的包括 SAP、Oracle 等国际厂商，也有用友、金蝶、浪潮等国内厂商。上述几大厂商主要分为国（境）

外和国内两大类，中国大陆以外的 ERP 软件大致可分为两类：一类是基于欧洲企业内部的精细化管理的 ERP 软件，该类软件注重财务核算和管理会计分析；另一类是基于美国等地企业的集中生产制造的软件，该类软件注重对产品的制造和物流的管理。国内的 ERP 产品也主要有两个方面的来源，一是厂商在国（境）外 ERP 软件基础上结合国内企业实际情况直接开发的 ERP 产品，如北京利玛的 CAPMS/95、北京开思 ERP；二是财务软件厂商在面临市场发展势头下降而寻找新增长点而转型开发的 ERP 产品。它们强调进、销、存，在账务处理和财务分析方面优势明显，比较有名的如用友、金蝶等。目前，国内外的 ERP 产品是很多的，以前主要是国外产品一统天下，但随着我国 ERP 产品供应商的努力，格局有了新的变化。下面就介绍国（境）外和国内的主要 ERP 产品及其目前的市场占有情况。

5.3.1　国外主要 ERP 产品的比较分析

国外的 ERP 产品很多，目前在我国应用的 ERP 产品及其 ERP 供应商主要如下。

1. SAP

SAP 公司是 ERP 思想的倡导者，成立于 1972 年，总部设在德国南部的沃尔道夫市。SAP 的主打产品 R/3 是用于分布式客户机/服务器环境的标准 ERP 软件，主要功能模块包括销售和分销、物料管理、生产计划、质量管理、工厂维修、人力资源、工业方案、办公室和通信、项目系统、资产管理、控制、财务会计。R/3 适用的服务器平台是 Netware、Windows NT Server、OS400、UNIX，适用的数据库平台是 Informix、MS SQL Server、Oracle 等，支持的生产经营类型是按订单生产、批量生产、合同生产、离散型生产、复杂设计生产、按库存生产、流程型生产，其用户主要分布在航空航天、汽车、化工、消费品、电器设备、电子、食品饮料等行业。R/3 的功能涵盖了企业管理业务的各个方面，这些功能模块服务于各个不同的企业管理领域。在每个管理领域，R/3 又提供进一步细分的单一功能子模块，如财务会计模块包括总账、应收账、应付账、财务控制、金融投资、报表合并、基金管理等子模块。SAP 所提供的是一个有效的标准而又全面的 ERP 软件，同时软件模块化结构保证了数据单独处理的特殊方案需求。目前，排名世界 500 强的企业，有一半以上使用的是 SAP 的软件产品。因 R/3 的功能比较丰富，各模块之间的关联性也非常强，所以不仅价格偏高，而且实施难度也高于其他同类软件。R/3 适用于那些管理基础较好、经营规模较大的企业，普通企业选择 R/3 时，要充分考虑软件的适用性和价格因素。

2. Oracle

Oracle 公司成立于 1977 年，总部设在美国。当时公司的创始人 Larry Ellison 看到一个机遇，即在他描述一种关系数据库原型时发现没有公司提供有关方面的技术。由此，他创建一家数据库公司，后来该数据库产品是最普及的 ERP 数据库。到 20 世纪 80 年代后期，公司开发出了自己的 ERP 应用软件。Oracle 主打的管理软件产品 Oracle Applications R11i 是目前全面集成的电子商务套件之一，能够使企业经营的各个方面全面电子商务化。Oracle 企业管理软件的主要功能模块包括销售订单管理、工程数据管理、物料清单管理、主生产计划、物料需求计划、能力需求管理、车间生产管理、库存管理、采购管理、成本管理、财务管理、人力资源管理、预警系统。Oracle 适用的服务器平台是 DEC Open VMS、Windows NT、UNIX、Windows 95/98，数据库平台是 Oracle，支持的生产经营类型是按订单生产、批量生产、流程式生产、合同生产、离散型制造、复杂设计生产、混合型生产、按订单设计、按库存生产，其用户主要分布在航空航天、汽车、化工、消费品、电器设备、电子、食品饮料等行业。

Oracle 凭借"世界领先的数据库供应商"这一优势地位，建立起构架在自身数据之上的企业管理软件，其核心优势就在于它的集成性和完整性。用户完全可以从 Oracle 公司获得任何所需要的企业管理应用功能，这些功能集成在一个技术体系中，如果用户想从其他软件供应商处获得 Oracle 所提供的完整功能，很可能需要从多家供应商分别购买不同的产品，这些系统分属于不同供应商的技术体系，由不同的顾问予以实施，影响了各个系统之间的协同性。对于集成性要求较高的企业，Oracle 无疑是理想的选择。但企业如果对开放性要求较高，Oracle 显然无法胜任。

3. JDE

JDE 公司成立于 1977 年，总部设在美国科罗拉多州的丹佛，是一家提供协同商务企业管理解决方案的 ERP 供应商。JDE 系统的模块包括制造业、分销业、财务、人力资源管理，其中制造业部分由产品数据管理、厂房设备维修、车间控制、主生产计划、物料需求计划、能力需求计划等模块所组成；分销业部分由预测、需求计划、库存管理、销售订单处理、销售分析、采购订单处理、分销资源计划、仓库管理、电子数据交换模块所组成；财务部分由总分类账和基础财务、财务模式、预算和分配、应收账、应付账、现金账、多国通货账、固定资产等模块组成。

JDE 适用的服务器平台有 Windows NT、OS/400、UNIX、Digital VMS，适用的数据库平台是 MS SQL Server、Oracle，支持的生产经营类型是按订单装配、批量生产、按订单设计、合同生产、离散型生产、按订单制造、按库存生产、混合型生产、连续型生产、大批量生产。用户主要分布在汽车、化工、消费品、电器设备、电子、食品饮料、工业品、金属加工、制药业等行业。

JDE 最早是适用于制造业的 MRP II 系统，后来发展成为适用于制造业、金融、分销、建筑、能源、化工、房地产及公用事业方面的商务软件。虽然 JDE 的用户遍及世界 35 个国家和地区，销售额也一直高居世界 ERP 软件供应商排名前五位，但 JDE 曾经一度被淡忘，因为它所采用的技术构架和编程技术没有多层客户机/服务器（C/S）和面向对象编程。

JDE 在系统稳定性和运行速度上有优异表现，特别适用于大量生产型的工业企业，而且实施总成本不高。JDE 是完全基于 IBM AS/400 小型机开发的，在其他通用系统上的运行效果不理想。目前 JDE 也在向其他平台扩展。

4. BAAN

BAAN 公司成立于 1978 年，总部设在荷兰，是一个为项目型、流程型及离散型产业供应链提供 ERP 系统和咨询服务的公司。目前所推的 BAAN 解决方案包括支持企业一系列的业务过程，其中的功能模块包括制造、财务、分销、服务和维护业务。此外，BAAN 公司还提供了 Orgware——一套组织工具和软件工具，它能帮助企业减少实施时间和成本，并能帮助企业实现对系统的不断改进。BAAN ERP 适用的服务器平台是 Windows NT、OS/400、UNIX、Windows 95/98、IBM S390，适用的数据库平台是 IBM DB2、Informix、MS SQL Server、Oracle，支持的生产类型是按订单设计、复杂设计生产，用户主要分布在航空航天、汽车、化工、工业制造等行业。

BAAN 通过 Orgware 系统件作为企业建模工具，以保证企业灵活运用软件，它强大的功能能满足企业现在的实际需求，也能满足企业将来的需求。Orgware 把公司本身的业务处理流程作为输入，以标准的企业模型为参考，很快地配置系统来满足企业的需要和特殊要求。这样，企业的 BAAN 应用系统的模型就会快速、顺利地被确定下来。

业务流程重组（BPR）往往是影响 ERP 实施的重要因素，BAAN 的动态建模思想和技术不仅有利于保障企业成功实施 ERP 系统，而且便于企业今后依据管理需要重新构建业务框架。业务流程重组有困难或者预计将来业务流程会发生改变的企业，选择 Baan 会有利于成功实施运用 ERP 系统。Orgware 方法主要包括 3 个阶段：系统选型、实施和优化。系统选型阶段基本和其他软件公司的方法没有大的区别；系统实施阶段主要包括公司与系统的映射、确定企业模型和系统运行 3 个步骤，分别起到映射、引导和过滤的作用，目的是为了让系统按照企业的流程上线成功；第三阶段是系统的优化，主要包括优化运行、优化控制和更高的效益 3 个步骤，分别发挥运行、控制和策略的作用。

2003 年 SSA 全球科技公司耗资 1.35 亿美元收购了 BAAN 公司,使得 BAAN 成为其旗下的全资子公司。通过收购，SSA 能够提供包括物流、供应链管理、客户关系管理、企业绩效管理和企业一体化运营等更加全面的扩展型解决方案。

5. QAD

以戴尔和阿迪达斯为代表的虚拟工厂经营模式，在以信息技术为主的新经济时代有着特殊的经营优势。QAD 的供应链管理系统就是用来帮助建立虚拟工厂的，这个“工厂”将涉及的不同研发者、供应者、装配者、包装者和批发者组织起来，使它们与客户要求保持一致，然后工厂在产品上标以统一商标并获得利润。QAD 集成的分布式 MFG/PRO 系统能运行于虚拟工厂的整个经营管理过程，以便使“工厂”将其客户与它们自己很好地结合起来，然后再与供应商，以及供应商的供应商联系在一起。MFG/PRO 系统可以设置成一台机器多个数据库、多台机器单数据库、一台机器分开的数据库、多台机器分散的数据库，这种灵活的数据库配置，可以实现任意数目的客户机同时存取任意数目的数据库服务器，以确保虚拟工厂在不同地区、不同信息环境下协同运作。

6. FourthShift

FourthShift（四班）公司成立于 1982 年，总部位于美国的明尼阿波利斯市。FourthShift软件包含 40 多个管理模块，覆盖生产、采购、销售、客户服务等集成子系统。适用的服务器平台是 Novell Netware、Windows NT、Windows 95/98,适用的数据库平台是 MS SQL Server,支持的生产类型主要是离散型生产、按订单生产，也可用于流程式连续生产型企业，客户主要分布在日用消费品、电子电器、计算机等行业。

FourthShift 是一套适于中小制造企业应用的软件系统，功能虽然不如 SAP 的软件丰富，但基本符合中小企业在生产管理、物流管理、财务管理等方面的需求，而且具有简便实用、成本低廉、实施期短（一般 3～6 个月完成实施）等特点。

虽然 FourthShift 在世界的管理软件销售排名不是很靠前，但在中国及其他亚太地区的市场表现不俗，这与 FourthShift 符合这些地区大部分企业的实际需求，以及 FourthShift 一直以来在产品和服务本地化方面所做的努力不无关系。

目前 FourthShift 的财务会计系统已经通过中国财政机构符合中国会计管理制度的评审。

中小制造企业特别是离散型制造业在选择企业管理软件时，FourthShift 可以作为首选。

7．CA

CA（Computer Associates）公司是以开发大型机软件起家的软件产品公司。由美籍华人王嘉廉于 1976 年创立，总部设在美国纽约的长岛。

CA 的产品家族非常庞大，MANMAN/X 是其提供的一个完整的制造业管理系统。该系统由制造、工程、财务、销售与售后服务、系统工具五大部分组成，其中每一部分又由各功能模块构成，例如，制造部分中包含了基础资料、库存管理、计划（MPS、MRP、CRP）管理、采购管理、车间控制和成本会计部分。

MANMAN/X 不受工作平台或操作系统环境的限制，适用于 Oracle、INGRES 等各种关系型数据库并附带专有数据库系统。

CA 软件最大的特点在于兼容并蓄的通用性和开放性。由于开放、模块化结构，MANMAN/X 完全独立于计算机软/硬件环境，允许选择能最好工作的平台，适用的数据平台也非常广泛。同时系统能适应用户各种生产经营类型的要求，包含了各种制造方法单独的或任何组合的应用，可以满足用户的许多特定需求。MANMAN/X 提供的修改菜单和屏幕，以及自动生成应用程序的客户化开发工具，使用户具备了对迅速变化的市场和管理需求作相应调整的能力。

与 Oracle 一样，CA 提供给企业的是一个全面而完整的管理解决方案，企业办公及经营管理所涉及的软件产品，几乎都能从 CA 的软件家族中找到。与 Oracle 不同的是，CA 具有软件产品领域的广泛性和软件本身的开放性。CA 兼容并蓄的风格不仅体现在软件产品上，还体现在企业经营上。

在中国，CA 正在走本地化的资本和文化融合之路，目前已经和包括联想、安易在内的许多计算机软硬件厂商合作，共同开拓本地市场。由于 CA 兼容并蓄的风格，使企业选择 CA 不仅选择了一个开放的软件系统，而且选择了全方位的系统支持和持续发展的保障。

5.3.2　国内主要 ERP 产品的比较分析

最近几年，随着我国经济的发展、IT 技术的成熟，我国的 ERP 供应商如雨后春笋般出现，并呈现出良好的发展势头。国内的大型 ERP 企业管理软件商也开始通过借鉴国外软件公司规范的实施方法，总结公司本身的实施经验和教训，设计出具有自身特色的 ERP 实施方法，如用友的八步实施法、金蝶的"金手指"六步实施法、博科的"立体解析实施法"等，为国内的 ERP 实施确立了比较好的规范，同时也培养了一大批 ERP 实施领域的资深人才，为真正把实施方法落实到实施中提供了保障。下面就是目前国内主要的 ERP 产品供应商。

1．用友软件股份公司

用友软件股份公司创立于 1988 年，以财务软件系统开发为主，总部设在北京中关村科技园区，是目前中国最大的财务及企业管理软件开发供应商，亦是目前中国最大的独立软件厂商。

用友 UFERP 产品包括五大子系统，即供应链系统、人力资源系统、决策支持系统、生产制造系统和财务系统。UFERP 适应大型、集团型企业分布式、体系化的管理模式，并能满足企业的跨国、跨地区应用，其特点如下。

① 实现集团财务体系化管理，解决远程监控问题；建立集团投资中心，加强资金管理；树立成本中心、利润中心的概念，强调预算管理与费用控制，全面提供从核算到管理再到决策 3 个层次的内容。

② 以客户关系管理（CRM）为核心内容，通过供应商看板管理（KANBAN）加强与供应商的联系，降低采购与库存成本，通过分销资源计划（DRP）优化、畅通销售渠道，最大限度地减少产品积压，实现整个供应链的增值。

③ 突破传统静态人事档案管理的局限，强调员工能力优化与绩效考核管理，提倡学习型组织，完善知识管理。

④ 利用数据仓库技术和在线分析工具（OLAP）为企业决策人提供强有力的分析依据。

⑤ 采用浏览器/服务器（B/S）体系结构，全面支持 Internet/Intranet/Extranet。

⑥ 应用 Java 技术，实现与电子商务和办公自动化系统的整合应用。

⑦ 采用分布式处理技术，减少系统部署和维护费用，降低系统整体拥有成本（TCO）。

⑧ 适用多种操作系统平台（如 Windows NT、UNIX、Netware 等）。

⑨ 提供全面的行业应用模型。

⑩ 客户端采用浏览器操作界面，操作便捷，易学易用。

2. 开思软件公司

国内的独立开发商风头正劲的是开思软件公司。其产品传统是以 IBM 的平台为核心，设计也很有特色，且总是能够在市场爆发出需求的时候及时地推出响应的产品。

开思软件公司 ERP 涉及企业人、财、物、产、供、销、预测、决策等多方面的管理工作，包括采购、库存、销售、生产、财务、成本会计、人事管理和经营决策等 28 个子模块。每个模块都具有强大的功能和特点，之间又是相互关联的。开思 ERP 不仅适用于采用单件生产、多品种小批量、大批量流水生产及它们的混合制造模式的电子、轻工、机械、食品、服装、医药等各类制造企业，而且也适用于批发、零售、服务等商业企业。

以下是一部分主要模块：采购管理、库存管理、销售管理、账务管理、应收账、应付账、财务报表、固定资产、工资核算、生产数据、主生产计划、物料需求计划、能力需求计划、连续式生产、车间作业管理、质量管理、成本核算、设备管理、工作流、电子商务。其特点如下。

① 先进的系统设计模式，在产品设计上融合了传统的 MRP、JIT、TQC 等方法。

② 允许企业自由选取、分步骤实现，全面管理现代化。

③ 高度集成化和模块化相结合，各模块数据相互关联，运转流畅，各子系统使用的是共享的一套数据。

④ 充分考虑企业未来的发展，为系统未来的扩展留有充分的设计和数据接口。

⑤ 支持多工厂集团式管理模式，总公司与分公司、总厂与分厂等形式的多单位集团化管理模式。

⑥ 全面支持多币种处理。

⑦ 严格的安全控制管理，可以对每个程序、每个数据文件进行操作权限定义，实现多级安全控制。

⑧ 丰富、灵活的查询和报表功能，用户可以从多角度方便地查询所需了解的信息，同时

为企业提供更加丰富的分析决策功能。

⑨ 灵活、简便、实用性强的操作界面。

3. 北京利玛信息技术有限公司

北京利玛信息技术有限公司是由机械部北京机械工业自动化所投资组建的中外合资公司，成立于 1994 年。前身为"机械部北京机械工业自动化所 MIS 研究室"，是机械部研究开发"计算机辅助生产管理信息系统"的归口单位，至今已有 20 年开发 MRP/ERP 商品化软件的经验，是目前中国最早的管理软件开发商和销售商。

利玛 CAPMS8 系统是基于敏捷供应链管理思想的企业资源规划系统（ERP），它是在 MRP Ⅱ 系统基础上发展起来的。它除了对企业内部制造资源进行全面规划和优化控制外，还通过计算机网络把企业生产经营过程的合作伙伴，如供应商、分销商、客户等的资源和能力集成起来，充分调动企业所有可利用的资源，把企业之间的竞争转化为供应链之间的竞争。

北京利玛信息技术有限公司作为本土 ERP 厂商的代表，可以为金融、制造、电力、IT 等领域的企业提供完善的企业解决方案。

利玛 CAPMS 系统软件具有一系列强大的功能，包括八大系统，各系统下又有诸多模块：物料管理系统、生产管理系统、财务管理系统、制造资源管理系统、质量管理系统、供需链管理系统、决策支持管理系统、CIMS 集成管理系统，其特点如下。

① 在标准 MRP Ⅱ、企业供应和销售管理、生产计划和控制系统基础上增加诸如质量、工具、人力资源、供应链管理、条形码数据采集等功能。

② 具有直观的图形用户界面、丰富的联机帮助。

③ 有充分的可扩展性和可移植性，以满足不同行业、不同规模企业的需求。

④ 灵活性。CAPMS 系统是由一系列管理模块所组成，既可以单独使用，也可以集成在一起作为一个整体来使用，以满足不同规模企业的需求。

⑤ 集成性。CAPMS 系统设有许多接口，可与其他应用软件进行集成，为用户的系统提供了一个可扩展的空间。

⑥ 开放性。CAPMS 系统是一个开放性的管理软件，具有先进的客户机/服务器和浏览器/服务器的混合体系结构。独立于硬件平台，可在流行的微机、小型机、中型机上运行，有效地保障了用户的利益。

⑦ 长远性。20 余年的研发与应用、300 余例的实施案例充分证明了该系列产品是先进的、成熟的、稳定的、可靠的，CAPMS 代表了一种长远稳定的投资。

4. 金蝶国际软件集团

金蝶国际软件集团于 1993 年在深圳成立，是中国目前最大的独立软件开发商之一，也是我国最大的企业管理软件及电子商务应用解决方案供应商。K/3 ERP 企业管理软件是金蝶国际软件集团 1999 年 4 月推出的 ERP 系统产品。

K/3 ERP 系统主要由三大子系统组成：K/3 财务管理系统、K/3 工业管理系统、K/3 商贸管理系统。三大子系统包括供应链管理（SCM）、客户关系管理（CRM）、价值链管理（VM）、知识管理（KM）4 个功能管理系统，涉及供应市场、消费市场、资本市场、知识市场 4 个企业外部环境的信息管理，共 22 个应用模块及 10 个具有网络功能的应用模块，其中，K/3 财务管理系统突出面向中、大型企业和集团型企业用户的应用功能；K/3 工业管理系统适应不同规模的工业企业的控制与管理；K/3 商贸管理系统则针对商业企业。

K/3 ERP 抓住企业物流和资金流两条主线，集成对企业物流、资金流、信息流的业务和财务管理功能，优化企业内部管理和控制的职能，帮助企业实现基础化的管理，提出和推行完善的"数据—信息—决策—控制"的企业管理解决方案。同时，K/3 ERP 支持基于 Internet 的 Web 应用，完全满足基于浏览器的软件应用，能满企业电子商务发展的需要。

5. 和佳软件技术有限公司

总部设在北京的和佳软件技术有限公司是国内管理软件行业知名高科技企业，是一家从事 ERP 系统实施的软件公司，专业从事大型应用软件的开发、销售及服务工作，为国内外用户提供优秀的管理软件产品和全方位的技术服务。

和佳 ERP 现代企业资源计划管理系统是和佳软件技术有限公司的品牌标志 ERP 系统产品。适用于国内工业企业（尤其是制造型企业）的一套企业管理系统通用软件包。

和佳 ERP 涉及企业人、财、物、产、供、销、预测、决策等诸方面的管理工作，包括销售、生产、采购、库存、成本管理、财务、质量管理和经营决策等将近 30 个子系统。本软件包可以运行在 Windows NT、UNIX 及 IBM 小型机 AS/400 平台上，前端界面为 Windows 95/98，所使用的开发工具为 Power Builder，数据库采用 Sybase、MS SQL Server 或 DB2。

和佳 ERP 系统支持多单位集团式管理和多货币处理，具有完善的实施和服务，严格的安全控制，统一的用户界面，操作灵活、简便，实用性强，技术文档完善，提供完善的实施和服务的高度集成系统。

6. 神州数码管理系统有限公司

神州数码管理系统有限公司于 2001 年 12 月在中国上海正式注册，由神州数码有限公司（中国）与鼎新电脑股份有限公司（中国台湾）合资成立。

神州数码作为国内最大的 IT 分销服务及系统集成商，集十几年贴近国情、专注行业、IT 应用服务之大成，历"联想"持续快速发展、苦练内功、e 化管理创新之实践；鼎新电脑作为中国台湾最大的 ERP 管理软件商，集 20 年中国台湾领先世界的制造管理之精粹，聚东西方文化的企业变革实践之结晶。面对国内 ERP 管理软件及咨询服务市场，双方强强携手，在经营、管理、研发、服务、市场、渠道、人才、知识创新，以及项目管理等诸多方面优势互补，将持续为广大中国企业提供"中国人自己的 ERP、CRM、OA、EC"等管理软件及实施服务。

以服务为主业，以产品为依托，是神州数码管理系统有限公司的经营之道。面向中国制造及流通行业，发挥多年实践中所积累的行业经验，结合国情，贴身客户，激情创意，一方面，为广大企业提供现代化的管理软件、解决方案、系统集成、管理咨询、IT 规划咨询，以及相关的专业化培训和实施服务；另一方面，神州数码管理系统有限公司专门设立产品研发中心和运控中心，在持续引入国际一流协同商务解决方案的同时，加大加快本土化产品与服务的研究开发，发展适于中国特色的 ERP 及电子商务软件及服务。通过提供专业化、标准化和高水准的企业管理软件、解决方案及咨询服务，帮助中国广大的制造及流通等企业快速且持续地提高管理水平、经营绩效和综合竞争力，成为中国最大、最有影响力的企业 ERP 及电子商务服务的提供者。

神州数码管理系统有限公司的服务面向制造、流通等行业的各种规模的最终企业，包括机械、电子、通信、电机、五金、工具、汽车、石油、化工、制药、食品、饮料、烟草、电器、皮革、基本金属、纸业、制衣、服饰、手表、精品、化妆品等行业。

其产品有：大型企业——易拓 ERP；大中企业——易飞 ERP；中小企业——易助 ERP；小型企业——企明星；ERPⅡ产品有协作管理系统、业务流程管理系统、神州数码 PDM、神州数码 CRM、电子商务。

7. 金算盘软件有限公司

金算盘 6f、7s、8e、vps 系列是分别对应小型企业、政府部门、大中型企业及集团企业内部应用的优秀管理软件，这些产品虽然定位不同，但均可实现无缝连接、共享数据。金算盘全程电子商务平台由金算盘全程供应链管理系统（金算盘 9i）、金算盘电子商务网站（亿禧网，www.72ec.com）、金算盘电子商务工具（eTools）等三部分构成。

金算盘管理软件和全程电子商务平台是一个有机的整体系统。实现了企业内部管理与外部资源的有效对接。创新了传统的管理软件应用，同时也创新了传统电子商务平台，将二者无缝融合。

8. 新中大公司

新中大公司是 URP 思想的原创者和传播者，是企业管理（URP）、工程项目管理、公共财政管理等领域的市场领导者。新中大公司以先进的设计理念、先进的管理模式赋予新中大软件思想的灵魂。新中大创造性地发起"管理软件新文化运动"、"互动管理"、"终结 ERP"、"联盟体资源计划（URP）"、"战略成本"等思想旋风，始终引领企业管理软件的潮流与发展。

新中大软件结合柔性化软件技术平台，为用户提供互动、便捷的软件技术和灵活周到的细致服务。以关注客户需求的倾心设计，超越顾客期待的服务理念，追求技术和服务与用户共同成长的最高境界。

通过 13 年管理软件行业积聚的底蕴，从涉足财务软件到进军 ERP、推出 URP，新中大公司引领管理软件产品新理念，不断寻求超越和发展，目前已形成新中大 URP 软件 i6 系统、新中大国际 ERP 软件 A3、新中大协同工作套件 W3、新中大联盟体互动中心软件 UIC、新中大简约型 ERP 软件银色快车 SE、新中大公共财政管理软件 Gsoft、新中大工程项目管理软件 Psoft、新中大电力运营管理软件 EPO 八大产品系列，保证新中大软件"最适合各行各业，最方便使用"。目前新中大软件已在数十万用户中得到成功应用。

新中大优异的软件产品在同类产品中脱颖而出并屡获殊荣，五大产品先后被 CSIA 评为"推荐优秀管理软件产品"，新中大 URP 软件 i6 系统和新中大国际 ERP 软件 A3 先后通过国家科技部专家评测，新中大 URP 软件 i6 系统 2003 年入选国家 863 计划。新中大公司快速发展成为 2004 年中国十大品牌软件厂商、中国三大管理软件厂商、URP 软件第一品牌、生产制造管理软件第一品牌、工程项目管理软件第一品牌、公共财政管理软件第一品牌。

9. 博科信息产业（深圳）有限公司

博科信息产业（深圳）有限公司是国家布局内的重点软件企业，始建于 1992 年 11 月；1995 年 12 月，在深圳注册为中银集国投资有限公司投资的高新技术企业。2000 年 11 月在北京注册了分公司，并将公司管理总部迁移至北京，随着公司业务的不断拓展，公司将建立上海开发基地，规划形成以北京为管理中心，下辖深圳和上海两个开发基地，人员规模超千人的大型高科技公司。博科信息产业（深圳）有限公司作为中国银行软件开发中心，是中国银行信息科技体系的重要组成部分，以公司化运作和管理，担负着中国银行应用软件的开发与维护任务，支持中国银行业务的发展。

目前博科信息产业（深圳）有限公司正通过积极的规范化、科学化管理，拓宽业务领域，不断推出新的产品，在公司拥有的 88 个产品中，包括新一代会计系统、银行卡系统、零售系统、收付清算系统、代理行系统、管理信息系统、国际结算系统、网上银行系统、电话银行系统、信贷系统、UNIX 综合业务系统、综合报表管理系统、基金托管系统、国际保理、保函系统、债券交易管理系统、消费信贷系统、企业银行系统、长城国际卡系统、自动柜员机处理系统、黄金交易清算系统、海外行综合系统等，系统覆盖了中国银行在全国 30 多个省、直辖市、自治区分行和海外 20 多个国家和地区的网点，为中国银行各项业务的开展提供了强有力的支持。

博科信息产业（深圳）有限公司非常注重科技的创新与新技术的应用，拥有一支既熟悉银行业务又精通计算机技术研发的软件设计开发队伍，在中国金融软件行业中具有较高的知名度和影响力。在计算机软件设计开发的各个领域，在大型主机、UNIX 小型机、微机等各个平台、数据库、网络管理、Internet 应用等方面，都拥有一批多年开发经验的技术专家，当中既有从事过大规模系统开发的高级业务人员和系统分析专家，又有优秀的程序员和经验丰富的系统集成人员。

5.3.3　国内外主要 ERP 产品的市场占有情况

目前在我国的 ERP 产品相当多，但其在我国的市场占有率是一种什么情况呢？如图 5-1 所示，我国自主开发的 ERP 管理软件正迅速地成长，已经占据主导地位。2010 年度，用友软件股份公司的 ERP 产品市场占有率是 29%，SAP 中国的 ERP 产品市场占有率是 11%，金蝶国际软件集团的 ERP 产品市场占有率是 12%，浪潮集团通用软件有限公司（简称浪潮）ERP 产品的市场占有率是 11%，Oracle 产品的市场占有率为 7%，鼎捷软件有限公司（简称鼎捷）的市场占有率为 6%，Infor 产品的市场占有率为 6%，其他 ERP 产品市场总的占有率是 18%。而在这 18%的市场份额里，又被航天信息股份有限公司（简称航天信息）、金算盘软件有限公司及其他厂商所瓜分。

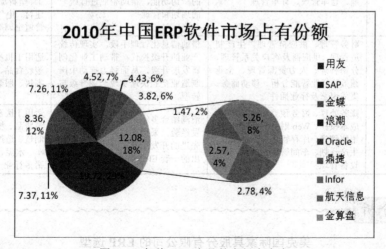

图 5-1　各种 ERP 产品的市场占有率

另外，我们还可以看出一个现象，国内 ERP 软件商的市场占有率明显快速加大，而国外的 ERP 软件供应商的市场占有率明显萎缩。

对目前国内 ERP 市场主流的生产商及其 ERP 产品的功能模块产品特色和适用企业进行了比较可以发现，国外 ERP 经历了 20 多年的发展，产品历经上千家企业的检验，版本更新换代了数次，升级更是频繁，系统发展比较稳定和成熟，而且代表了国外先进的管理思想，毕竟国内的 ERP 发展还需逐步成熟与完善，总的来说，以 SAP 为代表的国外品牌的产品在性能上优于以用友和金蝶等为代表的国内品牌。国内产品的不足主要表现在产品在功能和细腻程度上存在缺陷，尤其是在生产制造模块，项目管理水平不高，成本高，但国外产品同样存在成本高、价格昂贵等劣势，因此，从市场份额来看，国内品牌市场份额较高，ERP 软件的综合比较如表 5-2 所示。

表 5-2　ERP 软件的综合比较

软 件 名 称	功 能 模 块	产 品 特 色	适 用 企 业
SAP R/3	销售和分销、物料管理生产计划、质量管理、工厂维修、人力资源、工业方案办公室和通信、项目系统、资产管理、财务会计	帮助公司运用动态战略对瞬息万变的挑战作出反应，具备迅速适应客户新需求和市场新商机的能力，以赢得竞争的胜利	适用于航空航天、汽车、化工、消费品、电气设备、电子、食品饮料等行业
神州数码易成 ERP	采购管理、销售管理、生产管理、仓库管理、工资管理、订单合同管理、物料需求计划、物料成本管理、报表管理、人事工资管理、综合查询管理	以订单为核心，合理分配企业资源，减少不合理库存，提高资金利用率	适用于电子、手机通信、五金、图书、日杂百货汽配、家具、食品、日用品、建材、灯具、工艺品、IT 营销等产品的批零行业
Oracle E-Business Suite	高级计划与进程、客户关系管理、电子商务、ERP、预测与需求管理、供应链管理	第一套也是唯一搭配单一全球资料库作业的应用软件，连接前后端的整个 Oracle 业务处理流程并使其自动化，提供完善、系统且关键的资料	适用于航空航天、汽车、化工、消费品、电子计算机类、食品饮料、医药、半导体、流程型、批量型行业
用友 U8	企业门户、财务会计、管理会计、供应链管理、生产制造、分销管理、零售管理、决策支持、人力资源管理、办公自动化集团应用、企业应用集成	以集成的信息管理为基础，以规范企业运营，改善经营成果为目标，帮助企业实现"精细管理，敏捷经营"	适用于机械电子、汽配、服装、化工、食品、制药、服务业、零售业等行业
Infor ERP	产品研发业务管理、供应商、协同销售业务、制造管理、财务管理、仓库管理、订单管理	专业面向制造业经营管理，涵盖制造业各相关业务流程，并进行充分的集成，提供企业管理所需的一切功能，帮助企业进行统一的规划和管理	适用于航空、服装、制鞋、汽车、化工、快速消费品、食品、饮料、电子高科技、机械工业设备、金属加工、塑料加工、造船配送、建材、电气、精细造纸和管道空调等行业
金蝶 K/3	财务管理、供应链管理、生产制造管理、供应商及客户关系管理、分销管理、人力资源管理、企业绩效、商业智能分析、移动商务、集成引擎及行业插件	借助信息化管理手段，实现传统产业的升级换代，带动工业化创新发展升级，从而强力推动中国制造业企业快速实现产业升级与转型	适用于机械、电子汽配、塑胶食品、医药、化工、零售、服装等行业
浪潮 ERP-PS	账务处理、财务预算、财务分析、成本核算、Web 财务、采购管理、销售管理、库存管理、存货核算、生产计划、车间管理、成本管理、设备管理	浪潮结合多年来的项目管理和开发经验，采用先进的管理思想和先进的开发工具，鼎力向企业推出的一套 ERP 全面解决方案	适用于医药、化工、快速消费品、机械制造、装备制造、造纸、矿业、摩托车、水泥、电子和钢铁等诸多行业

〰〰〰 案例分析 〰〰〰〰〰〰〰〰〰〰〰〰〰〰〰〰〰〰〰〰〰

美克国际家具股分有限公司的 ERP 选型

美克国际家具股份有限公司成立于1993年，地处新疆，是一家专门生产出口松木家具的企业。企业凭借新疆临近森林资源丰富的西伯利亚的地理优势，将现代化的工业生产和传统手工巧妙结合，配合国际家具行业的传统和当今设计潮流，以质量好、交期准、价格合理为原则，开发生产松木家具，逐步建立起一个具有相当规模的松木家具王国。目前，产品已经销往美国、日本、加拿大、澳大利亚、新西兰、德国、法国、丹麦、挪威、瑞典、沙特等许多国家。美克国际家具股份有限公司不仅在新疆拥有2家占地12.2万平方米的工厂，员工达到2 300人，在天津也兴建了占地21.4万平方米的二期工程，员工人数达到2 800人。

1999年，为了能够找到一家可以用来管理美克国际家具股份有限公司的ERP系统，公司进行了第一次软件选型工作，邀请了不少EPR厂家前来洽谈。选型的原则是务实，选择适合企业需求的ERP软件。本着这一原则，公司开始了调研和搜集整理工作。与所有的选型者一样，首先面临的问题是选择国内厂家的软件还是国外厂家的系统。国内厂家的软件，在系统设计和界面上都符合中国人的使用习惯，而且价格相对低廉，但是否能满足需求？国外的软件，虽然系统相对成熟，但是价格问题及本地化的问题，是不是务实？

失败的教训

当时，很多公司都来推荐它们的产品，其中有一家公司对自己的系统描述得最好，于是，美克国际家具股份有限公司决定采用，但等到实施工作全面开始的时候，问题也开始全面暴露出来了。首先，美好的演讲是建立在一个不完整的软件系统上的，表面上，系统应该有的功能，在实际的应用中还需要进一步地进行二次开发，这就出现了功能的设计和与企业原有系统的集成问题。其次，发现过去忽略了对系统实施顾问的经验和资历的考虑，这一角色在项目实施中的地位是不可忽视的。

实施工作持续了一年无法再继续下去，企业面临着对未来系统的重新部署。

从失败的教训中美克国际家具股份有限公司发现，"适合企业"这一原则必须定量：第一，企业自身需要定位，美克国际家具股份有限公司属于中等规模的企业，无论从销售额还是从企业结构上来看都是如此，这样的企业，面临的最主要问题是持续发展，积累了过去发展的成果，企业相对比较成熟，管理上已经形成了一套固有的方法，对于企业未来的发展，需要有一个成熟的框架/模型来铺出企业前进的轨道；第二，管理系统所解决的问题是为企业提供一个管理的工具，企业的业务流程和分析/报告数据都在这个系统中，企业必须有具体的需求才能寻找出适合自己的软件，用自己的需求来衡量所选择的系统；第三，"适合"的基础是了解，在ERP选型上，不仅需要有行业用户的经验，而且需要有了解该行业的人，一个适合企业需求的软件包括两个方面——产品适用于本企业所在的行业，项目实施顾问了解本行业面临的需求，二者缺一不可。只有这样，企业才能找到真正适合自己的软件系统。

第二次选型

企业要务实，不仅仅是提出务实的口号。选择一个国外的大型ERP系统可能会完全满足需求，但成本会很高，实施难度也会很大，以后的维护和日常工作也将成巨大的负担，那么，选择国外的中等规模的ERP软件是否可以达到目标？是否需要进行第二次选型？如果需要，该如何选？该怎样从第一次选型中吸取教训？为此，美克国际家具股份有限公司进行了深刻的反思：第一次选型，无论是所经历的过程，还是所得到的结果，以致整个实施的状况都是必然的，究其根本原因是没有经验，也没有寻找到有经验的企业用以参照。必须进行第二次选型，将第二次选型的范围确定在了国外中等规模的ERP软件，从软件公司的发展状况和国内客户的应用状况两个角度出发，既对软件现有的功能进行评估，又鉴定了其进行深入客户化的能力（所谓客户化与二次开发的区别在于客户化是对现有功能的较小改进，而二次开发是对系统功能严重缺陷的弥补），更为重要的是对软件公司的销售人员和实施顾问的经验和资历进行了严格考察，从中挑选更值得信赖的企业。

第二次选型的原则仍然是务实，选择适合企业的软件。由于有了第一次的经验和量化的标准，选择起来相对就更有针对性了。美克国际家具股份有限公司从2000年年底开始进行准备工作到2001年4月中旬选型工作结束，其间考察了不少家国外中等规模的软件厂商。2001年2月底，Symix/Frontstep中国区业务发展经理/销售经理苗文成先生到美克国际家具股份有限公司在天津的生产厂拜访，双方进行了深入的交流，初步制定了今后ERP系统的建设框架和设计方向。

接下来的一步是系统演示，由于美克国际家具股份有限公司总部在新疆，而Symix/Frontstep公司总部在上海，面对面的交流非常困难，到任何一方的现场，都会加大前期的成本。经过与Symix/Frontstep公司苗文成先生的沟通，美克国际家具股份有限公司决定利用Netmeeting的方式，通过Internet进行远程系统演示。Symix/Frontstep系统通过Internet远程运行的效果非常好，两次演示过后，美克国际家具股份有限公司被Symix/Frontstep公司产品的强大功能、灵活性、稳定性、安全性和优秀的项目实施人员所打动，开始进入商务谈判阶段，并在几次洽谈后，很快就达成了协议。

进入实质

选型工作的结束意味着实施工作的开始，Symix/Frontstep公司投入了很大的力量，美克国际家具股份有限公司也严格按照Symix/Frontstep公司的要求，参考着项目初期双方共同制定的实施计划，认真展开每一步。首先进行系统安装和培训工作，这一阶段持续了2周时间。接下来进行业务流程的定义和重组，这对于ERP实施至关重要，由于软件中业务流程的设计是标准的，而不同的企业都有自己的特点，所以，业务流程重组是必要的，Symix/Frontstep的经验表明，应当尽可能按照企业现有的流程进行实施，有经验的顾问可以帮助企业找出哪些流程是合理的、必要的，是应当保留的，哪些流程是落后的、冗余的、滞涩的，是应当改变的，本着这样的思路，美克国际家具股份有限公司进行了一系列的调整，而Symix/Frontstep公司也开展了一系列客户化的工作，最后，业务部门对于要推行的方案非常满意并全力支持软件系统的实施工作。数据准备也进行得非常顺利。之后进入模拟试运行阶段，这一阶段实际上是对以前各阶段工作的检验和补充，将准备好的静态数据和动态数据导入系统，用定义好的流程和客户化程序按照实际业务的运作进行运转，从而得到各部门在实际工作中需要的数据和信息，并产生各种管理所需要的报表和报告。经过两次系统模拟，项目实施进入了并行阶段，最后在进一步校准企业基础数据的前提下全面切换，最终将ERP系统投入到了实际的管理应用当中。

经验之谈

美克国际家具股份有限公司认为，首先，中国的绝大多数制造类企业和分销企业都是发展中的企业或者是中等规模的企业，这样的企业最好选择中等规模的国际化软件产品，这样不但从成本上有一个合理的投入，关键是实施难度相对于选择大型系统小很多，软件对于企业人员的要求也不是很高，产品的功能相对比较丰富，可以满足企业管理标准化和国际化的需求。

其次，原厂商的直接支持对于中等规模企业或快速发展中的企业是有利的，ERP产品是一个智力型产品，代理商或合资公司为了追求利润或能够在激烈的竞争中存活可能会较多地采用较低成本的顾问，顾问的经验相对较少。而一个好的ERP产品，由不同的人来实施必然会产生截然不同的应用效果。

此外，软件公司的销售人员非常重要，不少软件公司的销售人员在其公司中仅仅可以调动售前人员，一旦销售完成，他们的任务就结束了，实施的效果他们并不关注或无法关注，在实施过程中需要他们提供帮助进行协调也非常困难。同时，一些软件公司对这些销售人员的要求有些急功近利，希望很快签单，导致了不少销售人员对客户作出超过其公司能力的承诺，以至于售前画下了一张大饼，而售后却"巧妇难为无米之炊"。

最后，无论是选型，还是实施，都不要只追求功能的多样、技术的领先而忽视了企业实际的需求；对于业务流程重组，一定要慎重，企业无须盲目地套用别的企业先进行业务整改再进行ERP实施的方法，每个企业都有符合其自身发展规律的流程和组织结构，企业应该根据自己的具体情况因地制宜。

案例来自：bbs.vsharing.com/Information/ERP/240898-1.html.2003-8-8.

 小结

本章首先对 ERP 项目规划的原则及各个阶段的主要内容进行了阐述，接着对在这个阶段的选型工作进行了详细的说明，详细说明了选型的过程和主要考察指标。最后对目前国内外的 ERP 产品进行了介绍和主要功能进行了对比，并对目前各个主流 ERP 产品在我国的占有率情况进行了分析。

关键字

EDI: Electronic Data Interchange　电子数据交换
C/S: Client/Server　客户机/服务器
CSRP: Customer Synchronized Resource Planning　客户同步资源计划
BPR: Business Process Reengineering　业务流程重组
CRM: Customer Relationship Management　客户关系管理

思考题

1. ERP 项目规划的原则是什么？为什么要制定项目规划？
2. ERP 软件获取的方式有哪几种？各自的优缺点是什么？
3. 简述 ERP 选型的过程，并举例说明企业如何做 ERP 选型工作。
4. 选型要考查的指标有哪些？
5. 比较国外 ERP 软件和国内 ERP 软件的特点。

阅读书目

曹汉平，王强．信息系统开发与 IT 项目管理．北京：清华大学出版社，2006．

胡彬．ERP 项目管理与实施．北京：电子工业出版社，2004．

程控．MRP Ⅱ/ERP 实施与管理．北京：清华大学出版社，2003．

李健．企业资源计划（ERP）及其应用．北京：电子工业出版社，2004．

傅德彬等．ERP 实施宝典．北京：国防工业出版社，2004．

陈庄等．ERP 原理与应用教程．北京：电子工业出版社，2006．

闪四清．ERP 系统原理和实施．北京：清华大学出版社，2006．

第6章 ERP 的实施阶段

【教学知识点】

ERP 项目实施的意义；

ERP 项目实施的组织；

ERP 项目实施的流程和具体步骤；

ERP 项目的知识培训。

导入案例

徐州针织总厂ERP项目的实施

企业简介

徐州针织总厂是我国针织行业的一家知名企业，主要生产天鹅绒、毛巾布及工业用布，其产品绒冠牌天鹅绒在整个针织行业更是声名远扬，产品主要出口国外。总厂下设1个进出口公司、1个销售公司、3个分厂，年销售收入达3亿元。徐州针织总厂注重产品的质量，实行严格的管理和全过程质量监控，已通过ISO 9002质量认证，生产技术和产品质量具国内先进水平。

实施ERP是企业发展的要求

加入WTO后，纺织行业得到了很大的发展空间。在瞬息万变的市场风云中，如何抓住机遇，及时把握市场的需求和商机，合理地组织和安排产品的生产和销售是企业经营的关键，对市场的快速反应能力成为企业生存和发展的必要条件。徐州针织总厂有一套比较完善的企业运营机制和管理制度，但是对管理信息的收集、分析和处理的手段比较落后，大部分管理工作处于手工管理阶段，各部门数据传送渠道不畅、数据滞后等，在计划管理、物料供应、生产组织、销售管理和财务管理等方面存在问题。如原材料供应脱节、原辅材料的浪费、产品积压或脱销、市场和客户的需求变化不能及时反馈等。公司决策层认识到企业信息化的滞后已成为制约企业生存和发展的瓶颈，企业要生存和发展，就必须解决"眼不明，耳不聪"的落后局面。总厂领导决定通过实施ERP系统，建立先进的企业管理信息化网络，实现各管理部门的信息集成，优化企业资源配置，合理组织生产，彻底解决产供销脱节现象。

实施过程

徐州针织总厂对国内外ERP产品进行了认真的市场调查。从软件产品的技术先进性、功能、软件的可扩充性、价格、售后服务和开发队伍的稳定性等方面对ERP供应商进行了对比、分析，最后选择了南京亿格软件公司作为合作伙伴。2002年年初，徐州针织总厂正式与南京亿格软件公司签定了ERP实施协议。

签约前，亿格软件公司的工程师到徐州针织总厂进行了全面的调查和分析。认为徐州针织总厂的管理基础比较扎实，全面实施有利于信息的集成，企业可较快地实现经济效益，从总体上缩短实施周期。徐州针织总厂采用了亿格ERP的库存管理、材料核算、销售管理、配方管理、采购管理、产品管理、工艺管理、生产计划、物料需求计划、车间作业管理、运输管理、成本核算、设备管理、质量管理等20多个子系统。签约后，亿格软件公司的工程师又在徐州针织总厂进行了详细的企业需求调研和分析，根据企业的实际情况和实施经验，制定了周密的实施方案和实施进度计划。

为了保证项目的成功实施，亿格软件公司成立了专门的组织机构，各成员相互分工，密切配合，按部就班推进项目实施。在实施过程中，亿格软件公司的工程师把培训作为实施的重要内容贯穿项目的始终，使企业上下对ERP的先进管理思想和方法有了深入的认识，特别是企业领导经过培训，对企业管理的认识更上了一个台阶，对整个项目始终如一地做出支持。

实施ERP产生的经济效益

经过近1年的努力，徐州针织总厂ERP项目已经全面完成，形成了较为完整的企业管理信息网络。徐州针织总厂的企业管理水平得到了很大的提高，在项目实施当年，企业就取得了良好的经济效益。

由于实现了仓库的计算机管理，实现了库存管理与采购、生产等子系统的信息集成，企业当前和未来一段时期内的各种需求都非常清楚，可以合理地安排采购计划和生产计划，保证了采购和生产的衔接，减少了库存资金占用，同时保证了生产的需要。生产管理系统投入使用后，因材料短缺造成的停工或计划调整的现象大为减少。2002年前三季度，仅因使用染化料管理模块，直接节省染花料近30万元。

在仓库实行计算机管理前，出入库码单靠手工操作，由于针织的特殊性，需要管理到每一匹布，每年累计的码单约几十万张，操作烦琐，差错很多。ERP程序使用后，简化了流程，减少了操作量，几乎杜绝了库存数量的盘点误差。

由于库存和销售管理信息的集成，销售部门可以准确掌握库存的数量，保证了产品的准时交货，提高了客户的满意度，提高了合同履约率。同时，销售业务的计算机管理使市场需求及时反馈到企业，企业可以及时掌握市场需要什么产品，需要多少，什么时候需要。企业能够根据这些需求安排生产，提高了企业对市场变化的反应能力。

案例来自：比特网http://solution.chinabyte.com/187/1814187.shtml.

6.1 ERP 的实施模式

目前，企业的信息化在中国的受重视程度达到了空前的水平。一方面，党的十七大提出了我国的工业体系要走新型工业化道路、走"两化"融合的道路。"两化"融合就是指信息化和工业化相融合。另一方面，全球性金融危机的爆发，迫使中国的企业，尤其是出口依赖性极强的生产制造型企业相比以往更加关注于企业管理内功的修炼和基础管理的提升，而信息化技术是支持企业进行精细化管理和量化管理、支撑企业在经济萧条时期战略的中坚力量。金融危机带来了全球产业结构调整的机会，在产业结构调整的过程中企业管理信息化必将和产业结构调整同时进行。管理信息化的提前布局和有效使用，有利于企业在产业结构调整过程中占领先机。

自 20 世纪 90 年代初 ERP 来到中国后，很多尝试 ERP 的企业都曾经经历过信息化实施失败的痛苦。如河南许继集团、哈药集团、福建凤竹纺织科技股份有限公司等。甚至有资料显示，70%的信息化工程都是失败的，所以才有了"上 ERP 找死，不上 ERP 等死"这骇人之说。不过据最近的文献报道，ERP 实施成功者也不在少数，如中国石油、一汽大众、海尔集团等。笔者曾经走访数百家实施 ERP 的企业，发现不论是成功的企业，还是失败的企业，实施过程对企业来说都是非常困难的。分析其原因，主要有以下两点。

① 缺乏系统的指导思想。不论是实施信息化的企业还是 ERP 供应商，在实施的过程中缺乏以客户为中心的指导思想，难以就企业价值、企业所想、企业所需、供方所能等方面达成共识，从而造成过程推进难、项目验收难等比较普遍的现象。

② 实施过程中不可控因素多。ERP 供应商虽然都有自己的一套实施过程，但基本上只包括安装、客户化配置（含客户化开发）、试运行、用户培训、系统正式切换、交付验收等内容。而 ERP 系统不同于一般的业务软件，不是说企业的员工会业务操作便可发挥其真正的效用。ERP 供应商不仅是提供一套软件，更重要的是向企业进行知识转移。但是在这个转移的过程中由于存在许多不可控因素，造成转移进度和结果的高度不确定性。针对第一个原因，笔者提出一种"三论一体"的 ERP 实施指导思想，即企业价值论、管理状态层次论和 ERP 产品匹配论，这种指导思想应当贯穿于整个信息化过程。针对第二个原因，笔者通过分析实施过程中的不可控因素，认为其中大多数因素都可归结为企业缺乏管理信息化专业人才。

6.1.1　三论一体的指导思想

1. 企业价值论

企业实施 ERP 的目的是为了实现自己价值的最大化。实施过程中的任何决策和选择都应当用"以最小成本达成企业最大价值"为指导思想。在实施过程中，对于任何不能直接给企业带来价值的行为，按照精益思想，均可视为浪费，应当被减少甚至消除。

（1）价值的定义

迈克尔·波特给出了价值的定义："价值是客户对企业提供给它们的产品或服务所愿意支付的价格，价值由总收入来度量。"

亚德里安·斯莱沃斯基给出了隐性资产的定义：从创造价值的角度出发，所有能够给企业创造更多客户价值的要素都是隐性资产的范畴，它们包括客户接触途径、专业技能、已有的设备规模、深厚的市场渠道、广泛的关系网络、丰富的相关产品信息、忠实的客户群。这些要素在追求新增长途径方面非常重要，如果能够创造性地利用这些要素，就能够满足消费者新的需求，就意味着公司将拥有更多的发展机会。

结合波特的价值的定义和斯莱沃斯基的隐性资产的定义，本书认为通过 ERP 或其他管理信息化可能给企业带来的价值至少包括以下几个方面。

① 增加收入。

② 降低成本。

③ 强化竞争战略，如采用木桶原理的企业提升其短板，或者采用手指原理的企业增强其长指。

④ 树立品牌。

⑤ 增强客户忠诚度。

⑥ 满足外部强制性要求（如国家法律等）。

⑦ 进行创造性研究。

⑧ 强化信息化战略。

（2）企业价值最大化是 ERP 实施的唯一依据

波特同时提出了价值链的概念："每一个企业都是在设计、生产、销售、发送和辅助其产品的过程中进行种种活动的集合体。所有这些活动都可以用一个价值链来表明。"对于企业价值链进行分析，就可以分析企业在哪个运行环节能够提高客户价值或降低生产成本，从而提升企业的价值。企业实施 ERP 的目的，就是为了增强价值链中增值的环节，减少和消除价值链中不产生增值的环节。对价值链的分析、追求企业价值最大化是 ERP 实施及为 ERP 实施而进行企业流程优化与重组时要时刻遵循的指导原则，即判定是否能够达成以下几项效果。

① 是否可以在降低成本的同时维持价值（收入）不变。

② 是否可以在提高价值的同时保持成本不变。

③ 是否可以在降低工序投入的同时保持基本收入不变。

从实际操作的角度，可以采用如下方法：在企业实施 ERP 的过程中，每当企业提出新的管理信息化需求时，应当首先分析该需求所引发的流程变化是否增强了某个价值链中的增值环节（工序），或者有助于企业隐性资产的增长，并以一种相对价值大小（如1~10）来表示，数字越大表示相对价值越高。然后还要和 ERP 供应商一起分析该需求的实施成本，包括信息化成本、管理成本、承担风险等，在此基础上再决策是否用 ERP 实现该需求。类似地，实施成本也可以用相对大小（如1~10）来表示，数字越大表示相对成本越高。

如果企业有很多需求，可以按照图 6-1 的方式对其价值和成本进行排序，图 6-1 中的一个圆圈表示一项需求，则靠近左上角的需求是对企业价值较大的，应当优先满足。

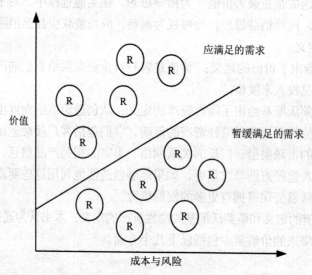

图 6-1　企业 ERP 信息化需求到价值−成本坐标系的映射

2. 管理状态层次论

管理的状态从低到高可以分为 5 层：隐性、显性、量化、优化和提升，如图 6-2 所示。一般来说，企业的管理呈金字塔形分布，即隐性管理所占比例最大，层次越高，所占比例越小。

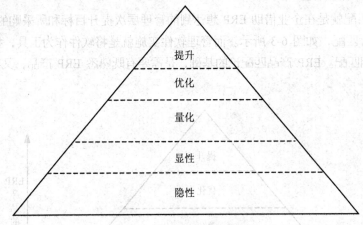

图 6-2 管理状态的 5 个层次

隐性：忽视/没有意识/人性相关/如同空气存在的管理层级。

显性：看得见，但无法度量的管理。

量化：可以度量的管理。

优化：在度量管理层级之上对业务线或者设备的持续不间断的提升管理，每次优化度量高于前次优化度量。

提升：企业整体优化管理。

"度量衡"在工具书中的解释：测定物体的长度叫做度；测定物体的体积（容积）叫做量；测定物体的重量叫做衡。因此，测定物体的长度、体积和重量统称度量衡。

"度量衡"在学术文献中的解释：企业计量管理的发展。计量过去在我国称为"度量衡"，20 世纪 50 年代起逐步被"计量"所取代，成为对量的定性分析和定量确定过程，具有准确性（精确性）、一致性、溯源性和法制性的特点。

不同层次的管理手段，有时在一个企业中会同时存在，也就是说有些方面的管理可能已经处于量化层次，而另一些方面的管理可能尚处于隐性管理层次。如一汽和大众管理层的相互信任，就属于隐性层次；日常的沟通管理属于显性层次；奥迪生产线主管在办公室内就能够了解每个工位上的生产状态，属于量化层次；奥迪 A6 产品最初只用 2 个电脑控制板，后来的 A6L 中用到了 16~17 个电脑控制板，属于优化层次；一汽根据中国人喜好乘坐后排的习惯和审美需求，将奥迪 A6 二度研发、加长车身，则属于提升层次。

只有量化管理层次可实现信息化管理。信息化管理的基础是利用计算机进行管理，而计算机仅仅是对 0/1 的采集和运算。当然，也可以通过模糊数学的方式进行企业管理，但还是缺乏准确性，而企业精细化管理的核心是数字化管理，度量衡是数字化的表现。企业要实现信息化管理，首先要考虑在信息化之前是否已经达到量化管理层次。若还没有达到，必须通过流程优化甚至流程再造的手段将其提高到量化管理层次，然后才用 ERP 去实现这些流程。

而这种流程变革可能会带来昂贵的管理成本，如克服对变革的抵制所付出的努力和代价、员工适应新流程所付出的学习成本，等等。

从 ERP 支持企业管理能力提高的角度来看，企业实施 ERP 的目标是首先实现量化管理流程的固化，进而在持续的改进过程中将关键管理内容逐步上升到优化和提升的层次。

3．ERP 产品匹配论

ERP 产品匹配就是在企业借助 ERP 想达到的管理层次提升目标和所采购的 ERP 标准软件系统之间进行匹配，如图 6-3 所示。而管理软件实施就是将软件作为工具，把管理现状和管理变革目标相匹配。ERP 产品匹配论的基础，是需要有既熟悉 ERP 产品，又熟悉企业管理模式的人才。

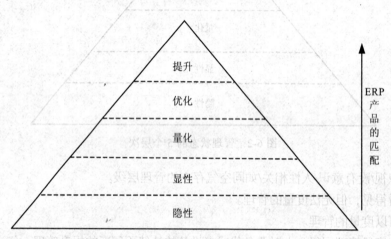

图 6-3　管理层次提升目标和 ERP 产品的匹配

ERP 产品匹配的过程就是要协调和解决很多矛盾的过程。

（1）普遍性与特殊性的矛盾

普遍性与特殊性的矛盾是支撑共性问题个性化、个性问题共性化的理论。所谓共性问题个性化，就是说一个行业的共性问题往往会在一个企业体现。如果该企业不存在此问题，那么该企业一定要研究为什么问题不存在，不存在到底是好事情还是坏事情；如果该企业有效地解决了该问题，那么要研究能否提炼出解决行业中该问题的共性方法。这种研究就是个性问题的共性化。矛盾的普遍性和特殊性的辩证关系：矛盾的普遍性和特殊性即一般和个别、共性和个性、绝对和相对的关系，它们既有区别，又有联系。

区别：任何一般（普遍）只是大致包括个别（特殊），只是包括了个别的某一部分属性、某一方面特征或共同本质，任何个别都不能完全地被包括在一般之中。

联系：一般存在于个别之中，只能通过个别而存在，任何个别都是一般，都具有一般的本质或属性。任何事物都是矛盾的普遍性和特殊性、共性和个性的有机统一。普遍和特殊的区分是相对的，在一定条件下可以相互转化。

矛盾普遍性和特殊性的辩证关系原理的方法论意义：矛盾的共性和个性、一般和个别的辩证关系原理，是关于矛盾问题的精髓，它是客观事物固有的辩证法，也是科学的认识方法。对于 ERP 的实施来说，企业具体情况的个性问题和 ERP 产品所解决的共性问题之间就是普遍性和特殊性问题。

（2）同化管理现状与动态变革目标的矛盾

变革与改革有很多的相同之处，但变革比改革要重要，变革是有法度的改变，所以说，企业上 ERP 是管理变革，不是管理改革。

每一个成熟的企业均有固化的工作流程。但企业上 ERP 的时候，既要保留相应的固化流程，还要改革、创新、优化原已经同化的工作流程。如何解决这一对矛盾，是风险很大的事情。如果不改革原有同化的工作流程，上 ERP 就仅仅是将手工作业变为计算机作业，但是如果变革原有同化工作流程，将会对企业的正常运营带来极大的风险。如何解决这个矛盾？有一个参考值，就是变革的工作流程不超过 30%。

ERP 系统的一大好处是可以将企业的管理和流程进行同化。但是企业的战略具有动态性，相应地，企业的管理改革也是一项持续的工作。ERP 系统实施过程中也需要将 ERP 产品和动态改革目标进行匹配。

6.1.2　ERP 实施的不可控因素

笔者从 1994 年至今，就 ERP 在企业的有效应用进行了 15 年的跟踪和研究，对于各种不成功的 ERP 实施进行了总结提炼，认为 ERP 实施的过程中存在以下 5 个不可控因素。

① 企业"一把手"工程不可控。这是企业的认识问题。很多企业的"一把手"认为上 ERP 是技改项目，不是管理变革；认为 ERP 技术含量很高，自己不懂，从而让总工程师负责。

② 应用目标不可控。思维无限，应用无限。企业不熟悉所购买的 ERP 产品能干什么，不知道哪些问题应该或能够由 ERP 解决，哪些问题不能。往往会期望实现不切实际的目标。

③ 需求和验收标准非唯一性所造成的不可控。企业的管理目标与管理现状和 ERP 对企业管理层次的要求不匹配。造成对于需求和验收标准没有统一的认识。主要原因也是企业对 ERP 产品不熟悉。

④ ERP 的基础数据准备不可控。企业缺乏懂 ERP 产品的技术人员，不知如何准备业务基础数据，从而造成实施准备工作的不足、实施周期的延迟。

⑤ 实施质量不可控。ERP 供应商进驻企业的实施工程师中懂软件技术的多，但大多不懂管理，不能有效解决企业管理流程现状梳理和优化提升问题。

5 个不可控因素造成了实施进度不可控，企业隐性实施成本不可控。从上面 5 个不可控因素来看，前面 4 条都是企业的问题，而②～④这 3 条又都是因为企业缺乏懂得 ERP 产品的人才造成的。因此以企业为核心是成功实施 ERP 项目的关键。

6.1.3　以企业为核心的 ERP 实施新模式

1. ERP 实施的本质是知识转移

ERP 系统不同于普通的应用软件，蕴含着大量的行业标杆企业的最佳业务和管理实践。根据 ERP 产品匹配论，ERP 实施的过程不仅仅是一个软件产品部署和交付的过程，更是一个向购买 ERP 系统的企业进行知识转移的过程，要转移到企业的知识包括以下几方面。

① 熟悉操作所购买 ERP 软件的知识。

② 行业标杆企业管理知识的转移。

③ 结合购买 ERP 企业的管理现状与管理目标，进行匹配和 ERP 产品具体应用的知识。

④ ERP 在企业具体使用的知识。

知识转移的对象主要是企业的两类角色：计算机人员，即熟练掌握 ERP 产品的人员；核心岗位管理人员，即依据对 ERP 产品理解，梳理和提升企业管理流程的业务人员。这两类接受知识转移的角色人员缺失正是造成知识转移困难、ERP 实施过程不控的核心问题。

同时，ERP 实施过程的本质也决定了 ERP 实施应当以购买 ERP 产品的企业为核心进行实施。

2. 以企业为核心的 ERP 实施新模式

（1）转变观念

将传统的、通过客户企业现有人员接受"知识转移"的实施过程，调整为在实施准备阶段"向企业提供专业人才"。这些人才同时具备熟悉所购买的 ERP 产品和企业管理现状梳理与优化的技能。在向企业提供了专业人才之后，以企业和这些输入人才为核心进行后续 ERP 实施，即全面知识转移的过程。不论是客户企业还是 ERP 供应商，都需要进行观念转变。

（2）采用新的实施流程

新的实施流程如图 6-4 所示。从该流程图不难看出，ERP 供应商已经从传统意义上的 ERP 实施过程主控者变成了专业人才的输送者与实施过程的协调者，而实施过程的主控者变成了企业及其所引进的专业人才团队。

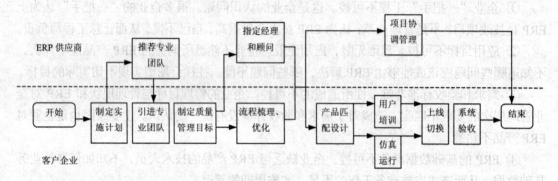

图 6-4　管理层次提升目标和 ERP 产品的匹配

（3）ERP 生态链

根据 ERP 产品匹配论中的共性问题个性化和个性问题共性化的对立统一原则，在 ERP 实施和企业后续的管理持续性改进过程中，ERP 的供应商和客户企业形成了一个不断进化的生态链。这个生态链可以用"三师"进行概括，即前期 ERP 供应商是客户企业之师、中期客户企业是 ERP 供应商之师、后期客户企业是 ERP 供应商导师。

① 供应商是企业之师。从教育企业、合同签署到仿真运行阶段，供应商是用户之师。这是因为供应商比用户更懂 ERP 产品，更懂企业所处行业对 ERP 应用的理解。这一阶段主要是共性问题个性化处理的过程。

② 企业是供应商之师。从仿真运行到系统验收阶段，由于企业清楚了 ERP 产品并试图与企业实际相结合，会提出大量的问题需要供应商解决，因此企业是供应商之师。

③ 企业是供应商导师。从用户验收独立使用开始，软件要经过 2~3 年的运行。用户会提出大量的提升和优化问题需要供应商解决。这样的问题如同导师作业，企业是供应商的导师；当供应商在后续版本中解决了导师的作业，会指导企业进行产品升级，此时供应商又成为用户之师。这个生态链循序往复、周而复始，可以提升 ERP 供应商的 ERP 软件成熟度。

②和③两个阶段主要是个性问题共性化处理的过程。

3. ERP 实施新模式对企业的价值

（1）知识转移的过程更加顺利

因为企业引进了专业人才团队，能够解决 6.1.2 小节中 5 个不可控因素中的②～④条，从而使得知识转移的过程会更加顺利。另外，由于这个团队受雇于企业且主导实施过程，使得实施过程中项目组与企业领导层及最终用户的沟通成本和管理风险都大大降低。

（2）具备了持续管理改进的潜能

企业的管理改进是一种持续的改进过程，而这种改进又必须通过 ERP 进行同化。由于所引进的专业人才团队既懂得 ERP 产品，又懂得企业管理，因而在 3 个理论（即企业价值论、管理层次论和 ERP 产品匹配论）的指导下。他们能够在企业中长期作为 3 个中心，完成两项任务。

① 3 个中心：内部发现问题中心、外部标杆对比中心、业务流程优化中心。

② 两项业务：业务线优化、ERP 模块化实施。

（3）保护了核心商业机密

企业的管理现状和优化目标涉及企业的核心技术和管理体系。对企业而言是高度的商业机密。这些机密一旦泄露给竞争对手，会给企业带来难以估量的损失。传统的、以 ERP 供应商为核心的实施过程中，很多商业机密无法对 ERP 供应商过滤，这在一定程度上存在泄密的风险。采用实施新模式后，进行管理现状梳理、优化和 ERP 产品匹配的团队隶属于企业，从而更好地帮助企业保护其核心商业秘密。

（4）管理软件的两面性

事物均有两面性，管理软件既有提升、优化企业管理的能力，也可能给企业带来灾难。管理会带来效益，但管理也是有成本的，无视成本的管理具有反向效益。许多企业由于不清楚上 ERP 的隐性成本，故无法达成正向效益；也有部分企业迷失管理目标，从而增大了 ERP 实施与维护的成本。

ERP 实施困难甚至失败的原因，一是缺乏贯穿于整个过程的指导思想，二是实施过程中存在众多的不可控因素。本书所提出的企业价值论、管理层次论和 ERP 产品匹配论可以作为系统的指导思想。对于实施过程中的不可控因素，由于 ERP 的实施过程本质上是一种知识转移的过程，而知识转移的对象是企业中既懂得所购买的 ERP 产品，又懂得企业管理流程现状梳理和持续改进的人员，从中国企业的现状来看，这些人员非常缺乏，因此引发了实施过程中的大部分不可控因素。笔者所建议的、以企业为核心的 ERP 实施新模式，以解决企业人才匮乏为首要工作。在此基础上可以大大降低甚至消除知识转移过程中的不可控因素，同时能够给企业带来管理体系持续改进、核心商业机密保护等方面的能力，为企业通过信息化不断强化和提升其竞争战略奠定了基础。

企业所缺乏的信息化专业人才，其定位与传统企业对 IT 中心的运维人员的定位有本质的差别。企业的 IT 中心要在掌握企业价值论、管理层次论、ERP 产品匹配论这 3 种指导思想的前提下，作为 3 个中心、完成两项任务。这类人才是国内普通高校的培养体制所无法培养的，因为普通高校的相关专业既缺乏与企业实际管理环境的挂钩，也缺乏与国内市场主流 ERP 产品及其供应商的挂钩。如何培养适应 ERP 实施新模式所需的企业管理信息化专业人才是中

6.2　成立项目组织

在任何一个项目的管理过程中，建立一套合适的、高效的项目组织机构对于项目的成功实施至关重要，对于在企业中非常重视的 ERP 项目来说，也是如此。

所谓 ERP，即企业资源计划，是整合企业内部各种资源的一种管理信息系统。通过这种管理信息系统，企业可以实现以下目标。

① 提高物流、资金流和信息流的流转速度。

② 提高信息传递的准确性和数据共享程度。

③ 为企业的决策者提供快速、可靠的决策依据。

④ 降低由于信息不通在企业各个部门之间造成的浪费，降低成本，提高效益。

ERP 项目实施就是指在企业中建立 ERP 管理系统的整个过程，ERP 项目实施的成功与否直接影响了企业生产经营管理的各个方面。ERP 项目的实施具有以下特点。

第一，广泛参与的特点。建立这种管理信息系统可以帮助企业实现业务整合。

从上面的描述可以看出，企业建立 ERP 系统并不像引入其他的信息系统一样，目的只是为了提高某一方面的业务处理能力。ERP 系统更加致力于从整体上对企业各个方面的业务进行整合，ERP 项目的实施过程几乎涉及企业中的所有职能部门。因此，ERP 项目不是哪个职能部门能够单独完成的，必须得到企业中各个部门的广泛参与。

第二，深层次变革的特点。企业引入 ERP 系统的目的，是为了提升企业自身的管理水平。这就决定了企业在引入 ERP 的过程中，势必会改造现有业务流程中的某些不合理因素。这也说明了为什么 ERP 项目往往和管理咨询项目一起实施的原因。这些变革可能是某个业务的细微调整，也可能是战略性的机构变更；可能在很短的时间实现，也可能需要历时几年甚至更长的时间。整个变革的过程其实就是一个利益和权力的再分配过程，可能会影响某些人或者某些集团的既得利益。实际上，由于这些利益调整造成的冲突是 ERP 项目实施中遇到的主要阻力来源之一。

第三，任务繁重的特点。在 ERP 项目的实施过程中，工作的内容主要来自于如下方面。

① 原有信息数据的重新整理、补充、编码工作，也就是基础数据的整理工作。

② 现有流程的调整工作，包括新流程的宣传工作，新流程、新岗位的 SOP 制定工作等。

③ 项目的日常管理工作，包括项目计划的制定、项目计划的监督执行、冲突协调和风险监控等工作。

④ 软、硬件系统的日常维护工作。

项目组成员必须在规定的项目实施周期内完成以上所有的工作，并且要能够达到提升企业管理水平，降低成本提高效益的目的，任务量和项目实施的压力非常大。

以上 ERP 项目的特点，是在建立 ERP 项目组织的时候必须考虑的重点内容。下面就从项目组织机构的特点出发来详细探讨如何建立完善的 ERP 项目组织。

项目组织形式分为职能型组织、项目型组织和矩阵型组织。在矩阵型组织中，根据项目经理的职权大小，又可以分为强矩阵组织、平衡矩阵组织和弱矩阵组织。其中强矩阵组织具有更多的项目型组织的特点而弱矩阵组织具有更多的职能型组织的特点。

1. **各种项目组织的特点**

（1）项目型组织

在项目型组织中，不存在职能部门或者职能部门被充分的弱化，所有的人力资源都是按照项目来组织的，项目经理拥有非常大的人事权力和项目决策权力。这种组织机构更加适用于某些研发机构或者按照项目来进行管理的企业，而在 ERP 项目中，这样的企业是非常少的，所以这种组织机构不在我们的讨论范围内。

（2）职能型组织

职能型组织是一种非常传统的组织，人力资源被按照各自的专长分配到各个职能部门之中，职能部门的经理拥有非常大的人事权力和决策权力。这种组织机构的优点是分工明确，各个部门能够专注于自身的工作，对于企业的日常运作非常有利。现实中在大部分企业都是按照这样的组织方式进行的。从后面的描述可以了解到，按照职能进行分工并不是职能型组织才具有的特点，在矩阵型组织中同样也是存在的。之所以把它称之为职能型组织，是因为其在对于项目的组织尤其是跨部门的项目组织上的表现：职能型组织机构在进行跨部门的项目组织的时候，并不设置专职的项目经理，而是在职能部门中选择一个最适合本项目的部门经理来作为项目的协调人。项目团队没有统一的、固定的组织，也不用遵从同样的具有项目特点的管理制度。项目协调人不具有对项目成员的任何控制权，也不会独立的为项目指定各种决策。所有的项目工作都是由项目协调人和职能经理协调之后来最终完成的。

（3）弱矩阵组织

弱矩阵组织在管理形式上几乎和职能型组织相同，只不过在项目协调人的职权上有所加强，项目协调人能够自行监控项目的任务完成情况，并且可能和职能经理分享一部分的项目资源的分配权力。项目团队也比完全的职能型组织更加易于识别。

（4）强矩阵组织

强矩阵组织在管理形式上几乎和项目型组织完全相同，同样具有全职的项目经理，而且项目团队具有固定的组织形式和特有的规章管理制度。项目经理具有非常大的人事权力和项目决策权力，完全能够按照项目的需要来安排人力资源。强矩阵组织和项目型组织的唯一不同点是强矩阵组织不会打破原有的组织形式，比如说项目团队成员在人事关系上可能依然属于原来的部门，或者人事关系暂时规项目团队管理但是等到项目结束仍然要回到职能部门。

（5）平衡矩阵组织

平衡矩阵组织在管理形式上介于强矩阵组织和弱矩阵组织之间，兼顾了两者的特点，但是总体来讲项目经理的权力仍然大于职能经理。当两者发生冲突的时候，往往以项目经理的处理意见为准。

从 ERP 项目的特点来看，职能型和弱矩阵组织形式是不适合 ERP 项目的实施的。因为在 ERP 项目的实施过程中，需要在很短的时间内完成非常大的工作量。这样的项目必须能够保证人力资源的可用性和及时、合理的调配。而在职能型和弱矩阵型组织形式下很难实现这一点。另外，ERP 项目中需要解决各个部门之间的冲突，如果项目经理的职权太小，那么对职能经理不能造成任何影响，也就没有能力解决项目中的各种阻力。所以顺利地进行 ERP 项目实施也就成了水中月、镜中花。而强矩阵组织和平衡矩阵组织能够达到 ERP 项目实施的基本要求，所以在 ERP 项目实施过程中，推荐使用。

2. 两个实际的 ERP 项目组织机构的例子

【例 6-1】 强矩阵组织。

在这种组织机构中，企业指定了全职的 ERP 项目经理，并且从各个职能部门抽调了能力非常强的业务骨干或者主要领导组成了项目实施团队，这些团队成员同样是全职的。在项目的实施过程中，ERP 项目组作为企业的一个独立部门存在，并且被赋予了领导其他职能部门的权力。

这种组织形式的优点非常明显，全职的项目经理能够尽心地为 ERP 项目负责，能够最大限度地协调项目资源，在有限的时间和成本约束中保证项目进度和项目成果。当在 ERP 项目实施过程中发生和其他的职能部门的冲突的时候，项目经理具有足够的职权处理这些问题而不必反馈到企业高层进行协调以延误项目时间。

在这种组织形式中，往往会建立单独的项目办公室，项目办公室供项目组成员集中办公，增强项目组成员的归属感，同时又能够简化项目协调的手续，增加项目组织的凝聚力。

但是事情总会有相反的一面，这样的组织形式也不是完全没有缺点。ERP 项目是暂时的，即便是延续几年的时间，依然有结束的一天。那么当项目团队解散的时候，这些抽调上来的业务骨干和主要领导的个人发展必须经过慎重考虑和现实的安排，否则，可能会影响项目团队的士气从而对项目的实施造成不利的影响。

【例 6-2】 平衡矩阵组织。

在这种组织机构中，企业同样指定了全职的项目经理来负责整个 ERP 项目的实施，和强矩阵组织不同的是，项目团队的组成成员中，除了几个别的全职人员以外（这些全职人员多数是用来完成 ERP 项目的日常管理工作），其余的项目组成员都是兼职的。

这样的项目组织中，在不同的时期项目团队的组成会有所变化，比如说在实施分销系统的时候主要以销售部的人员为主，而在实施生产计划的时候主要是以生产计划部的人员为主，项目团队成员在项目组织中的时间长短依据项目的需要而定。项目经理对项目组成员不具备完整的人事管理权力，只具有暂时的考核和奖惩权力。

和强矩阵组织比较起来，在这种组织中由于项目团队成员只是临时的在项目组织中进行服务，所以不用担心他们在项目完成之后的个人发展问题。但是项目经理在对这些资源的控制能力上不如强矩阵组织充分。例如，项目经理在项目遇到紧急情况需要协调人力资源的时候，如果此时该资源已经不在项目团队内，那么必须和职能经理协调。

最后需要强调一点的是，无论使用哪种组织机构方式，都要牢记"一把手原则"。因为总有一些决策是项目经理无法确定的，也总会存在一些冲突是项目经理无法解决的。在 ERP 这样一个复杂的项目中，找到一个权力和威望都很高的高层领导担任项目责任人是非常必要的。

6.3 制定实施计划

"人定胜天"这个成语用在 ERP 项目实施中再恰当不过了。项目成功的关键因素是人，包括实施顾问和公司的项目组及公司的内部员工，还包括潜在的项目利益攸关人。那么作为重要资源的人，如何在 ERP 项目中发挥更大的效率，取得项目的成功？俗话说，"一个萝卜一个坑"，这用于描述企业的人力资源状况也再恰当不过。企业不养没有价值的人，每个人在企业中都担当了不同的角色。那么从项目的实施出发，要求企业的一把手领导，必须要求各个部门的领导和关键岗位人员参与，必须各个部门投入人员组建内部实施团队，那么如何协调人力资源呢？如何达到人力资源利用的最大化呢？从项目启动时项目组织架构的设立，就明确了关键用户，譬如作为内部顾问的主要人员和作为关键用户的辅助人员。都是全程参与项目实施，是项目组的专职人员。但对于非专职人员的项目资源的调动则更为关键，如各部门的负责人，各部门的最终用户，如何能高效利用？如何能达到项目在调研分析、方案设计、系统建立和上线实施应用各个阶段的效果不打折扣呢？让 ERP 系统在公司从头到脚各个业务流程中顺畅地运作呢？事情是员工来做的，员工不熟悉 ERP 系统、不熟悉业务和流程肯定是不能胜任的，那么就必须要求全公司人员都在项目的各个阶段参与和投入，也就是全员参与，ERP 是个全员参与的项目，但公司的日常运作要照旧，公司还有突发的事情需要处理，不可能要求公司停止运转，再进行项目实施，也不可能要求公司偏废业务支持项目，这些都是不可取的，业务是公司盈利来源，不能偏废，那么如何能有效地利用公司的人力资源呢？如何让员工做好项目工作和本职工作的平衡？如何才能保证企业员工在不同的阶段都能够有效地投入，达到效益的最大化呢？比如调研阶段，如何保证公司业务和需求能在短时间内被充分挖掘，而不浪费资源？如何保证在方案设计阶段保证有决定权的部门负责人在百忙之中投入到各个业务方案的细节决策讨论中呢？再比如如何让用户在系统建立阶段充分投入到系统的各项纷繁复杂的测试工作，从而保证系统上线的有效应用？这就要求顾问方和客户方双方的项目经理在各个项目阶段开始之前进行通盘考虑，甚至在项目的启动阶段就已经做好项目从始至终所有的计划和策略，包括调研访谈详细计划、方案设计讨论详细计划、二次开发详细计划、项目培训详细计划、数据收集详细计划、全面系统测试计划和上线切换策略与计划。

为什么在项目启动阶段制定项目全程计划更为合理呢？从项目的开始，就可以让公司高层和部门负责人及公司其他业务人员充分认识项目的重要性和计划性，充分认识 ERP 项目不是需要领导和员工无限投入，也不是可以不闻不问的项目。由于 ERP 项目往往公司投入巨大，作为公司高层都会比较关注，但关注什么，怎么关注，不同公司区别较大。那么从项目的投入和产出角度，给项目一个全面貌的和各阶段的计划展示和成果预期效果往往更佳。只有保证过程是正确的，才能最终导出正确的结果。从这个角度出发，让公司高层关注计划首肯计划，必要关注项目过程是合情合理的，项目组织公司人员的投入在公司内也变得"合法"。当然部分计划与过程中业务方案的设计相关则可以不必在项目启动开始就确定，比如上线切换详细计划和策略。可以通过项目中期方案确定后再进一步确认投入公司资源。

那么如何将项目全程计划和各个阶段详细计划完整展现出来呢？计划中涉及的任务、时间、地点、人员如何布置？ERP 实施犹如指导一场战争，要求指挥官必须做好每场战役的精密部署，在具体战斗中则要求战士毫无保留地执行到底。其实现代项目管理思想正是来源于在第二次世界大战中总结出来的先进思想。我国古老的战争理论也指出，"兵马未动，粮草先行"，也是"预则立"的思想。以下则将项目过程的调研详细计划、方案设计、项目培训、数据收集、全面系统测试、系统上线等 6 个阶段所要求的详细计划展开说明。

1. 调研详细计划

从调研访谈的详细计划说起，调研内容必须详细划分各个明细的业务流程，并指明各个业务流程的主要调研部门和辅助部门，部门主要参与人员和其他参与人员，负责跟进的内部顾问和关键用户，当然不能遗漏调研的具体时间和地点。调研场所的重要性往往被忽视，笔者曾经多次遇到客户方随意变更地点的情况，这实际会给公司其他人员以项目组准备不充分和组织工作无效的印象，增加会议成本。

同时项目组必须保证计划的提前发布，以便各部门进行充分准备。发布计划的同时必须要求实施顾问同时发布已经准备好的详细业务调研问卷，并对调研问题进行必要的解释，同时要求调研主要对象在调研会议前对调研问题进行反馈。从调研工作展开来讲，则需要项目经理不仅考虑实施顾问准备时间，也要充分考虑调研对象的反馈时间，并在过程中要求顾问根据各个调研对象对问卷的反应，做到不断跟进。保证最终业务调研全面细致，没有遗漏。调研结束后，由关键用户编写调研会议纪要，同时实施顾问根据调研结果编写调研分析报告。在过程中，对不清楚的业务流程和问题与关键用户和业务部门进行交流，并最终出具报告，由业务部门负责人对报告进行确认。调研分析报告的确认作为项目调研阶段的里程碑，也标志着项目调研阶段的结束和下一个阶段的开始。

2. 方案设计阶段的详细讨论计划和二次开发详细计划

相对于调研详细计划，方案设计阶段则涉及复杂的公司业务方案抉择，各个部门的负责人和业务骨干则需要更多地参与 ERP 业务方案的讨论和决策，花费更多的时间和精力，这就要求项目经理必须在项目实施之初制定方案设计和讨论的详细计划，部门负责人和骨干人员必须参与其中。实施顾问根据前阶段的调研和需求，按照 ERP 业务的标准流程设计企业的未来 ERP 业务流程和业务处理方案，但这些方案是否完全符合公司高层和各部门的意愿，是否完全适合该企业的业务运作，则需要公司部门负责人、各部门业务骨干和各业务负责关键用户对 ERP 解决方案进行充分的学习、理解和掌握，并提出合理化建议。

实施顾问对 ERP 方案的设计从企业高层的角度，站在第三方的立场，并充分考虑企业全局资源的最优化，但 ERP 实施应用涉及业务深层次问题，覆盖整个公司各个部门的业务和利益，则需要高层和部门负责人进行平衡和决策。由于针对企业某一特殊业务，ERP 业务解决方案和流程往往不止一个两个，甚至更多，ERP 顾问则需要从不同角度进行分析对比，排比可选方案，分析各个方案的利弊和优缺点。与客户方各部门负责人和业务顾问及关键用户进行充分的解释和说明，并经过方案讨论会进行确定。

对于业务方案由于各个企业的实际情况不同，对实际业务的处理存在差异，有些是为了简化工作提高效率，牺牲业务的监控，有些是为了提高业务流程的可控性，降低业务和财务风险，则需要牺牲一定的工作效率，增加业务流中部分结点的工作量等，这都需要 ERP 顾问和客户方人员在方案讲解和讨论时，进行深入分析和说明。与客户方各部门权衡利弊，形成最终的方案。

在方案设计中，由于企业实情和需求千差万别，没有一个标准 ERP 软件的功能完全满足客户的特殊需求，往往客户针对 ERP 软件提出二次开发的需求，这时则需要顾问对二次开发需求进行深入的挖掘，找出客户需求的深层次需求和原因。从以往实施项目我们发现，某个具体客户方部门或业务人员往往从自身的角度出发，没有进行深入的分析，二次开发的需求只是问题的表象，抑或客户方存在某些错误的观念，认为既然请了咨询公司，没有做不到的事情，而会片面认为是咨询公司回避工作、担心承担太多工作等情况。从前一种情况看，则需要咨询公司的顾问发挥业务专长，从第三方的角度深入挖掘，从业务的源头开始查找和解决问题。我们通常说的"透过现象看本质"，就必须通过深入调研，以"打破沙锅问到底"的决心，才有可能真正找到问题的根源，对症下药。对于后一种情况，则需要实施方和客户方建立更多的信任抑或从实施合同中对 ERP 二次开发内容和工作进行明确的定义，避免由于双方的沟通问题产生信任危机，最终导致的结果是双方的利益都受到了损害。

即便已经找到客户需求问题的根源，而现有的 ERP 标准功能确实无法满足用户的需求时，还不能立即下达开发的指令。毕竟成熟的 ERP 软件系统已经过了生产商的严格测试才推向市场，特别是大型 ERP 软件，如 Oracle、SAP，每个业务模块都是高度集成和统一的。每个 ERP 二次开发之前，都需要对开发进行可行性的分析，特别是对原系统有流程和结构的较大调整时，可行性分析更是必不可少的重要一环。行业内人士通常把 ERP 二次开发比喻为一把双刃剑。二次开发所引发的业务效率、系统稳定性、开发逻辑与原系统机制的冲突和融合等现象，在此不一一列举。这就要求二次开发必须严格遵循软件工程的方法进行。任何偷工减料的短视行为都会为日后系统缺陷埋下伏笔。

目前几乎每个 ERP 项目都或多或少存在二次开发，从二次开发工作的开展，就不得不提到各个项目计划中详细计划的其中一项，就是二次开发的详细计划。这项详细计划由于涉及更多的技术问题，一般由顾问方项目组的开发技术组长负责。二次开发的详细计划包括详细的二次开发业务调研和分析、需求定义、详细设计、代码编写和测试、集成测试和上线等几个方面，除了详细设计和代码编写外，其余各项工作都要求关键用户和骨干业务及最终用户的参与，对客户方而言无疑也是一项工作量繁重的任务，也是不可或缺的工作任务。

作为方案设计阶段的里程碑，方案设计总结汇报会浓缩了整个项目从调研到设计阶段的调研、详细解决方案（包括二次开发方案）的所有工作，将项目前期的主要成果向企业各个层面进行汇报，也成为下一阶段工作的开始标志。

3. 系统培训详细计划

从项目调研阶段开始至项目上线阶段结束，项目培训贯穿了项目的整个周期，项目系统培训是 ERP 项目成功与失败的关键因素。要使用户能从理解 ERP 理论开始到完全掌握 ERP 软件的详细操作，就必须进行全面的培训。从以往的 ERP 项目实施经验，我们也都知道，培训必须贯穿项目的始终，才能使用户能达到业务熟悉、操作熟练的程度。项目应用成功，大部分来自于用户对业务的正确理解和准确操作。套用企业管理流行的一句话，一流的员工不是招进来的，而是培训出来的，这在 ERP 项目实施中同样适用。但大部分的项目因为项目周期的短暂，往往忽视培训的投入，培训人员、场所、环境、教材、器材等都没有很好的准备，导致大部分培训流于形式，加上培训管理不善、参与培训人员缺乏主动性，导致项目培训的效果大打折扣。企业用户对 ERP 的学习往往也是三天打鱼两天晒网。而到了系统开始切换上线后，公司业务真刀真枪上线时，员工才发现大部分业务不会操作，临时抱佛脚的大有人在，关键用户和顾问"到处救火"的情况也时有发生。

毕竟 ERP 项目对于企业而言是一项投入巨大的项目，公司已经为之付出了大量的成本，公司上下不能说不重视，此时必须建立必要的激励机制，同时除了公司层面和项目层面建立激励机制之外，还要考虑如何有效执行，靠什么保障的问题。从上述培训问题导致项目问题出发，建立项目完整的培训体系是非常重要的。不管是项目开始的 ERP 原理培训、功能培训、操作培训、操作手册编写、上岗培训、岗位指引等到最后的上线指导培训，都将其纳入项目完整的培训体系中。当中还包括了对 IT 专业技术支持的软件开发员和数据库管理员的技术培训等。可谓全面覆盖了公司的所有层面。

针对如此庞大的培训过程，要求项目经理编制详细的培训计划，涵盖项目各个阶段的多轮次培训和各单项的详细培训计划，同时还应该包括培训后的测验和上岗考试、操作手册的编写、岗位操作指引编写等内容，计划必须根据每次培训的课程和内容，专门指定讲师（一般由负责顾问担任）、培训教材（由负责讲师专门编写）、培训场所（指定专人负责）、培训器材用品（如投影仪、远程视频、计算机、局域网或 Internet 接入等）、培训软件环境（与公司产品应用环境相同）、培训对象（一般为关键用户、最终用户、骨干业务人员、部门负责人等）、培训时间（必须保证主要岗位人员都参与）。通过日常上机测验和上岗考试则对于培训效果进行跟踪，将 ERP 培训与上岗考试和个人绩效挂钩，作为员工上岗的重要指标之一。

对于操作手册和岗位业务指引的编写则对关键用户提出了更高的要求，关键用户不仅参与全部的项目过程，还是承载 ERP 知识转移的重任，通过操作手册和岗位业务指引建立企业自身的 ERP 规范和管理体系。

行业有句流行语："进去了如果是垃圾，出来的也是垃圾"。可想而知，用户的正确操作对 ERP 数据的准确性有不言而喻的重要性。只有业务数据的准确，才能保证项目的成功实施。

4. 数据收集详细计划

经过项目详细方案设计的确认，项目进入了系统建立阶段。在方案设计的确认完成后，基础数据的收集就摆到了项目日程，一个项目实施涉及企业的基础数据甚为庞大，解决方案的不同，对数据的要求也不相同。一般静态基础数据包括物料编码信息、产品清单信息、产品工艺信息、计划信息、采购信息、库存信息、生产信息、销售信息、供应商信息、客户信息，财务基础数据包括会计科目信息、资产信息、成本信息等。系统上线切换的业务数据量则更为庞大。

作为业务运作的基础的数据收集，数据的及时性、有效性、一致性和准确性是非常关键的。要求项目经理统筹规划、具体落实、布置到人。指定每项数据的要求完成日期、导入方式、明确责任人和负责顾问，由顾问负责并指导关键用户和最终用户进行具体每项数据的收集。业务数据涉及多个部门时，更要安排好具体负责部门和相关配合部门，保证计划的按时完成，确保上线数据的完整，以保证数据达到上线的要求。

安排数据收集计划的同时，也要求顾问根据各自负责的业务模块，编写并发布数据收集方案，明确数据收集规范的数据格式，指导用户严格按指定的数据方案和数据格式提交最终数据结果。开始前安排顾问对数据收集方案和格式进行详细讲解，以达到用户对数据格式的理解与项目规范要求一致。

对于收集计划中导入方式的选择不同，可以分为手工录入、接口导入等方式。根据数据量的大小和复杂程度不同可由项目组进行选择。对于采用接口导入方式的数据，则计划编排必须保证接口导入的技术可行性和导入数据与接口的一致性。这就要求计划编排必须提前考虑技术人员进行接口导入代码的编写和测试。此工作可以由技术开发组长进行安排。

对于企业历史比较悠久的公司，基础数据量的庞大将是非常惊人的。而且旧的历史数据的格式，不管是手工数据还是旧软件系统的数据都会与 ERP 数据的格式要求存在不一致的地方，则需要在系统建立阶段开始前，甚至提前到解决方案设计阶段开始时，就要开始历史数据的清理工作，以保证在上线前能完成所有数据的清理工作。如物料编码的清理、物料清单的清理、供应商和客户的往来账清理等，可能由于原公司基础管理的薄弱，导致数据的清理工作耗费的人力和工时巨大。

5. 全面系统测试计划

系统建立阶段的另外一项重要工作就是系统的建立和测试，系统的搭建和设置完全基于解决方案的设计，则必须在前一阶段完成的基础上开展。系统建立后，如何检验系统的正确，是否严格按照详细业务方案的设计流程进行业务的处理，则必须经过严格的层层测试和把关，项目必须制定严格、全面的测试计划，包括单元测试、UAT 测试、集成测试和模拟测试等。测试方案和策略（系统测试业务用例和数据等）的负责顾问、测试时间、测试环境、测试人员、关键用户、参与用户、测试指导顾问等都要求在测试计划中全部体现，系统即可以开展全面的测试工作。经过测试后，由测试人员填写测试报告，以测试计划要求的测试方案为蓝本，填写具体测试业务的结果数据与模拟用户的预计结果进行对比，对错误的结果进行分析并查明原因，给予纠正。在全面测试计划中，集成测试和模拟测试必须在单元测试和 UAT 测试完全正确之后进行。对于这两项测试要求项目组进行精心的准备，包括系统环境、测试数据、人员安排、场所、时间等。按业务流程指定不同人员进行。测试人员必须是在前期参与项目培训合格的操作员。集成测试和模拟测试以完成了企业所有业务的闭环处理、输出各项报表，并输出最终财务报表为完成标志。测试报告的最终审核确认，代表测试工作的全面结束，作为系统建立阶段的里程碑，也标志着系统建立阶段的顺利完成。

6. 系统上线切换策略和计划

经过了需求分析、方案设计和系统建立阶段，完成了需求调研、详细方案设计、系统设置和数据收集，也就完成了项目的主体工作，到此时，可谓"万事俱备，只欠东风"。系统上线前的最主要工作也就剩下最后的切换初始化工作。这时，指导初始化工作的系统上线切换策略和计划，也就是指明系统如何初始化，什么数据何时初始化，哪些数据先录入、哪些数据后录入、采用什么方式录入及由谁来负责录入等问题。由于初始化对各项业务的初始化时间的先后顺序要求较为严格。这阶段大量的准备工作在数据收集计划已经完成，则切换计划要求，明确具体上线时间，由上线时间点倒推各项业务数据初始化的各个时间点、具体业务员、部门负责人、关键用户、最终用户和负责指导顾问。通过切换策略和计划，对业务人员进行具体、详尽的指导，保证系统初始化的一次性成功。

系统上线切换策略和计划经过上线讨论会议由项目组和公司各个部门、各个层面的深入细致讨论，全面沟通达成一致，并在项目上线动员会前统一发布，各部门的具体业务员根据上线切换策略和计划，按照策略指引按部就班地完成各项初始化工作。当各项准备工作都已经就绪后，在全公司召开项目上线动员大会，项目上线动员会由客户方项目经理主持，就项目的全部情况向全公司进行汇报，并由公司高层进行全公司的最后上线动员。

随着项目动员大会的召开，也标志着项目上线阶段工作的完成，作为里程碑的标志，项目也随之进入了下一个阶段，也就是运行和维护阶段。

纵观 ERP 项目实施的各个阶段，通过项目计划体系的运作，支持项目经理总览全局，从时间、成本和质量不同角度对项目进行管理。对实施各阶段详细计划的管控，充分利用资源，控制项目成本和风险，把好项目质量关，以达到创造良好效益的目的。

6.4　用户培训

ERP 基础教育在 ERP 学习中是十分重要的。如果实施 ERP 出现挫折，几乎可以肯定是出自人的问题，而不是计算机的程序问题或技术上的其他问题。一个广泛的、安排得当的培训计划能预防许多问题的出现，因为这样的计划把 ERP 的重点放在了应该强调的地方，即把系统的重点放在即将开始使用系统的人的身上。使用 ERP 最成功的企业是通过把人送到企业以外的学习班学习，并对留在企业内的人提供教育课程等途径来完成教育计划。

1. 培训对象

在 ERP 实施中最先接受教育的应该是总经理和上层的经理。因为他们的领导能力对 ERP 的成功是绝对关键的。教育计划为他们准备了需要掌握的原则，以便他们在安装和使用 ERP 中应用，更多是为掌握更多的 ERP 知识、管理下层工作人员奠定坚实的基础。

有些企业把实施 ERP 的责任局限在生产和库存控制的负责人和少数几个其他经理的身上，而没有上层领导的参与，这将导致他们的 ERP 系统遇到不必要的严重风险，系统不能实现预期的目标，人们很快就会失去兴趣。更糟的是，当经理希望使用这种科学管理工具的时候，却发现他们已经失去了 ERP 为他们提供的宝贵的管理良机。

因此，加强对管理人员的培训，培养业务人员对 ERP 的认识是很重要的，我们要从分析、判断、管理控制的角度去培训，对于从事不同工作的对象需要提供不同的培训计划，同时也要加强系列化的培训教育，使培训贯穿整个实施过程。培训、培训、再培训是实施 ERP 系统的必要手段。

经过培训的企业领导除了要对 ERP 有个全面的认识外，还必须认识到以下几点。

① ERP 项目具有长期性、艰巨性、复杂性、阶段性的特点。企业领导必须时刻保持清醒的头脑。

② 咨询、监督、培训贯穿 ERP。从立项到实施，咨询、监督、培训直接关系到 ERP 项目实施的质量，甚至成败。

③ 必要的资金保证。资金不足而仓促上马的唯一结果是浪费更多的资金。

2. 培训目标

培训是信息应用的重要环节，建立信息培训机构是 ERP 得以正常运行的保证。例如，车间班组的信息人员是企业信息工作的主要群体，也是企业内部调离、升职流动量最大的群体，不断地培训这个群体才能确保企业信息系统的正常运行。

培训含有教育和训练两重意义。前者侧重于哲理和概念，讨论 ERP 系统的原理和运行机制，如何运用 ERP 系统解决经营生产业务中发生的问题，主要说明"为什么要这样做，有什么必要，有什么效益"，是一种面向业务的培训。后者侧重于应用方法，主要说明"怎样做"，是一种面向软件的培训；一般安排在"教育"之后，结合 ERP 软件的实施进行。ERP 同手工管理的一个主要的区别是 ERP 是一种规范化的系统，它要求各级管理人员有严肃的工作作风，要求各个岗位人员都要用严谨的态度对待各种信息。

在 ERP 模式中，每一项数据、名词和术语都有严密的定义，每一项事务处理都有严格的程序。它要求每个人员不仅知道本岗位的工作要求，还要了解本岗位的工作质量对其他岗位工作的影响，从全局和系统的观点来理解和做好本职工作。各岗位人员只有对 ERP 有了系统的理解和统一的认识，明白了实施 ERP 的必要性和目标效益，变被动的"要我干"为主动的"我要干"，在实施 ERP 的过程中才能齐心协力，步调一致。因此，我们必须十分重视和突出培训工作。在培训工作中我们要防止单纯讲解软件和技术问题，忽视观念更新和行为规范方面的教育；重视对人员的培训，实质上是把提高人的素质、调动人的积极性作为搞好企业管理的第一位工作。ERP 软件的功能再强，还要靠人去运用，而 ERP 的威力只有在人们学会运用时才能真正发挥出来。

3. 培训内容

培养企业自己的软、硬件技术队伍，是系统能有效运行的重要条件。在 ERP 实施过程中，培训是十分重要的环节，培训工作要贯穿实施的全过程，培训工作要分层次不断深化。从内容上可分为 ERP 理论培训、计算机和网络知识培训、应用软件使用培训等，从人员上可分为企业领导层培训、工程项目工作组培训、计算机专业人员培训和业务管理人员培训。针对不同的对象，培训可分为如下方面。

（1）对 ERP 系统管理理念的培训

在完成立项分析并初步决定应用 ERP 之后，需要对企业高层领导及今后 ERP 项目组人员组织进行 ERP 应用理念培训，这是 ERP 系统应用成功的思想基础。这是一个极其重要而又被企业经常忽视的一个阶段，即 ERP 应用前的"洗脑"阶段。这种培训就是我们在选型时对企业高层领导做的培训。培训的目的之一是让他们形成共识，理解为什么 ERP 是管理改造项目，离不开高层领导的支持；目的之二是让他们对 ERP 有一个正确的预期。

（2）对项目小组的培训

对项目小组的培训包括项目管理的培训、实施方法的培训、ERP 软件功能的培训。ERP实施对企业来说也是一个大型项目，成功的 ERP 实施离不开成功的项目管理，所以项目小组成员必须了解项目管理的一般概念和方法。

（3）对最终用户软件操作的培训

对最终用户软件操作的培训就是用户知道怎么操作软件，是企业最能够接受的。

（4）对技术人员的培训

对技术人员的培训包括对系统管理员的培训（基本的 ERP 知识的介绍、网络的建立、如何辅导企业员工进行 ERP 操作、ERP 系统中服务器和客户端的配置、安装等）和开发人员的培训（程序的编写、编码的编写）等。

（5）对新流程的培训

ERP 实施中技术虽然很重要，工作量也很大，但却并不是最难的。最难的是 ERP 实施必须对管理做很大的改变，即进行业务流程重组。这样，ERP 实施完成后，企业员工都面临着全新的业务流程。

（6）对数据分析的培训

ERP系统正常运行后，会有很多有用的数据。如果这些数据不能利用，就不会很好地发挥ERP系统的作用。所以必须教企业如何去分析数据，为企业决策提供依据。为了进行扩大培训，企业应当建立一支教员队伍，结合本企业的实际例子，编制适合本企业用的培训教材与讲义。从企业外部请专家和软件公司的实施指导顾问在项目实施时是必要的，但是企业外的专家顾问只能起到一种催化剂的作用，而本企业的教员由于熟悉企业情况，可以对比现行管理，说明ERP系统如何解决手工管理解决不了的问题，而且现身说法的讲述方式更容易被企业人员所接受。培训不怕重复。我们可以用不同的方式从不同的角度反复讲解和讨论。接受过培训的人员其工作岗位应当稳定，培训后要立即投入实施工作。培训完毕应有考核，发结业证书并给予奖励。我们可以通过誓师大会、动员会、发"上岗证"等方式使企业人人重视ERP的系统的培训与实施。

总之，培训效果是一个极其重要的因素，培训工作要贯穿整个实施过程，应始终给予高度重视。

6.5 数据准备

说到数据在ERP项目中的重要性，大家最常挂在嘴边的一句话是"三分技术、七分管理、十二分数据"，以此来表达对数据的高度重视。经验表明，作为管理改造工程的ERP项目，花在系统实现和技术准备上的时间并不多，80%以上的时间是花在了贯穿全程的三大任务上，即全程的宣传培训、全程的数据准备和全程的管理变革。这3个"全程"缺一不可，其中尤以数据准备工作量最大。

1. 进行ERP系统上线前的数据准备

第一步，搞清楚有哪些数据要准备。

我们可以简单地将ERP实施所要准备的数据分为两大类，即静态数据和动态数据，也可称为基础数据和事务数据。

静态数据是指开展业务活动所需要的基础数据，如物料基本信息，客户、供应商数据，财务的科目体系等。其特点是在整个数据的生命周期中基本保持不变，同时它是动态数据的基础，公司所有业务人员通过调用静态数据来保持同一数据在整个系统中的唯一性。

动态数据是指每笔业务发生时产生的事务处理信息。如销售订单、采购订单、生成指令等。动态数据按照时点来分，又可以分为期初数据和日常数据。其中上线时点的数据对ERP上线前的数据准备尤其重要，它代表系统在期初上线这样的时间点上公司动态数据的当前状态，我们称其为期初数据（或者称为初始数据）。期初数据既包括上线时点所有物料库存的数量、金额，财务科目的余额，也包括那些未完未结的业务单据，如未交货的销售订单、未付款的采购订单等。

我们可以将数据的分类和数据准备的先后次序列表，并对每项数据设计一个收集表，下发到各部门，摸底调查。在所有的数据中，物料数据是数量最多、分布最广的。这里所指的物料包含的范围很广，既包括原材料、半成品、产成品，也包括设备、固定资产等。物料分类则是根据物料的某些属性对物料进行归类。所以要首先把工作重心放在物料数据准备上。

第二步，制定编码规则和完成基础数据收集工作。

在明确有哪些数据要准备后，就可以着手编码了。实际上，数据准备工作中最难的是制定编码规则，这也是最占用时间的工作。一个考虑周全的编码体系需要跨部门反复讨论。不同的数据可能有不同的编码结构，但必须遵循共同的编码原则。

（1）唯一性

必须保证一个编码对象仅被赋予一个代码，一个代码只反映一个编码对象。

（2）实用性

编码体系应当符合企业的业务特点和管理需求，既充分考虑企业发展对信息编码的需求，又兼顾企业的现状。要从实用性出发，掌握好编码的颗粒度，过细的编码不实用，过粗的编码不管用。

（3）统一的编码结构

编码由一个或者若干不同分类角度的分类码构成，统一的编码结构含意如下：任何对象在其整个生命周期内标识码保持不变，所有分类码具有相同的编码结构。

（4）标准化

编码应提高标准化程度，充分考虑到与外部环境的接轨而尽可能与相关国家、行业标准相吻合。例如，使用国家标准所确定的行业分类作为行业编码，邮政编码作为地区编码等。

（5）便于 ERP 系统处理

由于编码将在计算机信息处理系统中得以实现，故编码应当符合数据处理的要求，便于用计算机进行处理。

（6）易用性

编码应尽可能好记易用。所以要在满足要求的情况下尽可能短小，常用的编码应尽量避免字母与数字混合，以提高录入效率。

完成编码规则后，依据编码规则逐条确定静态数据和编码，从而完成整个静态基础数据的整理工作。

第三步，期初数据准备和系统上线。

有了基础数据，就有了 ERP 运行的基础。但 ERP 上线后，系统里的数据能不能反映现实情况，就要看期初数据能不能及时、准确地录入系统了。

由于期初数据反映的是上线那个时间点的数据，因此过早准备是没有意义的，这些事务处理数据都是动态的，每天都在变化。因此完成期初数据准备需要更精密的时间表，通常会这样安排计划。

① 根据 ERP 项目的实施进度，确认上线时间，并进行项目管控。

② 在上线之前一个月内进行全面的库存盘点，并在财务上进行盘盈盘亏处理，盘点时使用新的编码规则。

③ 要求各业务部门在上线之前尽可能处理完未结清的订单和应收应付单据，以减少手工和系统切换的难度，同时也降低日后对账的工作量。

④ 在上线之前两周，集中人力将静态数据导入或者录入系统。

⑤ 在上线时点将库存期初、科目余额和未结单据录入系统。可视数据量的多少适当提前或者滞后录入，但要保持系统中的数据与实际情况相符。

⑥ 在上线后的一个月内，通过核对手工账和实物，检查系统数据是否准确，查出差异所在，并进行调整。

2. 数据生命周期管理

至此，整个 ERP 项目上线之前的数据准备宣告完成。但作为一个完整的系统，上线还只是 ERP 应用的开始。相比前期的痛苦，上线后保持数据的"纯洁"更显得重要。在系统运行期间，还要做到以下几点。

① 成立专门的编码维护部门，根据编码规则添加新的编码。

② 上线后，需要对部分业务流程和操作规程进行调整，以适应系统内的数据流转。

③ 应用管理员及时处理系统中的异常数据。

④ 定期对数据备份，确保数据完整，在出现数据灾难时可以恢复到最近一个数据点，最大限度地减少损失。

⑤ 清理垃圾数据和已经失效的数据。

⑥ 根据业务和管理的需要，增加新的数据项或者更改原数据定义等。

3. 保证数据质量的方法

数据质量是数据的生命，因为错误的数据没有任何现实的意义，反而是系统无法上线或者掉线的导火索。保证数据质量是时时刻刻要做的事情。在这方面，经验更显宝贵，不过我们还是可以探询出一些成型的方法。

在上线前做数据收集时，要事先做好下发表格。如果数据量较少，可以用 Excel 模板做表格，并锁定不允许修改的部分，以利于汇总、排序。如果数据量比较大，最好另编一个小程序，以自动控制重复的数据，同时便于同步检查。

在上线时，先通过管理措施减少期初数据量，再对每一条期初数据都力保准确。要尽早对账，因为越晚对账数据的差异越大，越难对得上。

在上线后，要从管理上严格要求业务处理与数据录入同步进行，不能积压单据一次性补录。

做好以上几点，可以控制住数据质量。但不管如何努力，数据都不大可能 100%准确。我们所谈的数据准确是指数据的错误率控制在可以接受的范围之内，并逐步求精。企业要有一套高效的管理制度保证及时发现并处理数据差异。在 ERP 实施期间，企业要为数据的损失做好"买单"的准备，有时重复工作是不可避免的，也可能会因处理账实不符而需要财务费用。在 ERP 应用期间，短期的对不上账，只要是控制在范围之内，就可以接受，俗话说"一段浊水、一段清水"，只要坚持严格管理和定期核查，数据质量很快就会提高。

咨询公司有一套数据质量的评估方法，在系统运行一段时间后做数据评估是提高数据质量必不可少的工作。实际上，不少企业通过数据评估，往往能够发现以前所忽视的管理上的问题，经过几轮调整后，企业实施 ERP 的效益就体现出来了。

6.6 二 次 开 发

上线 ERP 工程是只是一个阶段性的工作，真正 ERP 的核心不并在这里，ERP 的上线这个阶段针对软件公司是完成了任务，但对一个企业的路则刚刚开始。

经过近 30 年的发展，ERP 在企业的发展中得到了有效的普及和应用。从现阶段企业 ERP 的应用情况来看，国内对于 ERP 的普及率已经达到 50.6%，尤其是制造型企业对于 ERP 的应用需求更加强烈。据资料显示，ERP 最早是从制造业开始做起，而国内制造业最早是从 MRP Ⅱ 开始做起的，这也是 ERP 的前身，那里的 MRP Ⅱ 是为了更好地管理企业的数据，更加准确地说是企业的生产制造及供应链的管理。随着市场竞争的加剧，早在几年前实施的 ERP 系统已经不能完全支撑企业的业务，对于 CIO 来讲，现有的阶段已经不是重新做 ERP 系统的实施，而是在 ERP 系统现有的基础上如何更加有效地发挥系统本身的价值及其满足业务的需求已经成为 CIO 的首要任务，而在 ERP 应用过程当中做好二次开发显得非常重要。

现阶段的 ERP 系统已经满足了企业业务的基本需求，但是对于企业的个性化需求则难以满足，对于 CIO 来讲，ERP 系统不外乎 3 种方式：一是企业购买现有的 IT 服务商的产品，如用友、金蝶、Oracel 等企业的产品；第二，企业自主开发针对适合企业实际情况的产品；第三，选用一部分的软件服务商产品，然后结合企业自身的技术人员进行开发。这 3 种方式成就了 CIO 选择 ERP 二次开发最基本的模式。

1. 二次开发需求的产生

现阶段，随着企业业务强烈的需求，传统的"进、销、存"3 种模式的生产已经不能满足企业业务的正常需求，企业需要更加精准的决策工具来帮助企业在竞争中取得胜利。据一份调查的资料显示，全球 75% 的 CIO 在 2010 年开始选用 BI 系统，同时企业对于 CRM 也是越来越青睐。我们知道 BI 的分析需要底层数据的支持，没有数据的支持，BI 就是一层"空架子"，从 ERP 数据读取数据然后经 BI 工具进行分析，得出一套科学、合理的报表，为企业的决策层提供有利的市场工具。现阶段的现状是不同的 BI 服务商提供了大量标准的 BI 和 ERP 的接口工具，但目前在 ERP 本身领域的发展中，还没有一个非常成型或者是标准的 BI 出现，这就导致了企业 CIO 在做 BI 时，要对 ERP 系统进行必要的二次开发，不仅仅是 BI，CRM、SCM 等实施同样也需要和 ERP 进行融合。因此，ERP 的二次开发在企业中势在必行。

2. ERP 二次开发中的风险

ERP 是指企业的资源计划涉及企业的管理、生产、经营等方面，对于企业的竞争、生存起着非常重要的作用，同样，ERP 的二次开发中存在很多的风险，一旦发生问题将会给企业带来"灭顶之灾"，那么，ERP 的二次开发会给企业带来什么样的风险呢？

第一，据资料显示，ERP 的二次开发通常会涉及软件模块的改动，要增加或修改软件的功能，一般需要专业的程序开发人员和软件实施顾问完成，需要借助软件商提供支持二次开发的工具，还可能需要有软件的源程序，这些可能需要支付额外的费用，而且并不是每个软件供应商都愿意提供源代码。一般来说，二次开发应该尽量减少或避免。

第二，易造成系统的不稳定或崩溃。ERP 系统是个错综复杂的系统，各个模块是个有机的整体。若要修改其中的一个功能，其影响的不单单是现在这个功能，还可能影响到其他功能。

第三，影响项目实施周期。二次开发的时间一般比较长，由于受开发人员的技术水平及和业务人员的沟通等因素的影响，如果让业务真正用技术来实现，需要一定的时间让技术和业务人员共同沟通，才能完成，所以，做二次开发时，CIO 要充分排好时间的周期。

第四，二次维护和升级风险大。对于 ERP 二次开发的项目如果已经改动了企业原 ERP 系统的核心代码，未来如果有核心人员流失，对于企业有着非常重要的损失，同时，所需要的升级、安全等风险也将进一步加大。

3. 如何做好 ERP 的二次开发

ERP 二次开发存在很多的风险，但 ERP 的二次开发又必须做，那么作为 CIO 应该怎么办？如果因为害怕担风险，而不能去做好用系统满足企业业务的需求，那么系统的价值也将无法体现出来，企业的 CIO 在做 ERP 二次开发时究竟需要注意哪些问题，笔者认为有如下几点。

第一，不要修改核心代码，做好原有 ERP 备份。

一般来说，把数据从 ERP 中导出，利用二次开发的程序进行处理后，再导入系统。这是一个比较稳妥的方法。软件升级时，数据导入/导出部分变动不会太大，而且即使有变化，也容易进行相应的维护。而一旦直接修改了核心代码，过一段时间，想升级可就难了。

第二，做好 ERP 二次开发成本控制。

据资料显示，二次开发成本是一个考核 CIO 非常直接的指标，包括有形成本与无形成本。有形的如二次开发的 ERP 软件的授权费用、实施费用等；无形的如企业投入的精力、时间成本及在系统转换过程中可能对正常工作的影响。作为企业 CIO 要尽自己的最大努力把这个成本降到最低。

业内资深专家曾经指出："CIO 对于企业的 ERP 二次开发前期要做一个良好的规划，要对二次开发的成本作出一个大致的预算，如总项目金额的 5%等。预算做出以后就需要进行跟踪控制。在软件选型阶段，就可以发现一些明显的二次开发需求，CIO 最好能够把这时候的二次开发成本推给软件供应商。"

第三，为企业争取尽可能大的利益。

二次开发在和软件服务商"沟通"过程中，应尽量争取最大的利益，任何企业应用信息系统，都会遇到升级的困惑，CIO 在和服务商签署合同时，就应该把二次开发的成本、利益都想到，尽可以让服务商和企业一起做好二次开发，这样在系统和企业业务的熟知程度方面做到"互利互补"。

第四，寻找二次开发合作伙伴。

如果不用服务商所提供的服务或者是企业自身开发的系统，那么就需要 CIO 去寻找二次开发合作伙伴，选择合作伙伴要选同行业做得有成功案例的，CIO 多去参考合作伙伴的用户使用情况，同时要结合企业 IT 部门自身的情况，选择合适的二次开发合作伙伴。

第五，避免开发人员流失，项目陷入困境。

人才一直是企业最大的财富，对于 CIO 来讲，道理也是一样，IT 人才在 IT 部门对于企业同样重要，在企业 ERP 二次开发的过程当中，如果 IT 人员流失，对于 ERP 二次开发项目非常不利，容易让项目进入一个死循环，而且在进行人才招聘时，有也会使项目的总体进度变慢，拖延企业的有利时机，如何留住人才是每一个 CIO 在 ERP 二次开发中所要考虑的一个重要问题。

第六，系统少改最好，但完全不改的可能性也很低。

ERP 系统本身汇集了很多大公司优秀的生产管理经验，因此，对于 CIO 来讲，尽可能少改系统，但市场是不断变化的，业务也是不断变化的，因此，ERP也是需要变化的，同时，会出现有的新管理需求，ERP不变的可能性非常小。但我们认为，核心代码不应该改动。既然二次开发存在一些管理上的困扰，所以"能够少改别多改，若能不改胜少改"的原则绝对是正确的。但是，在成熟套装软件实际实施的过程中，二次开发往往是无法避免的，较小规模的开发如新增或修改原有的报表程序，较大规模的开发可能会新增原本不存在于系统中的字段或文件档案，并新增或修改原有录入或作业处理程序。

ERP二次开发也是为了服务于此管理系统而为企业的管理目标服务的，如果离开这个目标是一味受制于业务部门的需求，只会使ERP这个管理系统越来越难以管理，最终造成管理的混乱而不是提升。因此做ERP开发前，必须进行规划，确认此开发是否对企业管理有所提升，是否有利于业务流程的顺畅。

4. ERP系统的测试

软件测试是为了发现错误而执行程序的过程。它不仅是软件开发阶段的有机组成部分，而且在整个软件工程（即软件定义、设计和开发过程）中占据相当大的比重。软件测试是软件质量保证的关键环节，直接影响着软件的质量评估。软件测试不仅要讲究策略，更要讲究时效性。验收测试作为软件测试过程的最后一个环节，对软件质量、软件的可交付性和软件项目的实施周期起到"一锤定音"的作用。

（1）ERP验收测试的现状

验收测试是一种有效性测试或合格性测试。它是以用户为主，软件开发人员、实施人员和质量保证人员共同参与的测试。ERP作为提高企业管理创新能力的有力工具，其定义、设计、开发、实施和应用的过程遵循一定的规律。这些规律表现在软件过程控制、质量保证和软件测试等方面。验收测试关系到ERP能否成功验收，能否平滑步入维护期，能否快速实现效益。ERP验收测试的全面性、效率性、科学性、规范性、彻底性在广大制造业企业和ERP软件供应商中还是一个崭新的话题。

当前很多人对ERP验收测试工作存在一些误解，具体如下。

① 由于ERP软件通常比较复杂且规模巨大，人们可能更多地关注它多变的需求定义、个性化的解决方案、定制化开发过程，却轻视了项目的验收工作。这些"只重视开题和过程，不重视结题和维护"的做法，最直接的后果就是，形成了一个个延期工程或"烂尾"项目。

② ERP实施工作做好了，用户企业可以把系统运行起来了，文档移交了，客户签字了，还有什么必要做验收测试。这种误解源于对验收测试的目的、流程、方法和意义缺乏认识。

③ 验收测试是用户企业的事，与软件服务提供商无关。事实上，只有两者密切配合，才能提高测试效率。

④ 将验收测试理解成给用户做演示。验收测试要讲究策略，不是走走过场，而是有计划、有步骤地执行活动，要进行科学的用例设计。

⑤ 验收测试就是验证软件的正确性。验收测试和其他测试一样，既要验证软件的正确性，又要发现软件的错误。只不过验收测试是以确认软件功能是否满足需求为主。

（2）ERP验收测试的流程、方法及原则

软件包括程序、数据和文档。ERP验收测试的对象应当涵盖这3个方面。验收测试的主体要以用户企业为主，ERP软件服务供应商积极配合，或以第三方测试为主，用户和软件供应商共同配合。

软件实施人员要适时地配合和敦促用户做好验收测试的各项准备工作，按计划、按步骤执行验收测试，形成规范的测试文档，客观地分析和评估测试结果，并跟踪不合格现象，对软件问题要分级、分类管理，必要时要进行回归测试，确保所有问题能得到解决，最终成功通过验收。

在测试方法上，由于验收阶段的特殊性，一般以黑盒测试和配置复审为主，以自动化测试和特殊性能测试为辅，用户、软件开发实施人员和质量保证人员共同参与。

ERP验收测试要注意以下几个原则问题。

① 验收测试始终要以双方确认的ERP需求规格说明和技术合同为准，确认各项需求是否得到满足，各项合同条款是否得到贯彻执行。

② 验收测试和单元测试、集成测试不同，它是以验证软件的正确性为主，而不是以发现软件错误为主。

③ 对验收测试中发现的软件错误要分级、分类处理，直到通过验收为止。

④ 验收测试中的用例设计要具有全面性、多维性、效率性，能以最少的时间最大限度地确认软件的功能和性能是否满足要求。

6.7 ERP系统的切换

ERP系统实施到将要切换时，成功已经近在咫尺，但此时还不能掉以轻心，在最后阶段失败的情况也不罕见，切换时需要做些什么，不要做些什么，可以总结为"三要三不要"

1. 要充分准备数据，不要偷工减料

"ERP的成功三分靠软件，七分靠实施，十二分靠数据"，这句话很多人都听到过，也能理解，但不一定知道如何做才算数据准备充分。诚然，选择不同的软件系统、不同的顾问对数据准备的要求不尽相同，但是差别不会很大。关键在于数据准备详细到什么程度，如物料的计划参数，按照严格的要求、每个物料都需要定义，而且定义的计划参数应该同现实一致，否则ERP系统的计划功能不可能顺利运转。

2. 要坚持应用系统，不要随意另搞一套

世上没有十全十美的事物，ERP也不例外。理论上说，ERP可以覆盖企业管理的方方面面，实际上并非如此。即便能够实现，也只是一个过程，通常在实施的几个月内是不可能达到的。

3. 要有应急处理方案，不要搞并行操作

不少人喜欢在ERP系统切换上线后搞一段时间的并行操作，觉得这是最保险的，非如此不可。但并行操作有百害而无一利，是必须要抛弃的。

并行操作可能源自会计电算化的要求，会计电算化要求"在实施用计算机替代手工记账前，用计算机进行会计核算与手工须同步运行一定时间，并取得相一致的结果"，既然政府部

门要求财务部分必须并行操作一段时间，通常是 3 个月，虽然我认为这种并行没有必要，但是也没有讨价还价的余地。不过即便如此，也仅是财务部分需要并行操作，这不意味着整个 ERP 系统尤其是生产管理需要并行操作。

支持并行操作的理由之一是新的系统刚开始使用，为了保证日常业务正常运行，不受数据准备、系统稳定性、人员熟练度等影响，有必要旧系统并行操作一段时间。看上去有道理，实际推敲并非如此。

以计划为例，如果原先采用手工计划，现在使用 MRP 计划，二者必然有差异，实际下达的计划到底以哪个为准，如何做到并行操作呢？

ERP 系统上线后，原始单据如订单、出入库单、发运单、领料单等都从系统中产生，在公司业务活动中不可能出现新旧两种原始单据同时流转，没有原始单据，旧系统没有存在的基础了。

生产系统对数据的时效性要求很高，新旧系统中库存数量不同，可能都是对的，只是库存数据的时间点不同而已。财务系统有月底结账，只要月底余额一致即可，生产系统则要求随时一致，企业能有足够的资源保证生产的新旧系统的并行操作，从而达到数据随时一致吗？

案例分析

旗标文具（深圳）有限公司ERP的实施

旗标文具（深圳）有限公司（以下简称旗标文具）是一家外商独资企业。经过几年的努力，公司已逐渐发展成为集研发、设计、生产于一体的现代化生产企业，产品远销欧、日等30多个国家和地区。公司现有员工500余人，新厂房修建完成后，有望在1年之内会扩充到1 000人。

2003年4月2日，旗标文具和深圳市一家ERP公司正式签约，开始实施ERP系统。合同规定，用5个月时间分两期完成整个ERP项目，第一期上物流模块，第二期上财务和成本模块。为了防备出现意外情况，允许总工期上下浮动一个月。合同中同时还规定一期工程做好之后至少要运行3个月没有出现问题才付给第一期项目款的70%，并且如果没有按照双方商定的验收办法在规定时间内完成，或者在上线完成年度的年终盘点之后，ERP系统运算结果不能和手工结果相符，该ERP公司应赔偿软件价值的50%。

截至目前，旗标文具的ERP项目已过去两年多时间，仍然没有完成。"造成这种情况的原因很多，不过主要还是对方实施顾问人员频繁变动造成的。"旗标文具计算机中心主管颜复红认为。

项目开始之初，ERP公司按照协议派出一个实施顾问小组进驻旗标文具。顾问小组由3人组成：系统规划工程师欧先生（同时欧先生也是该ERP公司的业务经理）、软件工程师李先生、担保人潘先生，因为这家ERP公司通过旗标文具老总一个朋友介绍，介绍的同时他们还出具了一份担保——第一，该ERP系统实施成功才收钱，第二，系统成功上线，却因为该ERP公司倒闭等原因不能完成系统的后期维护，担保公司愿意负责，因为该担保公司也是一家软件公司。

为了保证ERP项目的顺利开展，旗标文具成立了专门的ERP委员会，由公司总经理和副总经理任主任委员，计算机中心主管颜复红任执行委员，其他各部门主管和部门经理为ERP委员，公司所有的中高层领导都参与了ERP委员会。同时以书面文件的形式向全公司公布，要求公司所有人员都必须服从ERP的安排，凡是达不到ERP项目建设的要求，或者按照规定的ERP流程不能做到的都要处罚。另外，公司的计算机网络等软、硬件条件已基本稳定，达到了ERP实施的要求。

旗标文具ERP项目实施从物料编码开始，因为之前的业务和ERP系统的物料编码要求存在很多不同，在确定物料编码原则以后，旗标文具在物料编码上花费的时间超过了ERP公司的预期，用了将近3个月才最终完成。接着开始输入一些基本资料，如部门编码、操作员编码等一些静态数据。各项基本数据录入完成之后，系统开始试运行，各部门均表示系统可以正常运行。但是由于计算机中心人员太少，试运行得到的一些数据结果没有进行手工验证。

物流模块完成以后，ERP公司提出结算第一期项目工程款的要求，旗标文具按照合同分期付款的规定付了70%。现金到位后，欧、李二人便被调到这家ERP公司在上海的分公司。在旗标文具老总的批准下，该ERP公司调来了第二批项目顾问组的人员。

第二批项目顾问组人员包括技术总监张先生，张先生负责技术研发，也是该ERP公司的主要主管之一。张先生进驻公司之后，对于旗标文具方面提出的问题，以因为他和欧先生的项目交接不是很完整为借口，对很多问题拒绝马上解决，声称还要熟悉过程。一段时间之后，张先生对旗标方面提出的所有问题做了一个系统的规划，并对这些问题进行了理论上的分析，提出了纯理论的解决之道。"这些解决方法听上去确实很可行，但是结果是张先生没有做任何程序的修改，也没有做任何实际的动作，只解决了一些属于我们操作失误的小问题，大的ERP方面的问题没有解决。"颜复红说。

旗标文具方面提出的众多问题得不到解决，导致了后来安装的ERP软件对旗标文具的网络系统造成了损坏。"他们的ERP系统装在公司服务器上，将服务器域的活动目录坏掉了，无奈之下只能重装服务器的软件系统。"这次重装颜复红花了28小时才把问题解决，原先安装的ERP系统也进行了重装。

"第二批顾问小组不驻厂，他们约定一个星期来两次。如果有问题，小一点的如果他们能解决就会告诉我们怎么做，大的问题不能解决的必须等他们来公司的这两天才能处理，并且当天处理不掉他们就会说回去等系统规划部的人研究研究，再把解决方法再告诉我们。"颜复红显得有些抱怨。

没多久，颜复红收到一封张先生的邮件，信中称他因为私人方面的原因已从公司离职，并表示颜复红在ERP方面有什么问题仍然可以和他咨询，但以前公司的一切业务已经与他没有关系。

无奈之下ERP公司又派了系统规划部副经理陈先生负责旗标文具的ERP项目。陈先生接受旗标文具的项目之后，先花了一些时间了解以前存在的问题，针对以前系统存在的问题自觉进行了程序上的修改，并且主动与颜复红探讨。旗标文具的ERP是以原有的MRP为核心发展起来的，陈先生认为MRP运算核心程序有问题，并且这些问题在旗标文具确实已经暴露出来，于是向旗标文具方面建议把原有的系统进行修改。这个修改前前后后花了将近半年的时间，再加上以前因为编码浪费的两三个月，和上线花费的几个月时间，一年多的时间就这样过去了。

修改完成后旗标文具把第一期工程未付款项付给该ERP软件公司。陈先生在项目款到位之后也辞职离开了那家软件公司。陈先生辞职以后，该ERP公司又安排其系统规划部经理贾经理接受旗标文具的项目。

旗标文具ERP项目就这样在断断续续中迎来了农历2005年春节。春节之后颜复红给公司写了一份报告，报告提出鉴于两年来这家软件公司对旗标文具ERP的实际情况，该公司对于旗标文具ERP的成功不会有太大的帮助，建议公司慎重考虑第二期的ERP项目。首先，时间已经过去了两年，比原来预计的时间长了4倍；其次，ERP的实施使得公司不仅没有减少人手反而增加了很多人手，此外也耗费了一些硬件设备。所有付出的总和都超出了原来的预计，而获得的结果却远远没有达到原来的设想。同时，由于旗标文具正在进行改制，记账方式也将做一些调整，旗标文具最终决定暂停ERP第二期财务和成本模块的实施。

实例来自：http://www.chinabaike.com/z/xinxihua/268466.html.

 小结

如今，ERP的价值已经得到越来越普遍的认可。越来越多的企业将选择ERP作为全面提高管理水平，赢得竞争优势的有效工具。但是，实施ERP是一个实践性很强的系统工程，在这个过程中，企业有许多问题需要解决，仅凭管理者有些粗略的认识是远远不够的。本章首先阐述了ERP实施的意义，介绍了ERP实施的组织、实施计划的制定，并对ERP实施流程中的每个步骤进行了详细的分析和指导。

 关键字

Applications　实施方法
Opening Balance Preparation　初始数据准备
System Switch　系统切换

 思考题

1. ERP项目实施共分为哪几个阶段？
2. ERP项目前期工作阶段的重点内容是什么？
3. 企业应当如何做好企业诊断与需求的调研和分析？
4. ERP项目的可行性分析主要应包括哪几方面的内容？
5. 企业基础数据对ERP运行的重要性体现在哪几方面？

 阅读书目

周跃进. 企业资源管理控制一体化. 北京：机械工业出版社，2011.
陈兵. 倍增式经营：企业资源高效利用黄金法则. 北京：凤凰出版社，2011.
李健. 企业资源计划（ERP）及其应用. 北京：电子工业出版社，2004.
罗鸿，王忠民. ERP原理 设计 实施（第二版）. 北京：电子工业出版社，2003.

第7章 ERP 的实施组织

【教学知识点】

ERP 实施中供应商、咨询公司、用户和集成商之间的关系；

ERP 实施中的咨询、监理和审计；

ERP 实施中的风险管理；

ERP 实施失败的主要原因分析。

导入案例

祥星（深圳）控股有限公司ERP项目的实施

企业背景

祥星（深圳）控股有限公司（以下简称祥星）成立于1992年，是我国香港祥星集团下属的子公司，主要业务为塑胶模具的制作、注塑部件及成品、部件表面的二次加工和装配成品等。目前，祥星的工厂面积达到了35 000平方米，员工800多人，其客户遍布全球数十个国家和地区，包括理光、佳能、爱普生、惠普、戴尔等多家国际知名企业。

但是从2005年开始，公司管理层日渐觉得公司的生产规模扩大了，产品的品质增加了，但是客户的不满程度也增加了。管理层也清楚出现这些问题的原因在于虽然公司的规模扩大，生产、加工手段日益现代化，但其管理、统计、库存、订单的处理等仍然没有一套严格的管理流程。

而作为客户方来讲，客户大多有成熟、完善的ERP系统，它们对自己供应商的要求也越来越高，对方是否有成熟的系统平台来支撑自己的业务，也成为这些客户考察其供应商的一个关键指标。2005年伊始，启动ERP项目被正式提到了议事日程。公司指派高管王亮华为这个项目的负责人。

ERP系统选型

接手项目之后，王亮华开始向多家知名ERP厂商了解它们的产品，最终于2005年年底，祥星与神州数码携手启动ERP项目，2006年3月，项目一期开始正式上线。据王亮华讲，之所以选择易飞ERP，在于神州数码管理系统有限公司深圳咨询部的经理龚胜向他描述了实施ERP的"四步对接"论，该理论的内容如下。

第一，从祥星的客户都已经有比较成熟、完善的ERP系统出发，确立了祥星的ERP系统必须具备与客户单据号码对应、客户的物料编号必须与祥星的物料标号相对应的基本原则。这样保障了祥星与自己的客户之间进行信息及订单的无缝沟通。

第二，制定完整的计划。系统上线之后，要能够准确地给出物料控制的详细计划。对于一家制造企业来讲，任何一个订单的变更，都将直接影响到物料计划的变更、采购计划的变更，甚至会直接影响到生产线的调控，完整的计划有助于企业随时调动自己的资源，并作出最快的调整。

第三，能够调控车间现场。材料、物料的挪用，操作标准的消耗，回收物料的管理等，都会影响到整个企业的生产流程。在生产的过程中，如果能为生产提供准确的数据，则有助于管理整个生产流程，同时，也能给决策者提供最佳的成本预算依据。

第四，系统能够依据成本核算，提供差异化分析的依据。对于制造企业，提供最佳分析对比数据，有利于控制和改善成本。

在生产中，通过核算产品的整体生产成本，能够详细地给出任一产品生产所需的物料、人工、制造等的费用，并能够进行不同批次产品之间的横向差异化比较，以找出成本变异的缘由，并依此提出改善建议。

不过，作为一家大型的制造型企业，"四步对接"论虽然能解决生产制造中存在的不足，但是祥星的一线员工大多对ERP了解甚少。

王亮华说，在企业内部，员工的个体情况各不相同，任何一项事务的下达，都需要多次与各部门及员工沟通协调，对于上线ERP，也做了多次培训。

在实施ERP之前，他们就请来神州数码的技术人员，进行了3个月的系统功能模块的培训、操作的培训，并进行了实战模拟演习，让每一个员工都从中切实了解到自己在整个ERP系统中所扮演的角色，所从事的职位。

同时，针对关键部门的具体人员，还请神州数码方面的专家进行了单独的指导和培训，这段时间大概也持续了将近一个月的时间。

之后，祥星又制定了详细的针对各个部门的ERP辅导书，以帮助不同部门的员工完成自己的作业。

ERP实施成效

虽然在业界流传这样一句话"上ERP找死，不上ERP等死，"作为一家从事塑胶模具制造企业的行政董事，王亮华还是咬咬牙，上了ERP系统。至今，系统已经运行一个多月了，效果还算比较满意，王亮华悬着的心终于稍稍落地了。

第一，在系统上线之前，企业的库存准确率经常在83%左右，从2005年8月开始，企业的库存准确率已经上升到了96%，这对企业原材料的采购、生产线的运作、生产计划的制定，都提供了直接的指导依据。

第二，客户的交期达成率也有了很大的提高，从之前的80%～90%提升到了目前连续7周维持在99%的水平之上，增加了客户的诚信度。

第三，增加了计划的准确性。通过系统的MRP（物料需求计划）功能，采购人员可以自动得出生产计划、采购计划，而且订单也可以直接下发，不再需要人力运算，同时还降低了差错率。

最后，也是很重要的一点，系统的上线消除了企业各个部门之间的隔阂，企业的任何一个员工都可以通过这套系统，了解到其他部门的工作。现在，部门之间合作的机会正在逐渐增多，而这种工作模式不但打开了员工的眼界，还增强了员工的工作能力。

案例来自：xxh.manaren.com/guihua/201106/3813.html.2011-06-24.

7.1 ERP 实施中的四方关系

ERP 是个大型的企业管理软件，它的应用实施涉及企业的各个部门，从最高的领导层到最底层的操作人员。而对于这样一项耗资巨大、费时费力的系统工程，企业大都没有这方面的实施应用经验。尽管有些企业本身拥有自己的内部参谋和决策者，企业可以自己组织业务人员、管理人员和 IT 人员进行需求调研、方案设计、软件选型、系统集成或者拥有强大的 IT 人员可以自行开发软件、自行实施。当然，我们也不否认他们对于企业具体问题和需求比较了解，尤其对企业的各项管理制度和企业文化的知晓更为透彻，但是他们在实施中遇到的阻力是相当大的，具体如下。

① 利益相关者太多，内部参谋难以有效推动项目的进行。

② 由于怕承担决策风险，内部参谋做出的决策往往不是最优的，有时甚至连次优的选择也达不到。

③ 受思维定势和各种条件制约的影响，内部参谋往往忽略或未意识到企业中的问题，对企业的需求不能清晰地定义和描述。

④ 对 ERP 产品的接触面有限。

⑤ 内部参谋对项目管理的经验也是不够的，对实施 ERP 系统缺乏成熟的方法论的指导。

⑥ 当涉及调整薪水的时候，内部参谋毫无底气来同自己的上司坚持己见。

所以，基于以上企业自身所根本无法克服的问题，在 ERP 实施中，除软硬件供应商外，聘请专业的 ERP 咨询公司和软件集成商对企业顺利实施 ERP 项目是有必要的，而且是必需的。

良好的合作是成功的基础。企业在系统实施前一定要认真考察和选择理想的合作单位。可以看出，实施中的四方关系既互相独立，又相互依存，只有大家通力合作，才能使 ERP 实施顺利进行。

7.1.1 供应商的角色

选择 ERP 软件供应商（开发商）无疑是企业上 ERP 的关键环节，但要清楚地认识到，要求软件商对 ERP 项目的成功负责是不现实的，软件公司的人员组成，除了管理人员和开发人员外，面对企业用户的主要的销售人员和售后服务人员。软件公司从来都是以销售收入而不是以实施成功率论成败的。因此，对 ERP 软件供应商的选择，必须要从价格、服务等多方面综合考虑。

在国内外 ERP 软件市场上，ERP 商品化软件种类繁多，令人眼花缭乱。目前国内较为著名的 ERP 供应商有用友、金碟、神州数码、新中大等厂商，国外较为著名的 ERP 供应商有 SAP、Oracle、SSA/BAAN、Fourth Shift（四班）等。每家公司的 ERP 各有特色，国内的 ERP 针对企业的本土化开发，了解中国的国情和企业的独特需求，因此比较适合国内中小型企业实施。国外大型 ERP 软件具有强大的功能，性能稳定，技术先进，能较好地适合各类企业的需求，但价格昂贵，不是一般企业所能承受的。如 SAP 的 R/3 功能涵盖了企业管理业务的各个方面，在每个方面，R/3 又提供进一步细分的单一功能子模块。SAP 所提供的是一个有效、标准而又全面的 ERP 软件，同时软件模块化结构保证了数据单独处理的特殊方案需求。目前，排名世界 500 强的企业，有一半以上使用的是 SAP 的软件产品。因 R/3 的功能比较丰富，各模块之间的关联性非常强，所以不仅价格偏高，而且实施难度也高于其他同类软件。

如何选择 ERP 供应商，要视企业的具体情况决定，一般中小型企业管理模式较为简单，管理幅度也不是很大，从实施难度和成本两方面考虑，可以选择国内 ERP 供应商（大多厂商直接提供实施服务，少数由咨询公司实施）。对于大型企业来说，由于其管理模式和内部关系较为复杂，而 ERP 项目可能会牵涉多方的利益，包括企业业务流程的变更和权利的再分配等，这就需要先进行管理体系的优化，而后再通过 ERP 的实施将其固化，因此对软件和实施方要求都很高，一般可根据自身经济条件选择国外的 ERP 软件。参照国际经验，大型企业其 ERP 项目一般都由咨询公司担当实施顾问，当然实施成本要高出许多。

国外企业实施 ERP 时惯常采用方式是由软件供应厂商、咨询顾问公司共同为客户完成系统实施服务。咨询公司的价值在于帮助客户赢得时间和降低风险。

7.1.2 咨询公司的角色

随着 ERP 的发展，越来越多的 ERP 咨询公司介入 ERP 实施中去，现在有许多 ERP 软件都提供实施服务。但一般更趋向于由第三方来实施，即由专业 ERP 咨询公司来实施。这些第三方的参与，可以对企业的 ERP 选型工作给出参考意见，并在实施 ERP 的过程中，为企业提出综合改革方案。咨询公司的责任可概括为：根据企业内外部环境和资源状况，分析企业建立 ERP 系统的可行性，科学制定 ERP 项目的战略目标；确定企业对 ERP 的需求，包括功能、时间、效率等方面的要求；分析企业管理现状与所实施的 ERP 系统的差距，拟订企业流程重组和管理改进方案；咨询培训。

咨询公司及咨询顾问的作用在 ERP 实施中已越来越明显，国外大公司基本上每年都有相当的业务支出在聘请咨询公司上，国内的咨询业近年来也得到了飞速发展。首先从人才储备和要求上，我国 ERP 咨询公司逐渐与国际接轨，咨询顾问除具备一定的学历，还必须了解并实践过管理工作，理解和掌握 IT 信息技术，对企业的行业特点有深刻的认识；此外，咨询业规范化已开始引起社会各界的重视。政府已在关注 IT 行业存在的风险与行业问题，相关的制度已经出台，并在试行，北京市 2003 年就已经要求大型 IT 项目必须要计算机信息工程监理机构参与，相信在不久的将来，有关 IT 咨询业的政策法规会完善起来，这将有利于咨询公司参与 ERP 项目的实施。

7.1.3 用户的角色

用户即企业向来是 ERP 实施中最重要的环节，中国企业的管理向来不缺少理念与时尚，但却难以立足于基础管理，它们能够接受 ERP 概念，也能够选择应用 ERP，但实施 ERP 时却缺乏变革决心，也无法全身心地投入，无数 ERP 项目的失败告诉我们：ERP 的实施，用户是关键。

作为用户，不仅要选择好一个适合本企业的 ERP 供应商，一个有丰富经验的软件咨询商，更应在项目实施过程中组织、协调好本企业的配合工作，保证 ERP 实施的正常进行。涉及的主要工作如下。

1. 建立由企业"一把手"挂帅的实施领导小组

国内有许多项目，成立实施小组时，"一把手"只是挂名，起形式上的参与或威慑的作用，这确实是一个误区，ERP系统的实施牵涉企业流程的各个方面，没有决策者的大力支持和实际参与，是无法成功的。

"一把手"需要言行一致地提供支持。无论"一把手"在项目启动大会上准备了多么充分有力的发言，但如果不亲自参与，没有精神、身体、情感等方面的投入，所有人都能看出决策者的言行不一。他们会认为领导者不够重视而产生懈怠之心，如果"一把手"拿自己没有做到的事去要求别人，一定会引起他人的抵触。另外，"一把手"的言行在项目的前期和后期要一致，切不可半途而废，有太多的"一把手"在前期倾注了太多的心血，但一旦签约、实施组成立、实施顾问进门后就从项目消失了，其他人不愿也不敢承担责任，最终导致项目失败。

2. 必须有稳定的核心项目组成员

对ERP的误解之一就是把ERP实施看成单纯的技术项目。持这种观点的人认为只要配备足够的IT技术人员就能完成ERP的实施，他们不了解ERP实施对于企业的管理模式、权力分配和文化产生的冲击，他们片面地认为，引进ERP软件和引进一套生产设备差不多，只要有有关人员进行培训让他们会使用就行了，却不知道ERP实施需要一批具备各方面知识和经验的核心项目组成员。

ERP实施核心项目组成员包括项目组长、实施顾问、企业实施组成员、重要的高层领导等。

3. 不能回避业务流程重组问题

实施ERP系统，不进行业务流程重组（BPR）是不可能的，但当对于软件本身的业务处理与企业业务管理本质和权力分配有冲突时，业务流程重组往往是企业不愿意面对的问题。

BPR的实施不是仅靠信息人员和业务人员处理好关系就能顺利进行的，需要企业内责、权明晰，需要合理地组织、正确地领导和有效地执行。一个企业的BPR需要以建立新的管理模式和业务模式为基础，同时会涉及原有的企业组织、资源的重新整合。如何变革，采取何种变革策略是企业战略层面的问题，必须是由企业高层，特别是"一把手"来主导制定和推动。

7.1.4　集成商的角色

集成商一般可分为系统集成商和软件集成商，系统集成商一般负责企业的网络规划、硬件安装调试等工作。软件集成商中一种是负责ERP软件中各子模块的应用集成，在企业各部门按功能模块实施后，要将各子系统集成在一个平台上；另一种软件集成商是负责企业ERP系统和其他管理信息系统之间的集成，如企业分别实施了OA系统、CRM系统、PDM系统等，将这些系统进行应用集成，实现数据信息的共享。

7.2　咨询、监理与审计

7.2.1　咨询顾问与咨询公司

1. 咨询顾问

ERP实施咨询顾问是企业管理与ERP产品之间沟通的桥梁，不仅要了解系统，更要了解企业的业务流程，熟悉适用的优秀管理方法，他们是既了解各种行业，又有实践经验的多学科专业复合型人才。下面给出 ERP 咨询顾问应具备的能力，作为企业选择咨询顾问时的参考。

（1）IT 与管理综合知识及相关专业技能

这是 ERP 咨询顾问首要应具备的能力。ERP 咨询及 IT、管理等行业的知识，没有 IT 知识，不了解 ERP 信息系统计算机逻辑是无法完成信息咨询与实施任务的；另外，有丰富的管理知识和经验才能对企业流程改造、管理应用需求提供服务。

通常，ERP 咨询顾问应具备的专业技能有：熟悉 ERP 原理和所实施的软件产品；熟悉现代企业管理理论；有丰富的企业管理实务知识；熟悉客户所在行业的经营难点；熟练掌握 ERP 实施方法和推动企业变革的方法。

（2）组织与协调能力

咨询顾问需组织企业管理人员、业务人员共同制定计划、控制计划的运行、解决问题、决策引导，这要求咨询顾问有较好的组织能力。

此外，咨询顾问应该与企业管理层定期沟通，让决策者听取项目的进展和解决思路，了解可能提出的各种解决方案，而且定期与决策者就项目的进展、方向、成果进行交流，以便调整思路，引导项目顺利进行。

（3）快速学习的能力

咨询顾问所面临的企业处于不同的行业，遇到的问题纷繁复杂，任何一个咨询顾问不能做到熟悉和精通所有问题，这就要求咨询顾问具有较强的快速学习的能力，以便能够迅速进入角色，出色完成咨询任务，因此，学习能力在某种意义上已成为咨询顾问的立业之本。

（4）归纳分析能力

ERP 咨询顾问除了要具备快速的学习能力，还要有归纳分析能力，在实际的咨询项目中，大部分咨询顾问对企业所在行业的理解都无法与企业内部的管理人员相比，且对行业的发展和技术等问题也难以深入了解，咨询顾问要提出令企业决策者信服的提案，就依赖其归纳分析能力和咨询公司强大的数据和案例支持。

（5）解决问题的能力

项目中常会遇到运行、流程动作、数据收集等问题，因此，咨询顾问必须具备较强的解决问题的能力。这首先要有捕捉问题的能力，收集相关信息，还要掌握多种解决问题的技巧、工具，许多时候，顾问应充分发挥他们的常识和经验，主动提供解决问题的方案，因此，在实际问题的解决中，顾问往往处于比较重要的地位。

（6）培训他人的能力

培训企业员工，使他们能胜任 ERP 系统应用是咨询顾问的重要工作之一，因此咨询顾问必须要善于当老师。在培训中，要善于围绕主题，捕捉共同感兴趣的话题与知识，并选择适当的时机与被培训者互动，使他们真正掌握 ERP 应用的精髓，为 ERP 顺利实施打下良好的基础。

此外，咨询顾问还应具有良好的品质和个性，有良好的形象、推销能力等素质，这些都成为企业选择咨询顾问所考虑的因素。

2. 咨询公司

承担 ERP 咨询的公司不少是同国内外软件公司组成合作伙伴的，这些咨询机构对他们所代理的软件比较熟悉，实施起来相对容易，就软件的实施成功率来说会比不熟悉产品的咨询机构要高。但由于咨询公司和软件供应商的利益关系，可能导致即使这些管理软件并不适应企业的生产、计划等管理上的个性特点，但仍然与服务软件产品一起捆绑销售。因此企业选择咨询公司一定要慎重，可以在选择与软件开发商指定的咨询公司的同时，另选择一家并不真正参与 ERP 实施的咨询机构作为真正的管理信息化参谋。

企业选择咨询公司时，要考虑以下因素。

① 公司从事管理咨询业务的年限，企业的长期可发展性。

② 公司的行业特长和业绩。

③ 首席顾问及行业顾问的资历、背景和业绩。

④ 对企业所选软件的熟悉程度，有没有进行过相关软件的实施。

⑤ 对企业所在行业的熟悉程度，实施过多少企业所属行业的项目。

⑥ 公司如何进行知识转移，提供哪些培训教育，有什么教材。

⑦ 如何处理管理变革和业务流程重组，有什么业绩。

⑧ 用什么标准评价项目实施质量和成果。

⑨ 如何考核支持服务的工作。

⑩ 是否提供后期跟踪服务。

⑪ 咨询费计算和支付方法。

近年来，国内已涌现出大量 ERP 实施支持顾问和管理咨询公司，但还不能满足需求，通过管理咨询为企业带来明显效益并令人信服的案例并不多，咨询的价值没有得到普遍认可，因此发展我国咨询行业还有很长的路要走。

7.2.2　ERP 项目监理

所谓 ERP 项目监理，主要是指在整个 ERP 实施项目实施过程中（包括开始前的准备阶段和完成后的评估阶段）对项目实施中所涉及的各种资源和所达到的目标进行监督控制。因为企业实施 ERP 系统实际上是一个管理工程，由于企业缺乏大型管理系统的实施经验，可能会导致过程失控；由于 ERP 系统涉及企业的各个管理部门，可能会在实施过程中产生一些问题和阻力，这就需要进行协调；由于完整实施 ERP 系统需要较长的实施周期和较多的资源投入，这就需要进行周密的计划和控制。所以在 ERP 实施过程中实行项目监理制，用这种社会化、科学化和专业化的管理取代以往 ERP 企业自筹、自建、自管，目标不量化、方法不科学、质量不保证、进度难控制和监督保障不到位及遇有问题各方相互扯皮的传统管理弊端，确保 ERP 项目按期、按质完成，以提高企业 ERP 项目的抗风险能力。

监理是一种技术服务性质的活动。它不直接进行设计，不直接进行开发，不直接进行实施，不直接进行软硬件的采购、供应工作。因此，它不承担设计、开发、实施、软硬件选型采购方面的直接责任。所以，监理单位只承担整个建设项目的监理责任，也就是在监理合同中确定的职权范围内的责任。

具体来讲，ERP 项目监理要做的工作有以下几点。

1. 对项目实施计划和目标进行把关

如果 ERP 项目实施结果和计划目标有差异，除了规划时必须认真负责地制定出项目实施的计划和目标，还必须对项目实施计划和目标进行把关，分析并确认这个计划与目标是合理的和切实可行的，这是项目监理的基础工作。

2. 监督和控制投入的各种资源及达到的目标

在 ERP 项目的实施过程中，监督和控制的依据是计划和目标，监督和控制的目的是要使实施工作按计划进行并达到预期的目标。当有问题发生时，其直接的表现就是实施结果偏离了原来的计划和目标。在这种情况下，项目监理的工作就是要及早发现这种偏离，并分析原因。如果是因为原来的计划和目标制定得不合理，或者发生了预料之外的情况而又无法克服，这样就必须调整计划和目标；如果不是原来计划和目标的问题，则一定是资源的问题。这里所讲的资源是指广义的资源，如时间、人力、资金、技术和工具等。企业在实施 ERP 项目时，资源发生问题是最常见的，而好的项目监理可以在问题开始发生时就发现问题，并懂得如何分清责任，以及如何及时控制资源的合理投入。

3. 通过项目评价来监督和评判系统实施结果

ERP 项目实施成效评价是在项目完成的基础上进行的。对项目的目的、效益、影响和执行等情况进行全面而又系统的分析与评价，有助于改进投资效益、提高宏观决策和管理的水平。

由于企业对 ERP 项目的投资一般数目巨大，所以应分步实施。在各子系统的设计报告中常含有很多主观因素或无法预测的困难，而其中的效益分析结果都比较乐观。但是，在实际的操作中几乎每个项目都没有想象中的顺利，这样就必须对首先进行的子系统进行全面的分析和评价，从中吸取经验教训，以指导后期工作的顺利开展。在项目结束时应根据 ERP 所产生的效益来进行最终的实施效益评价。

ERP 项目监理将直接影响到企业实施应用 ERP 结果的好坏。项目监理这一角色的责任是相当大的，对其要求也是相当高的。担当项目监理角色的人员，应该是有经验的、比较公正的和负责任的。承担 ERP 项目监理工作单位的资格论证应有一套审批制度，就像建筑施工监理是由国家建设部审批的一样，监理人员必须持证上岗。

7.2.3 IT 审计

审计（包括外部审计与内部审计）通常负有向管理层提供咨询的责任，以帮助确保企业内部存在适当的内部控制，将主要风险控制到一个可接受的合理水平。ERP 审计一般指对 ERP 的规划、开发、实施、运行和维护等各个环节进行评价，确保与 ERP 相关的风险控制在可接受水平的过程，以保证企业数据及生成这些数据的信息系统的安全。它是一种保证和咨询活动，是使用系统的、规范的方法来评价 ERP 项目的实施、控制和改善 ERP 项目的实施风险，促进项目的有效实施的程序，有效的审计是 ERP 系统实施成败的关键，ERP 系统的实施给商业过程带来一个全新的控制环境和安全环境。

与一般的审计一样，ERP 审计的任务与使命也是通过评价内部控制，确保风险控制在可接受的水平。

但与一般审计不同的是，ERP 审计除了关注操作层面的风险外，还应关注战略层面的风险，因为 ERP 已经成为企业的战略问题。

另外，ERP 审计关注的风险主要与 ERP 相关。具体来讲，ERP 审计的任务与使命可以概括为如下 3 个方面。

一是确保 ERP 项目管理风险控制在合理的水平。

二是确保业务流程中与 ERP 相关风险控制在可接受的水平。

三是确保信息和信息系统的安全。

三个方面既涉及战略风险，也涉及操作风险。

由于在实施过程中要牵涉方方面面的工作（企业财务结构的设置、库存与生产结构的设置、物料方面的编码方法、供应商与客户的管理等），对于实施过程中的风险进行审计就很容易被遗忘，导致新系统缺乏安全控制，与企业的日常运营不相适应，这将减少企业从新系统中获得的收益。

在制定 ERP 审计计划时，要把测试控制风险的重点放在财务会计模块（FI）的不涉及具体交易的会计科目之间的转账核算和报表形成阶段。需要说明的是，ERP 审计并不能代替 ERP 管理的责任，ERP 审计应当是独立于 ERP 管理的一种监督过程。但是，ERP 审计确实能够为企业增加价值。

7.3 风 险 管 理

一个 ERP 实施项目的风险管理，首先需要对项目本身有深刻的认识和理解，然后识别项目潜在的各种风险。在此基础上，评估项目风险管理的控制点。经过识别项目风险和测试风险管理的控制点，筛选确定剩余且需要着重注意的项目风险，并进一步说明。在项目实施过程中，针对这部分风险采取专门措施进行风险管理和控制，从而最大限度地降低并控制风险。

在上述风险管理模型中，可以发现在最初的理解项目阶段，识别的潜在风险可能数量很多。经过评估项目风险管理的控制点，筛选潜在风险，去除那些可以运用通常的项目管理措施可以避免和克服的潜在风险，从而使实施人员可以将精力集中于那些为数不多的剩余风险上。确定了剩余风险后，有的放矢地进行相应管理和控制，最终使实施的整体风险能够得到有效的控制。

可以看出，风险管理的实质就是识别风险、筛选风险、控制重点风险，并最终降低风险。

7.3.1 风险管理的内容

通常风险管理可以分为如下步骤。

1. 识别风险

识别风险的主要工作是确定可能影响项目实施的风险并记录风险的特征。需要注意的是，识别风险贯穿整个项目实施的全过程，而不仅仅是项目的开始阶段，可能的风险包括各种内部因素和外部因素。

2. 衡量风险

在识别风险的同时，需要辩证地分析其负面效应（即风险带来的威胁）和正面效应（即潜在的机会）。衡量风险主要是评估识别的风险，确定风险之间的相互作用及潜在的一系列后果，同时还需要确定风险的重要性和处理风险的优先次序。在这一阶段可以采用的分析工具包括"风险评估矩阵"、"预期投资回报率"、"模拟"和"决策树"等。

3．管理风险

管理风险是风险控制中最为直接，也是最为关键的一个步骤。在管理风险的过程中，需要对风险的正面效应制定增强措施，对风险的负面效应制定应付方法。对于不同的风险，需要根据其重要性、影响面的大小，以及已经确定的优先次序采取相应的措施加以控制。对负面风险的反应可以应尽量避免，努力减小或设法消除。另外，在处理风险时需要注意及时性，即在第一时间对各种突发的风险做出判断并采取措施。还要注意反复性，即经常回顾已经发生并得到控制的风险，确保风险能够得到稳定、长期的控制。

4．监控项目过程

该步骤要检查风险控制的实际效果，评价项目的整体表现。

综上所述，项目管理的主要工作就是通过项目管理循环从质量管理和风险管理的不同角度来控制项目，使企业实现项目所预期的成果和目标。所以风险管理是项目管理过程中不可缺少的组成部分，对于 ERP 项目的成功进行有着至关重要的作用。

7.3.2 风险的具体表现

在分析企业实施 ERP 系统的风险中，我们意识到，ERP 项目包括的潜在风险会以各种形式表现出来，主要体现为软件风险、实施风险和转变风险。

对 ERP 项目过程中发生或可能发生的各种风险进行管理和控制，是贯穿 ERP 项目全过程的重要内容。

1．软件风险

软件风险主要包括软件本身存在的功能风险和企业选择软件时产生的选择风险。

（1）软件功能风险

由于 ERP 系统的纷繁复杂，ERP 软件本身可能存在各种功能不足或潜在的软件缺陷，称之为"软件功能风险"。针对目前中国市场上的 ERP 核心软件，主要存在的软件功能风险有软件功能与企业需求的满足程度、系统的集成性、软件的成熟性和稳定性、对一些不可预知的变化因素所导致的问题的解决方案，以及对中文界面和数据的支持程度等。

目前在中国市场上的 ERP 核心系统主要有两大类：由国外软件厂商开发的系统和由国内软件厂商开发的系统。国外的 ERP 核心软件在一些发达国家已经经历了一个较长的开发和使用阶段，因而在软件功能对企业需求的满足程度、系统的集成性、软件的成熟性和稳定性上表现比较理想；而国内的 ERP 软件一般都是从财务核算软件开发提高而来，在符合中国会计制度上占有一定的优势，但软件功能在财务核算以外的企业财务数据加工分析、生产计划和制造管理、分销物流管理及集成化等方面很多都在开发及试运行中。

（2）软件选择风险

面对中国市场上林林总总的 ERP 软件，企业在进行软件选择上同样会遇到所谓的"软件选择风险"。软件选择风险包括：企业是否清晰地定义了自己的需求和期望；企业如何综合地评估 ERP 系统，包括软件功能、价格、软件商的技术支持能力等各方面；企业如何将自身的实际需求与软件系统很好地进行匹配，从而选择最合适自己的 ERP 系统；企业由哪个部门和人员对软件作出评估选择等。

在企业实际选择 ERP 系统时，往往有很多用户未能意识到上述的软件选择风险，从而影响到最终系统实施的成败。不少国内大型企业的老总在提出要求实施 ERP 系统时，原因仅仅是"其他很多像我们一样的大企业已经用上了某某 ERP 软件……"同时在软件选择过程中往往仅由技术主管和技术人员负责，缺乏实际业务人员和高级管理人员的参与，原因往往是"反正这是世界目前最先进的软件，选择不会有太大的差错……"导致选出的软件在日常业务中不一定适合企业的实际需要。缺乏明确的实施期望和业务目标往往是导致最终系统实施失败的根本原因。

同时，有相当多的企业在清晰阐明自己的具体需求和全面评估和匹配软件上缺乏经验。很多企业在挑选 ERP 系统时，往往会邀请一些专家和企业的专业技术人员一起对市场上的主要软件产品进行评估，最终专家组未必达成一致意见，导致企业未能选到合适的软件。应该承认，这些专家具有相当专业的软件技术知识，但由于企业在选择软件的过程中缺少管理业务人员的积极参与，没有制定明确的整体选择目标，没有对不同管理需求的重要性进行先后排序，没有较多地从各使用部门出发去考虑软件的选择问题，从而造成了最终选择软件的不完整配比。

需要注意的是，除了上述提及的软件选择风险，由于参与软件选择的人员的贪污舞弊，收取不正当的软硬件回扣，也会给企业带来损失。

2. 实施风险

实施风险对每个企业在实施 ERP 项目过程中都可能遇到，主要包括实施队伍的组织、项目时间和进度的控制、实施成本的控制、实施质量的控制和实施结果的评价。

（1）实施队伍的组织

实施队伍和实施人员对于 ERP 系统的成功实施至关重要。由具有丰富 ERP 系统项目实施和企业流程管理经验的咨询人员和企业内部的管理人员、业务人员及技术人员一起组成项目实施小组，共同进行项目实施工作，可以提高 ERP 系统实施的成功率，缩短实施周期，减少实施风险。

有的企业采取将 ERP 系统实施完全外包给软件供应商或系统集成商，或者相反的，完全由企业内部的技术人员单独进行项目实施，这些做法都将增加系统实施的风险。没有企业内部人员的参与，软件供应商或系统集成商无法对企业的业务和流程有深刻的了解，从而难以按照企业的实际需要进行 ERP 系统实施；反之，企业内部的技术人员缺乏对软件的深入了解和项目实施的经验，在协调企业内部各部门机构的工作时存在种种不便，对推动和控制整个项目的进展存在困难。

由企业内部人员和外部咨询顾问共同组成项目实施小组的另一目的是为了将软件系统的知识和项目实施的经验传授给企业，使企业能够通过一个项目的实施，经历"知悉—接受—拥有"的过程，最终实现企业自身持续改善的目的。如果企业内部的项目实施人员经常变动，不能做到专职、稳定地参与项目的实施工作，把实施项目视为外来咨询人员的责任而不是企业自己的工作，将直接影响到咨询人员对企业用户进行知识和经验的传授，从而造成系统上线、咨询顾问离开、企业用户不会维护使用的尴尬局面。

在实施项目的组织中另一个突出的问题是：由于 ERP 系统的复杂性，在实施过程中涉及的部门很多，许多实施工作需要各部门的协作才能完成，因而，如何协调部门之间的工作、统筹安排跨部门的实施人员、避免出现扯皮现象是一个亟待解决的问题。

（2）项目时间和进度的控制

ERP 系统的实施通常需要 3~6 个月，甚至 1 年的时间。在这一漫长过程中，进行项目管理、控制项目进度、确保整个实施过程能够按照预计的时间表进行，对项目的成败至关重要。许多 ERP 实施项目在一开始就没有能够制定明确的、可行的实施计划，在实施过程中不能按时实现里程碑式的目标，造成项目最终半途而废或系统上线严重延误。

在许多 ERP 系统的实施中，软件供应商或系统集成商往往按照服务天数提供服务并收取费用，如果在实施过程中出现种种预料之外或不可控制的情况，由于双方既定的服务天数已到，服务者或者停止服务或者增加费用，给用户带来损失或额外支出。这种按照服务天数提供服务并收取费用的方式容易造成实施成果与费用脱钩的现象。

（3）实施成本的控制

ERP 系统的实施成本通常包括硬件费用、软件使用许可费用和软件培训费用、实施咨询费用及维护费用等。根据国外 ERP 系统实施的成熟经验，一般实施咨询费用是软件使用许可费用的 1.5~2 倍。国外企业已经普遍意识到咨询顾问在 ERP 系统实施过程中不可替代的作用，但国内不少实施 ERP 系统的企业尚没认识到这一点，从而在系统实施过程中遇到种种困难，甚至最终不能成功实施。

在实施过程中，如何合理分配实施费用，结合项目进度和时间安排，将实施成本控制在计划之内，是每一家实施 ERP 系统的企业需要认真对待的问题。不少企业由于不能按照项目时间进度计划开展实施，造成时间的延误和实施成本上升，即使最终系统上线，也不能符合时间和预算的要求，客观上造成实施的不成功。

（4）实施质量的控制和实施结果的评价

除了对 ERP 项目实施需要进行时间和成本的控制，对实施的质量和最终结果也需要作出评价。不少企业在实施之初没有制定实施的目标和期望，在实施过程中未能随时控制实施质量，在实施完成时不知道如何进行实施成败的评估造成"为上系统而上系统"、"系统上线就算成功"的现象，这对企业的长远发展埋下了危险的种子。

3. 转变风险

（1）管理观念的转变

ERP 系统的实施是一个管理项目，而非仅仅是一个 IT 项目。不少企业高层管理人员尚未认识到这一点：在选择系统时仅由技术主管负责，缺少业务部门（密切关系用户）的参与；在实施系统时仅由技术部门负责，缺少管理人员和业务人员的积极参与；项目经理由技术部门的领导担任，高级管理人员，尤其是企业的"一把手"未能亲自关心负责系统实施。由此种种现象，需要企业管理人员转变认识加以改善。

管理观念的转变还体现在 ERP 系统实施过程对企业原有的管理思想的调整上。ERP 系统带来的不仅仅是一套软件，更重要的是带来了整套先进的管理思想。只有深刻理解、全面消化吸收了新的管理思想，并结合企业实际情况加以应用，才能充分发挥 ERP 系统带来的效益。因此，在实施过程中企业管理人员和业务人员转变管理思想是一个必不可少的艰难过程，在某种意义上也是 ERP 系统成功实施的关键因素。

（2）组织框架的调整

为适应 ERP 系统带来的改变，企业必须在组织框架和部门职责上作相应的调整。因此，实施 ERP 系统往往需要同时进行企业流程重组和改善的工作。在流程重组中，会涉及部门职能的重新划分、岗位职责的调整、业务流程的改变、权力利益的重新分配等复杂因素，如果企业不能妥当地处理这些问题，将会给企业带来不稳定因素。

（3）业绩考评体系的转变

由于企业组织框架和业务流程的调整，企业必须对业绩考评体系进行相应的调整，以适应新的岗位职责和业务要求。能否顺利地将原有的业绩考评体系转变到适应新系统的业绩考评体系，是对企业的一个考验。

7.3.3　ERP 失败的原因分析

企业在实施 ERP 系统时，项目失败的主要原因在于如下方面。

① 企业对实施 ERP 系统缺乏正确的期望，以为 ERP 系统是"万灵药"，可以解决企业存在的一切问题，或是看到别的企业实施了 ERP 系统而盲目攀比。

② 企业不能清晰、明确地定义自己的需求。实施目标不明确使得实施结果完全取决于具体人员的个人素质和他对该项目的理解。换句话说，实施不仅没能体现出设备管理软件的管理风格，甚至没能体现出实施单位的管理思想，而完全是个人风格，这一点与软件供应商没能提供详细的实施指导有直接关系。实施队伍不稳定也是中国软件行业普遍存在的问题，实施如能在预期时间内完成，还不会产生太大的影响，但拖的时间太长对实施队伍就是一个考验。由于实施方法不规范，人员一旦发生流动则所做的工作很容易脱节。不平等的甲乙方关系，乙方在合同签字前曲意迎合甲方的各种要求。尽管有作假的嫌疑，但不得已而为之的成分更大些，合同执行中甲方的要求越提越多、越提越详尽，直至乙方最后无法满足，双方陷入僵局。实施 ERP 系统时尚未认识到专业咨询顾问带来的巨大价值和帮助。国外开展实施工作前都有管理咨询公司为企业提供实施方案，而在国内缺少相应的机构。即使有，开价都很高，难以为企业接受。在国内的 ERP 实践中这部分工作实际上由实施单位来承担。企业实施 ERP 系统是效益与风险并存，只有正确认识风险、控制风险，进而降低风险，才能成功实施 ERP 系统，充分享受 ERP 系统给企业带来的巨大效益。

③ 在选择 ERP 系统时，以技术人员为主进行选择而不是管理人员为主；主要考虑技术适用性而不是管理适用性；只注重 ERP 系统可能带来的效益而忽视了实施 ERP 系统存在的风险。

④ 实施 ERP 系统时尚未认识到专业咨询顾问带来的巨大价值和帮助。正所谓"当局者迷，旁观者清"，很多时候，对于企业的经营方向、经营策略、具体的管理难题等，企业经营者由于身陷其中、患得患失，未必就能认清其中的利弊。这时候，管理咨询公司可以从一个中立的角度来考虑问题，更加容易认清问题的本质。对于企业长期存在的一些问题，经营者或许知道，但未必能够清楚地、条理地列举出来，就算列举出来，也未必就能找到适合的解决方案。对于一个传统的，没有 MRP、ERP 概念的企业，在实施 ERP 的过程中离不开顾问公司的指导。由于实施企业开始没有熟悉实施 ERP 软件的人员，对可能涉及的业务调整也缺乏指导性的意见，而顾问公司可以很好地承担着这一角色，顾问公司可以提供从项目管理、业务重整到技术支持和多层次员工培训的服务，为 ERP 系统的成功实施提供强有力的保障。

⑤ 项目实施过程中高级管理人员的参与远远不够，项目小组的成员以技术人员为主而不是

相关的管理人员和业务人员。引进的先进管理手段首先要由企业骨干来使用，但"骨干"的含义也就意味着他们是生产中离不开的。因此企业实际上也面临着两难的抉择，不抽调骨干实施难以做好，而骨干长期调离生产又确实有困难。项目实施过程中高级管理人员的参与远远不够，项目小组的成员以技术人员为主而不是以相关的管理人员和业务人员为主，主要考虑技术适用性而不是管理适用性，只注重 ERP 系统可能带来的效益而忽视了实施 ERP 系统存在的风险。

⑥ 对实施过程中的组织架构和业务流程的转变缺乏准备。管理的变革最终需要业务层面的支持，业务整改是 ERP 实施遇到的首要问题，由于传统观念和习惯的影响，业务整改不仅涉及业务操作方式的变化，而且整改过程中的困难来自业务人员对这种变化的认同，更大的阻力来由此而带来的部门之间、岗位之间职责与权利的调整。新的管理方式需要新的业务操作模式支持，业务整改必须下大力度执行下去。

⑦ 用户过多地以现行的流程评估系统，对商品化的 ERP 软件提出过多不切实际的客户化修改要求。而 ERP 公司的产品相对固定，不管企业的情况如何，基本上都会按照 ERP 公司提供的产品模式进行实施，而当企业发生变化的时候，基本上要重新进行软件编程，哪怕一个岗位职责的一个微小变化，也可能引起 ERP 系统的从工作流到基础数据到操作界面到统计表格的变化。而目前的 ERP 系统还没有做到低成本地响应客户需求的阶段。

⑧ 在签订项目合同时，没有对可预见的项目风险进行事先约定，造成实施后无法弥补。

企业实施 ERP 系统是效益与风险并存。只有正确认识风险，控制风险，进而降低风险，才能成功实施 ERP 系统，充分享受 ERP 系统给企业带来的巨大效益。

案例分析

许继集团ERP系统的实施

1998年年初，许继集团（以下简称许继）采用Symix公司（现更名Frontstep公司）的产品来实施ERP，直到同年7月份，许继实施ERP的进展都很顺利，可是随后的一系列变故让项目彻底失败。4年过去了，许继的销售额从当时的15亿元上升到22亿元。但是，对许继来讲，当初实施的ERP如今却成了个负担。

1. 背景

在机械行业100强排名中，许继排名第29位。许继是以电力系统自动化、保护及控制设备的研发、生产及销售为主的国有控股大型企业，国家520户重点企业和河南省重点组建的12户企业集团之一。集团公司下设2家上市公司——"许继电气"和"天宇电气"，8个中外（港）合资公司等21个子公司；现有员工4 260人，各类专业技术人员2 550余人，占全员的60%，其中本科生1 375人，硕士216人，博士、博士后34人，国家级有突出贡献的专家8位；公司占地面积60万平方米（以上数据不含天宇电气）。

许继在坚持把主业做强、做大的同时，不失时机地跻身于民用机电、电子商务、环保工程、资产管理等行业，并取得了喜人的业绩。多年来，许继坚持"一业为主，多元发展"的经营战略，支撑着企业的快速发展，2001年许继实现销售收入28.8亿元（含税）、利润2.5亿元，比2000年分别增长34%和9.75%，各项经济技术指标再创历史最好水平，继续保持行业的龙头地位。

Symix公司成立于1979年，总部位于美国的俄亥俄州，专业从事企业管理软件的研发和推广，1995年进入中国市场，设立赛敏思软件技术有限公司，并发展了多元电气、许继电气、威力集团、西南药业等本土化用户。该公司倡导的"客户同步资源计划（CSRP）"理念已受到业界广泛关注并获得了客户的认可。其SyteLine软件系统在中国的客户总数目前已达140余家。2001年年初，Symix正式更名为Frontstep（以下称symix/Frontstep），将公司业务从企业资源计划向全面的电子商务解决方案拓展。

2. ERP选型

许继上ERP希望能解决3个方面的问题：第一方面是希望通过ERP规范业务流程；第二方面是希望信息的收集整理更通畅；第三方面是通过这种形式，使产品成本的计算更准确。

ERP选型时，许继公司接触过包括SAP、Symix/Frontstep、浪潮通软、利玛等国内外ERP厂商。开始许继想用SAP的产品，但是SAP的出价是200万美元：软件费100万美元，实施服务费100万美元。而当时许继上ERP的预算只有500万元人民币。国外ERP软件用不起，许继并没有把目光转向国内软件企业。因为在考察了浪潮通软和利玛等几家国内厂商之后，许继觉得国内软件厂商的设计思路和自己企业开发设计软件已实现的功能相差不大。挑来挑去，许继最终选择了Symix/Frontstep，一家面向中型企业的美国管理软件厂商。许继当时的产值是15亿元，与美国的中小型企业相当，而Symix/Frontstep在中小型企业做得不错，价位也比较适中。而且按照一般的做法，签单的时候，一般企业的付款方式是分三笔，采用5:3:2模式。而Symix/Frontstep开出的条件非常优惠：分7步付款的方式。双方就这样成交了。

3. ERP的实施

从1998年年初签单，到同年7月份，许继实施ERP的进展都很顺利。包括数据整理、业务流程重组，以及物料清单的建立都很顺利。厂商的售后服务工作也还算到位，基本完成了产品的知识转移。另外，在培养许继自己的二次开发队伍方面也做了一定的工作。如果这样发展下去，或许许继会成为国内成功实施ERP企业的典范。然而，计划赶不上变化。

到了1998年8月份，许继内部为了适应市场变化，开始发生重大的机构调整。原来，许继没有成立企业内部事业部，而是以各个分厂的形式存在。而各个分厂在激烈的市场竞争中，出现了这样的怪现象:许继自己制造的零部件，比如每个螺钉在公司内部的采购价格是5分钱，在市场上却3分钱就可以买到，这样必须进行大调整。

大调整的结果是将这些零部件分厂按照模拟法人的模式来进行运作。许继的想法是给这些零部件厂商两到三年的时间，如果还生存不下去，再考虑其他办法，如工人下岗、企业转产、倒闭等。

实施ERP在先，公司结构大调整在后。但是许继高层在调整的过程中，更多地是关注企业的生存，企业经营的合理化和利润最大化，显然没有认真考虑结构调整对ERP项目的影响。

企业经营结构变了，而当时所用的ERP软件流程却已经定死了，Symix/Frontstep公司也似乎无能为力，想不出很好的解决方案。于是许继不得不与Symix/Frontstep公司友好协商，项目暂停，虽然已经运行了5个月，但是继续运行显然已经失去了意义。Symix/Frontstep公司的ERP现在只是在许继一些分公司的某一些功能上还在运行。

4. 诊断

许继实施ERP不成功的根源，有如下3个主要因素。

第一个因素，许继进行非常大的经营结构调整，关键业务流程重组，在上ERP之前应该有明确的计划和认识，或者提前进行，或者同时进行。但关键业务流程重组是应该提前进行，同时进行的只能是部分非关键业务流程的改造。那么如果选择功能更强大的管理软件会不会好一些？也许当时选用SAP是个正确的选择。如果软件的适应性比较强，也就不会出现这么大的影响。但是当时选择SAP还要多出100万美元，许继又当如何？

第二个因素是厂商。美国人在设计软件的时候，是不会想到中国企业会在短短几个月的时间里出现这么大的变化。任何一个产品都有它的适应性，它也有所不擅长的领域，企业发生这么大的变动，肯定超出了软件所能适应的范围。但厂商的责任应该更重的，因为厂商或者顾问咨询公司有责任来帮助企业进行分析业务流程，指出一些不合理性，Symix/Frontstep公司在来中国之前并非不知道咨询顾问的作用。

第三个因素是"一把手"的作用不能贯彻始终和有效发挥。企业上ERP是"一把手工程"，是考验企业最高领导人意志和魄力的过程。许继的决策层在1998年将花500万元上ERP，决心不可谓不大。可是"一把手"毕竟精力有限，不可能指望他把所有的时间都用在这一方面。在实施过程中，许继高层的做法是把这个权利移交给信息中心，并要求各部门积极配合，谁不配合谁下岗。然而，即使手中拿着"一把手"的"尚方宝剑"到处挥舞，但信息中心依然发现，在执行过程中其他部门仍然没有按照信息中心的整体布局执行。那么为什么不能"杀一做百"，或者采取其他的强制措施？因为软件流程已经设定了，而这时企业为了适应市场做了一个结构调整，于是出了问题也就分不清责任在哪一方，到底是软件不行，还是人的配合不够，造成流程不顺畅，无法界定责任，但是联想是在分拆前实施SAP系统的，分为联想和神州数码两个公司，ERP系统也进行了分拆，现在运行得很好。关键的因素还是企业负责人的决心和"一把手"这个"尚方宝剑"的有效性。

目前许继怎么办，一种说法是是考虑和更大的ERP供应商沟通咨询，进行诊断，找出一个合适的做法。还有就是与国内有ERP理论的、有技术支撑的软件供应商合作，结合许继信息中心的队伍合作开发。到目前为止，许继依然靠自己开发的程序来支撑运行自己的信息系统。而500万元买来的管理软件只是在一个子公司运行，虽然现在不用，但每一年许继依然要支付高昂的软件升级维护费用。许继这几年保持高速发展，但与500万元的冤枉钱无关。

案例来自：bbs.vsharing.com/Information/ERP/705127-1.html.2008-07-16.

小结

影响ERP项目实施成功的因素有很多，但归纳起来不外乎3个原因，即人、数据和方法，其中"人"的因素最重要，这里的人指供应商、咨询顾问、实施方和用户。本章详细介绍了ERP实施中如何评价供应商、咨询公司、用户和集成商之间的关系；应如何选择ERP咨询公司和咨询顾问；项目监理应做哪些工作；着重介绍了ERP风险管理的内容和风险的具体表现；最后针对ERP实施失败的主要原因进行了分析。

关键字

Consultant　咨询顾问

Audit　审计

思考题

1. 简述 ERP 实施成功的条件和障碍。
2. 如何理解企业实施 ERP 项目时软件供应商、软件实施方和咨询方的关系？
3. 如何控制 ERP 实施中的风险？
4. 简述 ERP 实施中第三方咨询的作用。
5. IT 审计的意义何在？
6. 简述项目监理的作用。

阅读书目

宋卫. 企业资源计划（ERP）原理与实施. 北京：机械工业出版社，2006.

张世询. ERP 精髓与实施. 北京：电子工业出版社，2005.

牛鱼龙. ERP 知识与应用. 深圳：海天出版社，2005.

郑宽明，何宁. 企业资源计划—理论 实践，北京：科学出版社，2004.

李嘉平，翁锦萍. 大型 ERP 实施全接触 Step By Step. 北京：电子工业出版社，2004.

许建刚，王新玲等. ERP 应用教程. 北京：电子工业出版社，2005.

李健. 企业资源计划（ERP）及其应用. 北京：电子工业出版社，2004.

罗鸿，王忠民. ERP 原理 设计 实施（第二版）. 北京：电子工业出版社，2003.

汪国章. ERP 原理实施与案例. 北京：电子工业出版社，2003.

www.amteam.org

周玉清，刘伯莹，周强. ERP 与企业管理—理论、方法、系统. 北京：清华大学出版社，2006.

宋卫. 企业资源计划（ERP）原理与实施. 北京：机械工业出版社，2006.

第8章 企业 ERP 应用绩效的评价

【教学知识点】

ERP 系统应用绩效评价的意义；

驱动企业实施 ERP 的驱动因素、过程因素、成败因素；

国内外有关 ERP 应用绩效评价的方法；

未来 ERP 绩效评价的发展趋势。

导入案例

上海保隆汽车公司的ERP系统

上海保隆汽车公司（以下简称保隆）是一家集汽车配件研发、生产、销售于一体的外向型民营高新技术企业。正在快速成长的保隆面临着管理的烦恼，理清企业自身的管理需求是非常重要的。保隆有一个知识型的创业团队，董事长陈洪凌、总裁张祖秋等一批高管都毕业于武汉理工大学，并完成新加坡国立大学EMBA的学业，具有现代企业管理的理念与眼光，他们对实施ERP有非常清醒的认识：保隆要成为跨国的汽车零部件"小巨人"，用ERP提升管理能力和水平成为必然，ERP项目正是由黄军林负责实施。

保隆发现市场上成熟的ERP系统又无法满足保隆跨公司组织发货的功能。当然要完全重新开发一套系统也是不现实的。因此，在成熟的ERP系统的基础上，利用自有力量开发这些模块成为必然。

在开始的需求分析中已经看到了，保隆在跨公司组织发货方面有自己独特的需求，因此要求软件系统必须有足够开发的技术架构和灵活的开发工具。这一点上，IFS的组件化技术在保隆得到了充分发挥。在"没有外部咨询公司的情况下"，黄军林亲自带领集团内部的ERP实施小组，克服了种种困难，边学习边实施，步步为营，最终实现3个贸易公司及一家制造工厂同时上线运行。在实施分销系统和制造系统的同时，为了满足集团跨多公司组织发货的需求（一个客户会采购不同工厂生产的货物），设计和组织开发了《保隆集团销售—备货管理系统》。

保隆完成了信息化基础建设和内部流程管理的重新梳理工作，提高了公司业务流程的规范性和可操作性。信息管理部还建立了集团级的内部网络及邮件系统，组织和实施保隆的ERP及其配套的信息系统。

ERP系统上线后，经过一年多的磨合、改进，保隆的订单相关的信息准确性和及时性得到极大提高，对库存的控制也得到加强。意想不到的是，ERP对保隆的高新技术产品轮胎气压监测系统的开发起到促进作用。TPMS作为汽车电子的最新技术产品，是保隆在汽配行业的实现向技术密集型转型的重头戏。ERP的实施，为开发的成本核算、订单管理一开始就打下了良好的基础，极大地提高了开发效率。目前保隆的TPMS已与多家原配汽车厂签约，开始受到业界的关注。

企业要成为ERP项目实施的主体的另一个原因是，采购软件系统后，就成为企业本身的资产了，如果使用不好，就浪费了它的价值了。当然，我们也希望供应商能不断提供后续服务，但有些时候，供应商的并购、公司架构的调整、人员的调整都是影响双方合作效率的事情所，立足自身的水平提高，快速掌握培训教材，对项目实施有一个长期支持的作用。

8.1 对 ERP 系统应用绩效进行评价的意义

1．ERP 应用绩效的界定

ERP 系统应用绩效评价的研究是对企业实施 ERP 系统后的工作成绩及效率、效果进行评议和考核，评价的目的是从企业实施 ERP 系统的目的和战略出发，考察 ERP 系统应用给企业经营和管理带来的影响。

2．研究 ERP 应用绩效评价的意义

总体来说，中国企业的 ERP 实施与应用水平与西方发达国家还有很大的差距。主要原因在于国内外企业实施 ERP 的基础与背景不同。

国外企业从 20 世纪初就开始致力于企业内部管理水平的改善，陆续采用了泰勒的科学管理法、质量统计控制法、库存控制法、生产计划和作业排序的优化法、全面质量管理等一系列科学管理方法，企业内部已经建立了较强的管理基础。从外部环境看，社会化分工协作体系和行业供应链结构也已经经历了一个长时间的合理化重组，在应用上有了浑厚的积淀，在此基础上，ERP 管理模式的引入和信息技术的应用如虎添翼，使 ERP 的应用"水到渠成"，并取得了巨大的经济效益和管理效益。

而我国多数企业应用 MRP Ⅱ/ERP 要比西方国家迟了至少 10 年，缺乏扎实的科学管理基础，内部管理基础薄弱，业务流程不够合理。此外，缺乏综合型人才，缺乏统一的规范和标准及外部支撑配套环境尚未形成等。

近年来，中华人民共和国工业和信息化部和国务院国有资产管理委员会对大型企业的信息化建设的跟踪调查显示，实施和应用 ERP 系统的企业中，只有少数的企业开始进入应用的成熟阶段。而大多数企业的信息系统使用仍然在表面的应用，企业还不能把管理和信息系统两者充分地结合起来，使信息系统更好地为管理服务。非常多的企业在一腔热情之下对 ERP 系统的软件以其配套硬件上投入了非常巨大的成本，往往一个大型企业的上线需要上千万资金的投入，同时企业在人力资源和组织结构上也投入了很大的改革成本和机会成本，但是却没有得到理想的应用效果。形成了投入和产出不能对称或根本无法量化的困局。

因此，深入研究我国企业 ERP 的实施应用过程，为其提供系统的可行的指导方案，降低系统实施的风险，从而提高实施成功率，就显得极为必要和迫切。

从另一方面来看，ERP 系统应用绩效评价研究，不但能完善现有实施绩效评价体系，而且能推动企业个体的信息化战略变革，提升综合竞争力。从 ERP 系统实施的过程来看，多数

企业在实施过程和日常应用中遇到了很多问题和推行的阻力，换而言之，对 ERP 系统应用的绩效的定期评估和测评本身就是 ERP 项目管理的一部分。因此，对 ERP 系统的应用进行绩效评价便成为当务之急。

3. ERP 系统应用绩效评价的特点

对信息系统的成功进行定义和评价一直是信息系统研究领域最具挑战性的问题之一。很多学者认为，信息系统是一种社会技术系统，对信息系统的评价不是一个简单的技术项目评估问题，而是一个复杂的社会过程。ERP 是一种集财务管理模块、生产控制管理模块、物流管理模块及人力资源管理模块为一体的综合控制管理系统，其复杂性和对企业的影响度超过了以往任何一种单一功能的信息系统，对 ERP 的应用绩效的评价也变得更加复杂和困难。它的成功实施不仅在于企业的财务因素，更重要的是在于高层管理人员的支持、企业内部流程及企业员工素质等非财务因素。因此，对 ERP 环境下企业绩效评价时，需要考虑的不仅是财务因素，更重要的是非财务因素。另外，由于 ERP 给企业带来的效益不仅仅是直接效益，更多还是大量的无形效益、间接效益、长期效益及滞后效益，这使得对 ERP 应用绩效的评价更加复杂。因此，单纯靠单一的绩效评价体系和方法已经不能满足其要求。此外，ERP 应用绩效评价既要定性地反映企业通过应用 ERP 后在管理方面有哪些明显的改进、提高和创新，又要利用相关的经济指标定量地反映企业综合能力和管理过程状况的改进和提高，重点应突出企业管理创新。ERP 应用绩效的评价具有以下特点。

（1）ERP 的定义存在不确定性，很难清楚地界定应用绩效的范围

当初，Gartner GroupInc.是通过一系列的功能标准来界定 ERP 系统。超越 MRP II 范围的集成功能，支持混合方式的制造环境支持能动的监控能力，支持开放的客户机/服务器计算环境，这不仅仅是描述 ERP 系统的。从企业应用的角度看，ERP 系统应包括哪些功能，实现哪些信息的集成等，还缺乏一个明确的范畴。同时，从总体上看，国内企业信息化水平参差不齐，能够完整实施 MRP II，实现物流同资金流集成的不多，更谈不上全局级应用 ERP 了。实际上，很多企业仅仅使用进销存系统或闭环 MRP，或者只实施了 ERP 的少数几个模块，停留在局部（部门级）的应用，这样就很难确定哪些效益是 ERP 系统产生的。

（2）ERP 属于企业全局级的应用，所产生的整体效益、评价范围难以明确界定

信息化投入和产出之间存在一个难解的数量关系，信息是通过渗透、激活和协调其他生产要素发挥作用，而 ERP 系统通过将整个企业的资源纳入管理，影响企业运作的各个方面，提高整体运作效率，这是信息集成的优势所在。然而能够带来全局整体效益的因素很多。例如，有些企业在实施 ERP 系统的同时，也在开展企业流程再造、全面素质管理等，这些管理的变革都能带来企业整体的效益，很难清楚地界定哪些效益是由实施 ERP 带来的。同时，各评价要素之间的关系错综复杂，有过程的，有结果的，有些甚至互为因果，如何认识这些要素的属性，理清它们之间的关系，是选取 ERP 应用绩效指标评价的关键。

（3）ERP 应用具有特殊的技术经济特点

① ERP 应用既可以产生直接效益，又可以产生间接效益；既可以形成有形利益，又可以形成无形利益；既可以带来战术利益，又可以带来战略利益。

② ERP 系统发挥作用的时间较长，有明显的滞后效应。

③ ERP 几乎影响企业生产经营的各个方面，可能对企业的生存发展产生根本性的影响。

所以 ERP 所产生的绩效和对企业的影响就很难被确定和量化，传统的项目技术经济评价体系不适合对现代企业的 ERP 应用进行评价。

④ ERP 的应用绩效受企业行业特点、企业发展阶段等各种因素的影响。对于不同行业的企业和处于不同发展阶段的企业来说，ERP 系统应用的绩效所体现的形式各不相同，具有明显的个性化特征。例如，制造类企业应用 ERP 系统所带来的零部件缺件率降低、生产周期缩短等，不可能在零售类企业的 ERP 应用绩效中体现出来。因此，对于 ERP 实施效果评价缺乏统一的标准，在这种情况下，就要求评价的指标体系具有很高的灵活性、个性特征和创新性，整体框架具有一定的延续性。

（4）ERP 绩效监控具有动态性

ERP 作为一项投资，往往伴随着漫长的投资回报，在业绩提升方面的潜在利益不能在短期内实现。有国外学者曾指出企业会因为 ERP 的实施而持续一段时间的混乱状态，企业的业绩也会较实施前差，企业不会在 ERP 实施后当即产生效益，必须等到员工熟练系统或企业流程顺畅后，效果才会逐步显现，ERP 大约需要 2～5 年甚至更久才会对企业业绩产生正面影响。这些研究表明 ERP 的绩效监控具有动态的特性，在不同的时期，评价指标体系必定不能相同。而且要剔除宏观因素或其他重大事件的影响，以免降低 ERP 实施行为对企业业绩影响的能力。

8.2 ERP 系统实施的驱动因素分析

本节主要从 3 个方面展开，即驱动因素、过程因素和成败因素研究。因为因素研究是贯穿 ERP 实施绩效研究各个领域的重要内容，驱动因素与 ERP 系统的预期利益紧密相关，过程因素影响着 ERP 系统的有效实施，成败因素是构成 ERP 绩效评价指标的直接来源。其中，因为 ERP 实施的高失败率使对其成败因素的研究成为理论和企业界的研究热点。

1. 实施 ERP 的驱动因素

企业实施 ERP 多数是企业自身发展的一种需要，在这个阶段中企业大多在管理上出现了这样或那样的矛盾，如生产计划变化频繁、库存严重积压、市场信息传递不及时、产品设计更改频繁等问题，已严重制约了企业的发展，必须切实解决好这些管理问题，全面提升企业的管理水平及发挥管理效益，才能使企业不至于在激烈的市场竞争中被淘汰。

目前，专门针对 ERP 实施驱动因素的研究并不多，目前有代表性的观点主要集中在两个方面，一是从驱动因素，主要有 5 点，依次为竞争动机、效率动机、技术动机、经营动机和战略动机。另有学者从制度理论、资源依赖理论、资源基础理论、交易成本理论为研究架构基础，建立了一个"决定企业实施 ERP 系统"的完整整合模型。其中决定实施 ERP 系统的 3 项考虑变量为制度压力变量（竞争者压力、协作厂商压力）、效率压力变量（低成本策略、差异化策略）、抗拒压力动机变量（建构成本、软件差异、异入方式、ERP 出现时间、公司成立时间、公司组织规模）。这些评价指标较为全面地反映了 ERP 实施的驱动因素。

2. ERP 有效实施的过程因素

IT 的应用一般遵循 6 个阶段：初始期、采用期、适应期、接受期、常规期、扩散期。学者 P.S.Rajagopal 将这一模型应用到 ERP 的实施上，建立了个过程因素决定模型（见图 8-1）。

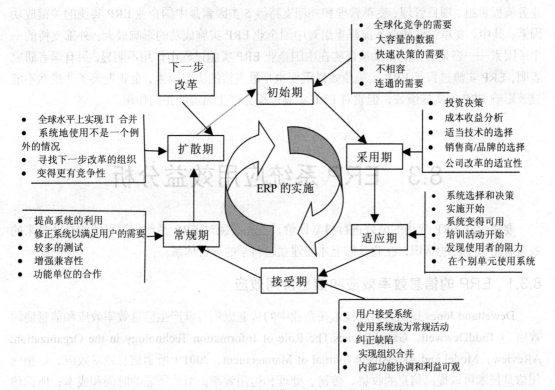

图 8-1　ERP 实施的过程模型及各阶段的影响因素

3. ERP 实施成败的决定因素

关于 ERP 实施成败的决定因素，国外的研究多从组织因素着手。总体说来主要的影响因素见图 8-2。

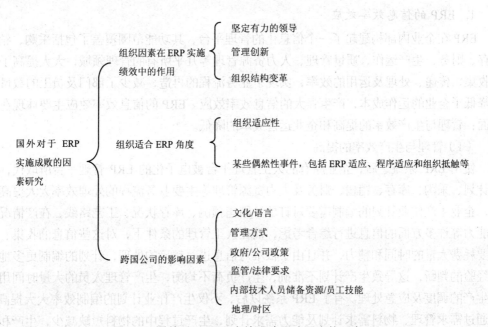

图 8-2　国外对于 ERP 实施成败影响因素的研究

在中国，对于 ERP 实施成败影响因素的研究也大多采用实证研究的方法，确定领导因素、业务流程重组、项目管理、变革管理和外部支持等 5 类因素是中国企业 ERP 实施的关键成功因素。其中，变革管理和业务流程重组对中国企业 ERP 实施成功的影响最大。外部支持的一个子因素——咨询公司的帮助被证实在中国企业 ERP 实施过程中作用不明显。另有学者研究表明，ERP 实施过程是 ERP 实施绩效最重要也是最直接的决定因素，企业先天条件虽然不能显著影响 ERP 的实施绩效，但它对 ERP 实施过程会产生显著的正向作用。

8.3　ERP 系统应用效益分析

要对企业 ERP 应用的绩效进行科学评价，首先必须对 ERP 系统应用可能给企业带来的效益有比较全面的认识，在此基础上才能建立起科学的评价体系。

8.3.1　ERP 的信息效率效应和信息协同效应

Dewettand Jones 提出，信息技术在企业中的普遍应用可以产生信息效率效应和信息协同效应。（ToddDewwett，GarethRJones.The Role of Information Technology in the Organization: AReview，Model and Assessment.Journal of Management，2001）所谓信息效率效应，是指应用信息技术可以提高信息的收集、传递、处理和运用效率，节约所需的时间和成本；所谓信息协同效应，是指应用信息技术可以将各业务流程、各部门及单个个人的信息进行汇总整合，实现高度的信息集成，以跨越部门及组织的边界，被更多的人所共享和利用，产生一种"1+1>2"的效应。作为信息技术应用于企业管理的典型代表，ERP 在企业管理中的应用同样可以产生强大的信息效率效应和信息协同效应。

1.　ERP 的信息效率效应

ERP 在企业内部构建起了一个信息化的管理平台，其功能范围覆盖了包括采购、销售、库存、财务、生产运作、质量管理、人力资源管理等几乎所有的管理领域，大大提高了信息的收集、传递、处理及运用的效率，实现了业务流程的再造，减少了部门及员工的数量，有效降低了企业的运作成本，产生强大的信息效率效应。ERP 的信息效率效应主要体现在两个方面：管理与生产效率的提高和企业运营成本的降低。

（1）管理与生产效率的提高

使用 ERP 系统之后，企业原有的人工管理平台被电子化的 ERP 管理平台所取代，企业的计划、采购、库存、销售、财务及人力资源管理等主要业务流程的处理效率大大提高。例如，企业生产作业计划的编制需要对订单、销售预测、库存状况、工艺路线、在产情况、设备能力等许多方面的信息进行综合考虑，而在人工管理的条件下，对这些信息的收集、处理需要耗费大量的时间和精力，并且由于很难对信息进行精确的处理，计划的编制更多地依赖于经验的判断，这导致生产计划不准确，生产负荷不均衡，生产管理人员的大量时间用于进行生产的调度及应急处理。有了 ERP 系统以后，不仅生产作业计划的编制效率大大提高，而且通过需求管理、物料需求计划及能力需求计划，生产过程中的物料短缺减少，生产和装配过程的中断减少，直接劳动力的生产率得到提高；以 ERP 作为通信工具，文档及传递工作减少，混乱和重复工作减少，从而间接劳动的生产率提高；使用 ERP 还可以提前制定出能力需求计划，有效地进行能力平衡，从而减少加班以提高生产率。

（2）运营成本的降低

运营成本是企业为了维持正常的生产经营活动而产生的支出，它的高低直接影响到该企业的生产和赢利能力。运营成本主要包括采购成本、库存投资成本、制造成本、管理费用、营销费用等企业运营需要的各种费用。通过使用 ERP 系统，企业能够记录各种不同生产过程的运营成本，最重要的是企业能够了解为何会产生这些运营成本及不同业务状态下运营成本的变动情况，从而为降低运营成本提供良好的分析基础。与此同时，由于 ERP 系统使用了许多自动化的业务流程，企业在逐步减少人工处理信息的过程中能相应降低其在劳动力上的投入，从而获得运营成本的下降。

2．ERP 的信息协同效应

ERP 能实现企业内部信息的高度集成与共享，使任何业务部门的管理人员在进行业务处理时，都能及时获取其他业务流程或部门的相关信息，从而提高效率，降低业务处理成本。同时，ERP 还支持企业间的电子数据交换，在一定程度上支持了企业间的协同运作，因此，ERP 能够在企业内部部门之间及企业之间产生强大的信息协同效应。

实现信息集成就是任何一项数据或信息，由一个部门一位员工负责，在规定的时间录入系统里去，存储在指定的数据库中，按照一定的运算方法进行加工处理。也就是说，同样的数据或信息不再需要第二个部门或任何其他员工再录入一遍。这样可以减少重复劳动，提高效率，避免差错。

做到信息集成本身不是最终目的，实现信息集成是为了信息共享。所有与某项业务流程有关的授权人员都可以从指定的数据库中调用原始数据和加工处理后的信息，按照一定的格式显示在所有相应的记录和报表上。实时地了解到相关信息对提高企业的响应速度是至关重要的。不同岗位的员工都是根据同一个数据源，及时采取必要的决策和措施，提高企业的应变能力和竞争力。

信息的集成与共享能实现集成化的应用，为企业决策建立起完善的数据处理体系和信息共享机制。

不过，在实际应用中，很难严格地区分 ERP 应用所带来的某种效益是来源于信息效率效应还是来源于信息协同效应，事实上，ERP 应用所带来的许多效益都是信息效率效应与信息协同效应共同作用的结果。据美国生产与库存控制学会（APICS）统计，使用一个 MRP II/ERP 系统，平均可以为企业带来如下经济效益：库存下降 30%～50%，延期交货减少 80%，采购提前期缩短 50%，停工待料减少 60%，制造成本降低了 12%，管理人员减少 10%，生产能力提高 10%～15%。而这些效益有许多都是 ERP 的信息效率效应与信息协同效应的共同体现。

8.3.2 ERP 的直接效益和间接效益

ERP 系统不仅仅带来企业业绩的提高，更重要的是引进了先进的管理思想、管理模式、管理机制、管理方法，促进了企业管理的变革。一般而言，人们更多地将 ERP 应用为企业带来的效益分为直接的效益和间接的效益两个方面。直接的效益一般表现为企业实施 ERP 以后各种经营业绩的改革。直接的效益大多可以从定量的角度进行分析。间接的效益更多地反映了企业的行为实践，其中许多间接效益是无法直接量化的。相对于直接效益来说，间接的应用效益更为深刻，二者有密切的关系，但又并非总是完全一致。有时，企业虽然没有好的行为实践作为支持，但是也可能有好的业绩表现，不过这种好的业绩表现肯定是脆弱的和暂时的，而反过来，如果一个企业有好的行为实践，其业绩表现则必然会越来越好。

1. 直接的效益

ERP 系统应用所带来的直接的效益主要体现在以下方面。

（1）全面降低企业运作成本

首先，ERP 能有效降低企业的采购成本。ERP 把供应商视为自己的外部工厂，通过采购计划与供应商建立长期稳定、双方受益的合作关系。这样确保了物料供应，又为采购人员节省了大量的时间和精力，使其不再陷于对繁杂的采购业务本身的处理，而可以有较多的时间和精力对采购工作进行有价值的分析。采购计划法既提高了采购效率，又降低了采购成本。

其次，应用 ERP 系统可降低原材料、在制品与成品的库存量。使用 ERP 系统之后，由于有了好的需求计划，企业在生产经营的各个环节可以在恰当的时间得到恰当的物料，从而可以不必保持很多的库存。根据统计数字，在使用 ERP 系统之后，库存量一般可以降低 30%～50%。而且，应用 ERP 系统可降低库存管理费用。库存量的降低还导致库存管理费用的降低。其中库存管理费用包括仓库维护费用、管理人员费用、保险费用、物料损失和失盗等。库存管理费用通常占库存总投资的 25%。最后，应用 ERP 系统可减少库存损耗。一方面，库存量减少，库存损耗也随之减少；另一方面，ERP 对库存记录的准确度有相当高的要求，为了保证库存记录的准确性，需要实行循环盘点等方法，因而能够及时发现造成库存损耗的原因，并及时予以消除，从而可以使库存损耗减少。

再次，由于提高了管理效率，ERP 在提高企业整体管理水平的同时，能有效减少各类管理人员（财务人员、库存管理人员、销售与市场人员、人力资源管理人员、一般的 IT 人员等）的数量，从而降低人力资源成本。

最后，由于强化了生产作业管理，损失和返工费用下降；信息的高度共享与自动传输减少了各类报告的数量及其复制、印刷的费用，降低了行政管理成本以及工具和设备的维护成本，总运输成本减少。可以说 ERP 对企业运作成本的降低是全面的、普遍性的。

（2）提高效率，增强企业创新学习能力

使用 ERP 之后，由于减少了生产过程的物料短缺，减少了生产和装配过程的中断，劳动生产率得到提高。各种实时业务信息都集中存储在中央数据库中，通过 ERP 所提供的信息分类、过滤和汇总机制，业务人员和领导层能随时获取自己所关心的各种信息，减少了文档生成及其传递的工作量，减少了信息的重复输入，从而带来了工作效率的大幅提高。例如，在 ERP 系统支持下，客户发票处理时间大大加快，订单及时录入率提高，订单精确性提高，重复性的电话减少，这些都带来了工作效率的提高。此外，使用 ERP 系统，可以提前制定出能力需求计划，有利于合理安排生产作业计划，从而减少加班 50%～90%。

同时通过企业 ERP 专业培训，以及 IT 技术方面的知识培训和管理学知识的培训，使得员工的学习能力大为提高。特别是业务流程重组，也可使企业立足管理创新，增强企业的创新能力和学习能力。

（3）改善客户服务水平，提高产品销售量，增加利润

ERP 系统作为计划、控制和通信的工具，使得市场销售和生产制造部门可以在决策及日常活动中有效地相互配合，从而可以缩短生产提前期，迅速响应客户需求，并按期交货。客户服务水平的提高将带来销售量的提高，从而提高销售收入。同时也很自然地体现在市场预测准确率、订单准确率等指标的变化上。

根据上述分析，新增加的利润就等于库存成本降低所产生的利润、采购成本降低产生的利润、生产率提高产生的利润、产品销售量提高产生的利润之和。这也是传统意义上人们所说的信息系统给企业带来的可量化投资的一个回报。

（4）提高产品质量，增强企业发展能力

在 ERP 环境下，企业的员工在自己的岗位上按部就班地按统一的计划做自己的工作，企业的生产摆脱了混乱、物料短缺，工作能有条不紊地进行。企业的工作质量提高了，产品质量相应也可以得到提高。事实上，ISO 9000 系列所认证的正是企业的工作质量。而对于 ERP 来说，质量管理则是必要的功能模块。因此，质量管理更有了技术上的保证，也增强了企业可持续发展能力。

（5）财务成本降低，增加可用的流动资金，增强企业资本运营能力

库存成本、采购成本降低，生产率、销售量提高，可用的流动资金势必会增加；由于客户服务水平的提高和需求反应时间的缩短，应收账款减少；由于 ERP 系统能够准确、及时地反映出企业和供应商及客户的往来信息，企业能加强对流动资金的管理，尽可能地提早收回应收账款，在合理范围内延迟应付账款的支付，从而增加现金总收益。

（6）提高信息准确率和信息及时率

信息准确率和信息及时率是反映企业信息资源利用的主要指标。通过企业的业务模式创新和业务流程的优化，以及管理人员素质的提高，可以大大提高信息准确率和信息及时率。

2. 间接的效益

ERP 系统应用所带来的间接的效益主要体现在以下方面。

（1）加强企业管理，提升企业形象

企业管理包括管理理念、协同商务、基础管理、员工素质 4 个方面。通过 ERP 的应用，上至企业高层，下至一般的管理人员，他们都能不同程度地接受一些新的管理思想，并转变观念落到实处。通过信息化，企业基础管理人员和员工素质也会得到大幅度的提高，表现在企业的规章制度、工作文档、基础数据、个人的能力和行为的准则方面。

企业形象包括企业经营决策、管理规范、商业信誉和行为影响 4 个方面。企业有了 ERP 系统，就能够准确分析生产经营状况，这给企业的采购、交货、财务、成本等方面的处理速度和准确率带来了极大的提高。从而使企业的生产经营决策提供了更可靠的决策依据。同时，通过 ERP 项目的实施，还将促使企业业务规范、管理规范、组织规范、流程规范和人的行为规范等，通过这些规范将在很大程度上推动企业创新和可持续发展，提升企业形象和行为形象。

（2）对企业战略的支持

每个企业都有自己的发展战略与竞争战略。ERP 系统的实施如果能与企业的战略相结合，

则可以为企业经营战略的实施提供有力的支持。在这种情况下，ERP 系统有可能会成为企业的战略信息系统（Strategic Information System，SIS）。

例如，当企业实施成本领先战略时，ERP 系统的应用能有效降低整个供应链上各环节的成本，如采购成本、库存成本、生产成本、销售成本、人力资源成本等，从而对企业的成本领先战略提供强有力的支持。

企业采用差异化战略时，ERP 系统也能提供一定的支持。在 ERP 系统的支持下，销售人员在接受订单时，就能够给客户准确的承诺。同时，ERP 系统应用能显著提高产品的按期交货率，缩短对客户需求响应的时间，这一切能使企业给客户提供一种有别于竞争对手的良好的服务，是企业差异化战略的一种体现。

ERP 系统能够支持多国家、多地区、多语种、多币制、多工厂的应用，能支持不同的生产计划模式和混合型的生产管理环境，这对企业实施国际化战略以及多元化的发展战略也能提供有效的支持。

此外，ERP 系统对企业的联盟战略、扩张战略、前后向一体化战略等也都提供相应的支持。

（3）ERP 系统对企业流程再造和管理变革的支持

ERP 的成功实施往往需要对企业原有业务流程进行重组，这一点已经为大多数研究者所接受。ERP 是先进管理思想和现代信息技术相结合的产物，而 ERP 中的先进管理思想则集中体现在高效标准的业务流程和遍布于其中的各个关键业务控制点上。任何 ERP 的实施都会对企业的业务流程优化给予充分的重视与考虑。因此 ERP 的实施也可以说是一个结合先进思想和自身实际并采用一些技术手段来进行企业管理和业务变革的过程。

ERP 系统对企业流程再造和变革管理的支持主要表现在如下方面。

① 流程的透明度和规范化程度提高。理顺和规范业务流程，消除业务处理过程中的重复劳动，实现业务处理的标准化和标准化，提供数据集成，企业管理的基础工作得到加强，工作的质量进一步得到保证。

② 企业职能部门精简，中高层管理人员减少。BPR 的核心是组织从"职能型"向"流程型"转变。BPR 通过打破原有的职能和部门界限，重新组织企业的业务流程，把原来分散的活动用流程的观点优化后组织起来，创造出新的"流"，为工作流的过程管理提供条件。BPR 将企业的整个组织结构从"金字塔式"向"扁平式"结构转变，以提高企业对市场变化的灵敏度。ERP 的出现实现了交易链的扁平化，与之适应的企业组织结构也应作相应的变革，改革的基本思路应当适应交易链的扁平化要求，遵循"精简、统一、效能"的原则，即减少管理层次，增加管理幅度，企业高层领导与基层的执行者直接联系，及时、全面地把握信息，灵活应变，从而使组织更具灵活性、适应性和创新性，节约人力资本，降低管理费用，增强企业市场竞争力。

（4）ERP 系统对人员素质提高和企业文化建设的支持

ERP 项目的实施与应用过程是思想的导入、观念的树立和工作方式的改变过程，是对企业管理的一次彻底改造，是对企业文化的重新塑造。

在实施和应用 ERP 的过程中，通过人员的培训和对系统的持续应用，人员素质逐步提高，人员的竞争意识和学习意识得到了加强。在提高工作效率后，员工有更多的机会和时间参加培训和自我学习提高。通过实施和应用 ERP，企业建立了一支既熟悉现代管理又能熟练应用信息技术的复合型员工队伍，企业的竞争力主要体现在人才优势，而员工素质是实施 ERP 系统的先决条件，素质的提高也是应用 ERP 系统后的必然效果。

企业文化决定了组织的决策模式，指导组织行为并规范所有成员的个人行为。在可见层次是"我们在这里做事的方式"，而在深层次则包含信念、价值观及在整个组织中人们待人接物的态度。企业文化的持久性和影响深度确保了组织行为的延续性，显然是组织的一项重要资产。对于 ERP 这样大的工程来说，不仅会改变企业员工的行为，同时不可避免地会触动企业员工的信念、价值观等，也就是触及企业文化层次。

ERP 系统是追求精细化管理的信息系统，引入了 ERP 后，各职能部门的工作划分更加明确，即责任、权限、任务明确。ERP 精细化管理的要求有助于员工改变过去那种自由散漫的工作习惯，形成精益求精的工作作风。

ERP 也是面向业务流程的信息系统，强调流程之间、部门之间、员工之间的协调配合，提倡团队协作精神。ERP 系统的应用，改变了企业中的本位观，使企业整体合作的意识和作用加强，有助于员工之间团队协作精神及创新精神的增强，有助于员工树立全局观念及增强责任心。例如，在 ERP 系统中，在市场销售、库存管理与生产制造部门之间就形成了从未有过的、深刻的合作，各部门协同努力满足客户需求，赢得市场。

（5）提高企业生活质量

成功应用 ERP 系统的用户都体会到他们企业的生活质量得到了明显的改善。这方面的收益几乎是出乎预料的。其实原因很简单，好的运营计划使公司的整体工作协调起来，执行一个协调的运营计划当然要比被一个混乱的计划所驱使要愉快得多。例如，在生产过程中，人们的工作更有秩序。时间花在按部就班地执行计划上，而不是忙于对出乎意料的情况作出紧急反应，按部就班的工作使人们体验到了企业生活质量的改善。

8.4　国内外有关 ERP 应用绩效评价的方法

8.4.1　国内外有关 ERP 应用绩效评价的方法

目前国内外有关 ERP 应用绩效评价的主要理论和方法主要有以下几种。

1. D&M 模型和评价指标体系

ERP 系统作为一种现代管理信息系统，对其效果评价的研究源泉自于信息系统效果的评价理论。20 世纪 90 年代以前，很多西方学者从不同的角度、运用不同的指标来评价信息系统的效果。为了统一对信息系统成功的理解和认识，形成统一的评价指标体系，美国学者 Delone 和 Mclean 总结前人研究成果，提出了评价信息系统的 6 种主要的指标，分别是系统质量、信息质量、系统使用、用户满意、个人影响和组织影响，并在此基础上提出了信息系统评价的模型（见图 8-3）。这也是企业信息系统评价领域最具有里程碑意义的信息系统评价模型。

D&M 模型把信息系统成功看成一个过程，具有时间和因果关系。系统质量和信息质量共同而又单独地影响系统使用和用户满意；系统使用和用户满意相互影响。这种影响可能是正面的，也可以是负面的。系统使用和用户满意直接引起对个人的影响，进而影响组织绩效。

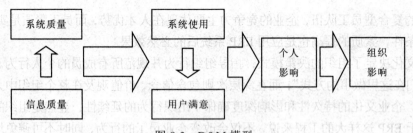

图 8-3 D&M 模型

此后，也有学者对 D&M 模型进行了质疑和改进。其中，澳大利亚学者 Seddon 认为，D&M 模型过于笼统，而且混淆了一些过程和结果概念。Seddon 认为，系统使用是系统成功的结果，而不是系统成功的内在特性。因此，应当用感知的有用性来代替系统使用。他认为，系统和信息质量直接影响感知的有用性和用户满意度，感知的有用性是用户满意的决定因素。Seddon 对 D&M 模型的改进也被理论界广泛接受。

2. ERP 应用评价的阶段理论

随着 ERP 系统的大量应用，关于 ERP 系统应用绩效评价的研究成为信息系统评价研究的重点之一。但是，大多数研究仍然遵循 D&M 模型所确立的指标体系和思路来考察 ERP 系统的应用绩效。许多学者认为，ERP 系统是信息系统在企业级的全局应用，几乎影响到企业内外部各个方面的运作、因素，对 ERP 应用绩效的评价必须考虑多方面的因素。系统本身的表现（如系统质量、信息质量等）固然重要，但更重要的是人们如何理解、使用 ERP 系统，并利用 ERP 给企业带来经济利益。

Markus 等人首先提出信息系统成功是一个多维的、动态的、相对的概念，随后又提出了信息系统"最理想成功"框架，该框架将 ERP 的评价分为如下 3 个阶段。

① 项目阶段。项目阶段指从 ERP 系统设置、安装到系统上线的阶段。这一阶段的成功指系统按时、按预算、按计划实施范围安装成功，开始运行。

② 试行阶段。Markus 认为，ERP 系统使用的最初阶段有短暂的混乱和绩效下降是正常的。从系统上线到企业恢复正常运行就是试行阶段。这一阶段的成功包括系统上线后关键绩效指标波动较小，迅速达到正常或预期水平，对企业的供应商、客户等关联单位的影响小。

③ 前进和上升阶段。前进和上升阶段指 ERP 系统已经稳定运行起来，企业开始从 ERP 系统中获得商业利益的阶段。这一阶段的成功评价主要考察企业通过 ERP 在大多程度上获得了商业利益、获得了哪些商业利益。

因此，对 ERP 应用绩效的评价，应当主要针对第 3 个阶段，即对处于稳定运行状态的 ERP 系统进行评价，而对 ERP 应用绩效评价的关键，是重点要考察 ERP 的应用为企业带来的商业利益。

事实上，目前许多针对 ERP 应用绩效评价的研究都将 ERP 给企业带来的利益作为 ERP 应用绩效评价的最重要指标。只有充分考察了 ERP 系统给企业带来的商业利益，才能对最后的 ERP 系统是否成功下结论。那么，ERP 究竟可能给企业带来什么样的利益呢？很多学者都试图总结 ERP 能给企业带来的利益。其中，Shang&Seddon 通过对 233 个 ERP 应用案例的分析研究，提出了一个非常全面的 ERP 利益框架（见表 8-1）。该理论认为信息系统的应用可以在运作利益、管理利益、战略利益、IT 利益、组织利益这 5 个方面产生绩效，从而给企业带来商业利益，所以从最终的商业利益角度去评价信息系统的成功与否是有效的途径。

表 8-1　Shang&Seddon 的 ERP 利益框架

运作利益 （Operational Benefit）	<ul><li>降低成本</li><li>提高周转周期</li><li>提高生产力</li><li>提高产品、服务质量</li></ul>
管理利益 （Managerial Benefit）	<ul><li>优化资源管理</li><li>提高决策和计划能力</li><li>提高监督能力</li></ul>
战略利益 （Strategic Benefit）	<ul><li>促进业务增长</li><li>支持业务联盟</li><li>促进企业创新</li><li>带来成本优势</li><li>形成差异化</li><li>带动与供应商和消费者的联系</li></ul>
IT 利益 （IT Infrastructure Benefit）	<ul><li>提高 IT 基础设施的能力</li><li>降低 IT 成本</li><li>提高 IT 适应业务变化和企业创新的能力</li></ul>
组织利益 （Organizational Benefit）	<ul><li>支持组织变革</li><li>促进组织学习</li><li>促进授权</li><li>有利于形成共同愿景</li></ul>

Shang&Seddon 的框架是 ERP 利益实现的最优状态。一般而言，企业很难实现全部的 ERP 利益。又因为不同的企业实施 ERP 的目的不同，对利益的预期也不同，所以不能简单地认为企业实现的利益越多，ERP 就越成功。只要 ERP 的应用达到了企业预期的目标，就应该算取得了基本成功。因此，从某种意义上说，企业对 ERP 的期望值越高，ERP 就越不容易成功。

然而，该理论忽略了一点，即除了 ERP 系统，企业面对的市场、环境、政府监管等外部因素和其他内部管理因素也同时会对企业的绩效产生影响。有时，这些作用力的影响力甚至会很大。因此，在 ERP 应用绩效评价的实际过程中，需要进一步区分 ERP 系统产生的绩效和其他因素产生的绩效。

3. ABCD 检测表

1977 年，MRPII 创造人 Oliver Wight 提出了一个用于评价 MRP Ⅱ 系统应用效果的评价指标体系——ABCD 检测表。最早的 ABCD 检测表由 20 个问题组成，按技术、数据准确性和系统使用情况分成 3 组。每个问题均以"是"或"否"的形式来回答。第二版的检测表扩充为 25 个问题，且增加了一个分组内容：教育和培训。

1988 年，怀特公司的继任总裁 W.E.戈达德（W.E.Goddard）在 APICS（美国生产与库存管理协会）年会上提出一个新的考核规则（第三版检测表），汲取了 JIT 的内容，把考核内容分为总体效果、计划与控制过程、数据管理、进取不懈过程、计划与控制评价、企业工作评价等 6 个主题，列出了 35 个问题，增加了产品开发与设计、质量管理、分销资源计划、同客户和供应商的合作关系、降低成本等方面的考核内容。但第三版的 ABCD 检测表流传不广。

第四版的 ABCD 检测表于 1993 年由 Oliver Wight 公司推出。这已经不是一个人甚至几个人的工作了，而是集中了十几年来数百家公司的研究和实施应用人员的经验。这个检测表也已不再是几十个问题的表，而是按基本的企业功能划分成 5 章：战略规划、人的因素和协作精神、全面质量管理和持续不断的改进、新产品开发、计划和控制过程。ABCD 检测表的这种变化，反映了各种管理思想相互融合的趋势。第四版 ABCD 检测表由于其涉及面太广、内容浩繁，在实际应用中采用较少。

在 ABCD 检测表演进过程的各个版本中，第二版的 ABCD 的检测表流传很广，使用也很方便，如表 8-2 所示。

表 8-2　第二版的 ABCD 检测表

指 标 分 组	问　　　题	是	否
技术	主生产计划及物料需求计划的计划时期是周或更短		
	主生产计划以物料需求计划至少每周运行一次		
	系统具有确认和跟踪计划订单的能力		
	主生产计划以可见的方式管理而不是自动生成的		
	系统包括能力需求计划		
	系统日常派工单		
	系统包括投入/产出控制		
数据完整性	库存记录准确度达到 95%或更高		
	物料清单准确度达到 98%或更高		
	工艺路线准确度达到 95%或更高		
教育和培训	至少 80%的员工参与了初始教育		
	有继续教育和培训的计划		
系统的使用方面	不再使用缺料表		
	供应商按时交货率达到 95%以上		
	使用采购计划法		
	车间按时交货率达到 95%或更高		
	主生产计划完成率达到 95%或更高		
	定期（至少每月一次）召开总经理及各主要部门经理参加的生产规划会议		
	有以书面形式表述的主生产计划策略，并坚持执行		
	系统不仅用于订单编制，也用于排产		
	生产、市场、工程、财务各部门及决策层的关键人员充分理解 ERP		
	高层领导确实使用 ERP 进行管理		
	能有效地控制和实施工程改变		
	在库存减少、生产率提高及客户服务水平 3 项中至少有 2 项获得明显改善		
	运营系统用于此物料计划过程		
总分			

应用 MRP II 或 ERP 的企业每年都应当运用 ABCD 检测表至少进行两次自检。对于 25 个问题中的每一个问题，评价人员应当取得一致的意见。对任何一个得到否定答案的问题，应当考虑以下问题：是什么原因导致了否定的答案？解决问题的最好方法是什么？何时能够解决问题？要确定时间，不能放任拖延。

自检评分按 100 分计，每题 4 分。如果有的问题对有的企业不适用，可将其所占的分数分配到其他问题。根据评分结果，90 分以上为 A 级，71～90 分为 B 级，50～70 分为 C 级，低于 50 分为 D 级。其中 A 级企业相当于实现了物流与资金流、信息流集成，B 级企业相当于实现了闭环 MRP，C 级企业相当于实现了 MRP，而 D 级企业仅仅是一个数据处理系统。

从 ABCD 检测表的内容，不难看出，这些指标主要涉及企业的运作，也就是针对实施系统的过程、使用系统的情况、数据的准确性等方面进行检测，但很少涉及企业实施后获得的效果。这种规范实施过程，并从企业运作的角度来考核实施效果，简化信息化要素复杂关系，具有很好的借鉴意义。

4. Benchmarking Partners 的 ERP 项目评价体系

1996 年，美国著名的标准化研究机构 Benchmarking Partners 受 SAP 公司之邀，对用户项目的投资回报情况进行了全面调研，同时提出了一套 ERP 项目评价体系，在这套评价体系中，包括项目驱动因素、事务处理指标和关键成功因素等 3 个方面的内容。

（1）项目驱动因素

对不同行业的研究表明，实施 ERP 项目主要有 3 种驱动因素。对于那些市场较为成熟、产品变化相对稳定的行业，比如化工、半成品加工业等，驱动它们实施 ERP 的原因在于业务成本的降低。对于那些产品急剧变化、市场高速增长的行业，如高新技术行业、电子行业等，这些项目关注的是提高响应市场和技术的能力。对于那些综合性的集团型企业，它们关注的是全面、高速和标准化的管理流程。对项目驱动因素的评价，实际上就是为整个项目寻找到了一个基点和一个总体目标。

（2）事务处理指标

对于事务处理的评价，可以分为战略性收益和经济性收益。战略性收益是从企业战略的角度来考虑项目的收益，如业务处理的集成性、信息利用度、对客户的响应度和灵活度、成本和业务活动及新应用的基础架构等。经济性收益是用价值来评价项目引起的业务流程变化而产生的效益，包括财务管理、人员管理、IT 成本、库存管理、订单管理和供应链管理等。

（3）关键成功因素

根据 ERP 项目实施的过程，对关键成功因素的评价是从项目管理、高层支持、培训、管理改革、合作伙伴管理和流程重组等方面进行的，其中又包括对每个因素具体化的衡量，比如项目管理的衡量就有资源、团队、技能和管理；高层支持有目标、活动等参与度指标；培训有费用、内容和时间；管理改革有交流度、期望度、阻力和可见度等；合作伙伴管理有角色、价格和经验等，流程重组则有费用和时间。

该评价体系由 3 个层面构成，即评估目标、关键要素、关键绩效指标。例如，销售和分销是评估目标，销售周期管理、订单履行、仓库管理和运输管理是在行业中实现这一目标的关键要素，而对这些关键要素，必须有可量化的关键绩效指标来明确地进行衡量，如订单输入时间、及时交付率、最佳销售时间和询价周期等，这些关键绩效指标又有相关的行业基准和实施经验作为参考，以帮助用户在实施过程中把握方向，保证项目的成功。

5. 企业信息化效能指标

2003 年，我国信息化评测中心推出一套《企业信息化评测》指标，体现了面向效益的思想。指标体系分为基本指标、补充指标和评议指标 3 个部分，给出了基本指标和补充指标的内容，前者主要反映信息化基本情况，后者反映企业信息化效益情况，又称之为效能指标。效能指标由适宜度和灵敏度两大类指标构成，适宜度指标包括投资、战略、资源匹配、组织文化、应用几个方面，灵敏度指标包括信息灵敏度、管理运行灵敏度和对外反映灵敏度。

《企业信息化评测》指标内容在框架上涵盖了信息化效益的各个方面，使用统计结果建立标杆基准值，绕过信息化 ROI 的生产力悖论，这对于"企业 ERP 应用绩效评价指标"的指标和评价标准的设计，有很好的启发和指导意义。但是，如何建立标杆体系、如何匹配评测企业和标杆企业？如何获得定量化效能的指标？除需要极大的工作量，还需要克服一些障碍，尤其是在操作上还缺乏一套可行的程序。

6. 平衡计分卡理论

平衡计分卡理论（BSC）是由哈佛大学罗伯特·卡普兰教授和管理咨询专家戴维·诺顿

在 20 世纪 90 年代初提出的。由于平衡计分卡所具有的强有力的理论基础和便于操作的特点，一经提出，便迅速在美国，然后是整个发达国家的企业和政府应用。今天，当人们谈及绩效管理时，基本都是以平衡计分卡为主的绩效指标体系。它的优势在于，避免了传统财务评价指标所显现出的滞后性、片面性和短期性弊端，加大了非财务指标的比重，重视对顾客服务及满意程度、内部过程和员工学习。由于平衡计分卡评价理论能够对员工价值创造行为进行管理与客观评价，引导员工提升绩效和职业能力，为企业进行有效管理，而且更重要的是，它与 ERP 的先进性企业管理理念相吻合，因而越来越受专家学者的关注。其理论成果中最具有代表性的是平衡计分卡中 4 个方面的内容与 ERP 系统功能模块之间的映射关系图。

平衡计分卡模型是一个综合评价企业长期战略目标的指标评价系统，包括 4 个组成部分，即财务、客户、内部业务流程、学习与成长。财务方面采用虽然具有局限性但已经趋于成熟的财务评价指标进行评价，可以直接体现股东的利益，所以它的优势在平衡计分卡中得以保留和继承；在客户方面，通过平衡计分卡模型了解客户、市场和竞争对手情况，并以此确认企业的目标；在内部业务过程方面，平衡计分卡通过计划控制、生产制造、售后服务和内部控制 4 个方面进行评价。平衡计分卡的具体模型如图 8-4 所示。

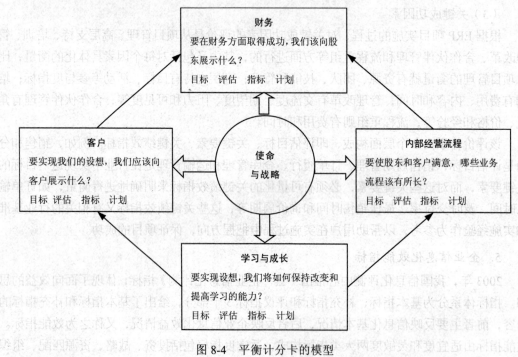

图 8-4　平衡计分卡的模型

ERP 系统在实施阶段，企业首先考虑的是使用的效益问题，为此就必须为 ERP 系统的实施设计众多的评价指标，同时实施又必须站在客户的角度，根据客户的不同需求状况来不断调整企业的业务流程及相应的解决方案，所以企业就必须根据每个阶段实施的特点来选择相应的评价指标。从图 8-5 可以看出，企业实施的过程与平衡计分卡评价体系有一定的联系。

按照平衡计分卡模型集成企业的所有资源，深入企业的各个部门，汇总得出主要功能。ERP 模块不仅包括财务管理模块，还包括生产控制管理模块、供应链管理模块（采购库存销售）和人力资源管理模块等。因此，根据平衡计分卡 4 个方面所包含的内容和所具有的功能模块系统，可以建立基于平衡计分卡的绩效评价模型，如图 8-6 所示。从该模型出发，我们还可以建立基于平衡计分卡的 ERP 应用绩效评价体系，如表 8-3 所示。

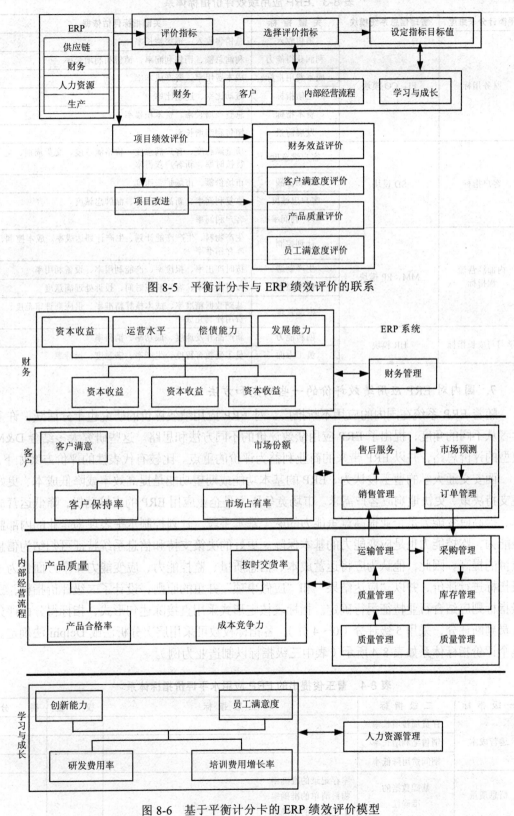

图 8-5　平衡计分卡与 ERP 绩效评价的联系

图 8-6　基于平衡计分卡的 ERP 绩效评价模型

表 8-3 ERP 应用绩效评价指标体系

平衡计分卡维度	管理信息系统模块	关 键 指 标	关键指标评估依据
财务指标	FI、CO 模块	销售收入	总销售收入、销售增长率
		利润获得能力	利润总额、销售利润率、销售利润增长率
		成本费用指标	成本费用率、资产成本率
		偿债指标	流动比率、速动比率
		资本指标	总资产增长率、资本积累率
		发展前景	销售利润增长率
客户指标	SD 模块	客户满意度	质量满意度、客户满意度、价格满意度、交货周期、交货按时率、新客户获得率
		市场份额	市场份额、市场扩张速度
		客户忠诚度	重复利润率、新品购买率、品牌忠诚度
		客户利润率	客户利润率
内部经营流程指标	MM、PP 模块	计划控制	生产物料、生产产能计划、生产计划达成率、成本控制、库存精准率
		生产制造	按时产出率、报废率、产能利用率、设备利用率
		售后服务	按时交货率、客户响应时间、投诉处理满意度
		内部管理	基础数据精准率、成本核算精准率、供应商评审范围、费用控制完成率
学习与成长指标	HR 模块	创新能力	新产品开发速度、成功率、销售率
		员工方面	员工受教育程度、生产率、满意度、保持率

7. 国内对 ERP 应用绩效评价的一些研究和方法

随着 ERP 系统在国内的应用不断推广，对 ERP 应用绩效评价的研究也十分活跃，许多学者从不同的角度，提出了 ERP 应用绩效评价的不同方法和思路。这些研究大多结合 D&M 模型的评价思路，并以 ERP 带来的商业利益为评价的重点。比较有代表性的评价方案如下。

西安交通大学的曹玉俊认为，ERP 的基本功能或期望功能是提高效率或降低成本、更好地支持决策、更快地响应客户需求。市场竞争压力是企业应用 ERP 的直接动机，降低运营成本、提高应变能力是企业提高竞争能力的两个基本手段。计划控制水平表现为企业的内部监控能力，监控能力也是应变能力的基本保障。更好的决策支持和信息系统特征可归结为信息质量的提高。因此，他认为应将运营成本、信息质量、监控能力、应变能力 4 个方面作为一级指标进行评价，并以"应达结果"和"应做事项"并重的原则，设计了二级评价指标，三级指标则应结合行业特征另行确定。指标表核定形式采用直接陈述句形式，指标得分由评分人员判断评分，采用 5 级评分（0~4 分）。各指标权数可采用层次分析法或 Delphi 法确定。整个评价指标体系如表 8-4 所示（表中三级指标以制造业为例）。

表 8-4 曹玉俊提出的 ERP 应用水平评价指标体系

一 级 指 标	二 级 指 标	三 级 指 标	权 重	得 分
运营成本	存货周转增长率			
	销售毛利增长率			
	期间费用降低率			
信息质量	基础数据的准确性	库存记录的准确率		
		物料清单的准确率		
		工艺路线的准确率		

一级指标	二级指标	三级指标	权 重	得 分
	业务与财务数据的集成性	成本核算和车间成本管理的数据集成 应收账款与销售管理的数据集成 应付账款与采购管理的数据集成 客户订单履行情况可实时跟踪		
	管理人员对 ERP 数据的依赖性	高层管理人员使用 ERP 使用数据辅助决策 中层管理人员使用 ERP 数据编写分析报告		
监控能力	管理人员的数量	人员数量比例 管理层次多少		
	计划编制能力	车间作业计划依靠 ERP 编制 能力需求计划依靠 ERP 编制		
	预防控制能力	营销费用、管理费用等费用性开支实行机构内事前控制 客户订单的确认受客户或销售机构信用控制 采购订单的确认受供应商信用控制		
	预防控制水平	主生产计划完成率 产品合格率 费用开支计划执行率		
应变能力	计划编制周期	物料需求计划编制周期（每周、每旬、每月） 能力需求计划编制周期		
	内部报告编制周期	内部报告编制周期 会计报表编制天数		
	准时交货率	客户准时交货率 车间准时交货率 供应商准时交货率		
	运营协调水平	停工待料次数 资金到位率		
	总分			

中山大学的陈志祥和吴俊峰认为，应从系统的观点出发，综合评价 ERP 系统的应用水平。他们提出了一个综合评价指标体系，该指标体系分为 3 级，其中两个一级指标：应用能力水平与应用效果水平。应用能力水平指标下设立两个二级指标：战略地位与硬件支持度，应用效果水平指标下设立两个二级指标：计划效果和执行效果，二级指标下又分别设立多个三级指标，最终的三级指标有 27 个。整个综合评价指标体系见表 8-5。

表 8-5　陈志祥等提出的 ERP 项目综合评价指标体系

一级指标（权重）	二级指标（权重）	三级指标	权 重	得 分	加 权 分
应用能力水平（W1）	ERP 战略地位（W21）	ERP 重视度			
	硬件支持度（W22）	系统投资比重 计算机普及率 网络性能水平 计算机联网率			

一级指标（权重）	二级指标（权重）	三级指标	权　　重	得　　分	加权分
应用效果水平	计划效果（W23）	利润计划实现率 销售计划准确率 生产计划准确率 计划完成率 订单执行率 工作中心能力准确率 物料清单准确率 库存记录准确率 工艺路线准确率 ERP 技能普及率			
	执行效果（W24）	供应商按时到货订单比赛 物料验收合格率 完成计划按时率 按时发货履约率 销售订单可执行率 产品不合格率 生产速率水平 生产费用百分比 资金运转效率 库存资金占用率 企业财务结算速度 效益综合增长指数			
		总分			

此外，内蒙古大学的张学军将 D&M 评价模型与平衡计分卡相结合，提出了一个"基于平衡计分卡的 ERP 绩效评价模型"（ERP/BSC 绩效评价模型），如图 8-7 所示。该模型包括主要模块和辅助模块两部分。主要模块采用了平衡计分卡的方法，从财务、顾客、内部经营流程、学习与成长 4 个方面考察 ERP 的应用绩效，从整体上把握 ERP 的应用情况。辅助模块是对主要模块进行修正。ERP 实施的任务就是处理好人、数据、系统三者之间的关系，因此以教育培训、系统质量、信息质量和系统使用组成辅助模块对主要模块进行修正，避免同时采取其他措施对 ERP 实施绩效产生干扰，保证评价的准确性和可靠性。

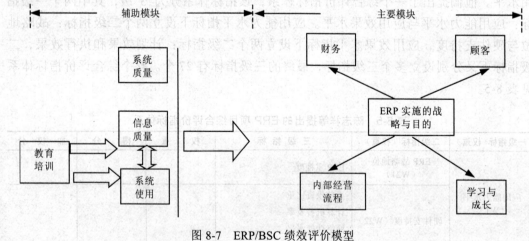

图 8-7　ERP/BSC 绩效评价模型

ERP/BSC 绩效评价模型的主要模块及辅助模块的指标体系分别见表 8-6 和表 8-7。

表 8-6　ERP/BSC 绩效评价模型主要模块的指标

方　　面	具 体 目 标	评 价 指 标
财务	降低运营成本	1. 存货库存成本降低 2. 采购成本的降低 3. 产品运送成本的降低 4. 销售管理费用的降低 5. 营运资金成本的降低
	增加营业收入	1. 营收成长率 2. 订单成长率
顾客	缩短与顾客交易时间	1. 缩短提前期 2. 缩短市场预测时间 3. 缩短产品运送给顾客的时间
	满足顾客对公司的要求	1. 产品合格率 2. 顾客对最终产品的接受度 3. 顾客报怨次数 4. 市场占有率 5. 顾客延续率 6. 顾客争取率 7. 顾客对公司形象的看法
内部经营流程	整合各部门流程，增加营运流程弹性	1. 物料采购适应需求的弹性变化程度 2. 制造适应客户需求的弹性变化程度 3. 订单接收到交货的时间 4. 应付临时订单的能力
	通过部门整合，实现资源的整体规划	1. 公司内部处理订单的时间 2. 产品定价所需的时间 3. 紧急采购原材料的次数 4. 规划公司生产所需的时间 5. 利润管理和分析的能力
	建立公共资料库，实现部门间信息共享	1. 业务资料传送步骤的变化 2. 公司资料查询的时间 3. 公司资料更新的速度 4. 提取产品生产相关资料的时间 5. 搜寻业务相关资料所需的时间
学习与成长	提升员工的生产力	1. 员工满意度 2. 员工延续率 3. 员工平均营收 4. 员工平均附加价值
	提高中高级主管的决策能力	主管作决策所需的时间
	将组织内隐知识转化为外显知识	ERP 相关工作流程的技术手册数目

表 8-7　ERP/BSC 绩效评价模型辅助模块的指标

方　　面	评 价 指 标
系统质量	1. 软件功能合理性 2. 开发先进性 3. 软件文档完整性 4. 软件维护及时性 5. 硬件质量评估
信息质量	1. 库存记录准确度 2. 物料清单准确度 3. 工艺路线准确度
系统使用	1. 主生产计划完成率 2. 供应商按时交货率 3. 车间按时交货率
教育培训	1. 参加初始教育培训员工的比例 2. 决策层关键人员对 ERP 的理解程度 3. 继续教育和培训的完整性

8.4.2 对上述 ERP 应用绩效评价理论和方法的评价

8.4.1 小节中提到各种 ERP 应用绩效评价理论和方法各具特点和优势。然而，由于评价所考虑的侧重点不同以及评价的目的不同，上述方法在用于 ERP 应用绩效的评价方面还存在一定的不足。

D&M 模型是信息系统评价领域的里程碑式的成果，是最早的信息系统成功评价理论，然而，ERP 是信息系统的企业级应用，是企业管理的系统工程，其复杂性超过一般的信息系统应用，因而直接用 D&M 模型来评价 ERP 的应用绩效有较大的局限性。

Markus 指出对 ERP 应用绩效的评价应当主要针对第 3 个阶段（前进和上升阶段），即对处于稳定运行状态的 ERP 系统来进行评价，而对 ERP 应用绩效评价的关键，是重点要考察 ERP 的应用为企业带来的商业利益。这为 ERP 应用绩效的评价理清了思路。Shang&Seddon 在此基础上提出的 ERP 利益框架非常全面，考虑了 ERP 系统应用所带来的战略利益和组织利益，值得肯定，但笔者认为，将"IT 利益"作为 ERP 带来的商业利益的一部分进行评价，不尽合理。

第二版 ABCD 检测表的应用虽然较广，但 ABCD 检测表的主要指标都是针对 MRP Ⅱ 系统的，MRP Ⅱ 虽然仍是 ERP 系统的核心，然而 ERP 系统的管理范围和功效均远远超过 MRP Ⅱ 系统，因此，第二版 ABCD 检测表的指标体系不能直接用于 ERP 系统的应用效果评价。同时，第二版 ABCD 检测表主要涉及企业实施 MRP Ⅱ 应用软件所具有的功能这方面的问题，而很少涉及企业实施系统后在提高管理水平、综合能力、主要经济指标及经济效益方面有哪些绩效，以及怎样去量化、分析、评价这些成效的问题。

第二版 ABCD 检测表采用针对每一指标回答问题并打分的形式进行评价，将复杂的问题简单化，方便易行，具有可操作性。但各评价指标的权数相同，反映不出各评价项目在企业中的重要程度的不同。同时，针对每一问题只能回答"是"或"否"这两种结果，不能对中间状态进行评价。

美国的标准化研究机构 Benchmarking Partners 的 ERP 项目评价体系是针对整个 ERP 项目从项目组织到实施再到应用效果的较全面的评价体系，包括项目驱动因素、事务处理指标和关键成功因素等 3 个方面，涉及面较广，不仅限于应用绩效的评价，且许多关键绩效指标的数据（如订单输入时间、询价周期等）较难准确地采集，整个评价体系的可操作性较差。但是，该评价体系将 ERP 系统的应用效果分为战略性收益和经济性收益，是值得肯定的。

在前述国内对 ERP 应用绩效进行评价的说法中，曹玉俊所提出的方法将指标体系分为 3 层，第一、二层指标具有普遍意义，而第三层指标因在行业的不同而不同，使评价体系具有较广泛的适用性；同时，该方法借鉴了第二版 ABCD 检测表的优点，每一指标采用直接陈述句形式，放弃了烦琐、复杂的定量指标的计算，避免了某些指标的数据难以采集的困难，直接由专家在调研的基础上评分，使整个评价工作变得简单易行；另外，采用层次分析法或 Delphi 法确定各指标的权重，同时采用 5 级评分（0~4 分）弥补了第二版 ABCD 检测表所有指标权重相同，并且只有"是"、"否"两种结果，不能对中间状态进行评价的缺点，这些都是具有特色的地方。但是，该方法也存在一些不足，例如，方法着重对 ERP 在战术层面上所带来的绩效进行评价，忽略 ERP 在战略层面上效益。此外，某些二级指标的选取还值得进行进一步研究。

陈志祥等所提出的方法是对 ERP 进行综合评价的指标体系，考虑了 ERP 应用的效果水平，也考虑了企业应用 ERP 的能力水平，包括 ERP 的战略地位指标和硬件支持度指标，同时，大量指标都采用定量分析的方法，能够得到较精确的评价结果。但是，该方法主要用于对 ERP 应用水平进行综合评价，将所有的指标分为应用能力水平类指标和应用效果水平类指标，若用于对 ERP 应用绩效的评价，由于前者（应用能力水平类指标）是后者（应用效果水平类指标）的原因，后者是前者的结果，将原因与结果组合在一起，很难对结果（绩效）进行准确评价，因此，作为对 ERP 应用水平进行综合评价的方法，该方法不太适合于评价 ERP 系统的应用绩效。

内蒙古大学的张学军提出的"基于平衡计分卡的 ERP 绩效评价模型"（ERP/BSC 绩效评价模型）将 D&M 评价模型与平衡计分卡相结合，是一个很好的思路，也是一种创新。但笔者认为，平衡计分卡从财务、顾客、内部经营流程、学习与成长 4 个方面来考察企业或部门的绩效是适当的，但用于评价 ERP 的应用绩效，略显牵强，尤其是在促进企业"学习与成长"方面，ERP 虽然能发挥一定的作用，但作用有限。因此，将"学习与成长"纳入评价的主要模块，不尽合理。同时，某些二、三级指标的确定还值得进行进一步研究。

综上所述，对 ERP 应用绩效进行评价是一项非常复杂和烦琐的工作，ERP 系统应用所带来的效益，既有直接效益，又有间接效益；既体现在战术层面上，又体现在战略层面上；既有可定量分析的效益，又有只能定性分析的效益。同时，要将 ERP 系统应用所带来的效益与实施其他管理变革及措施所带来的效益区分开来，要避免评价指标间的因果关系。此外，评价的方法还应简单易行，具有可操作性。这一切都增加了 ERP 应用绩效评价的难度和复杂性。目前，还没有一套非常科学的、权威的、准确的 ERP 应用绩效评价的方法体系，在这方面的研究，将是未来一段时间内与 ERP 应用相关的一个重要研究课题。

8.5　关于 ERP 绩效评价未来研究的展望

从上述 ERP 绩效评价方法的研究上，我们不难看出，ERP 实施绩效的评价不仅仅是对其汇报做简单的评价，而更多的是与 ERP 实施的战略动机、实施过程、系统整合程度、影响因素有关。在这些研究回顾和简单评述基础上我们概括的总结出 ERP 实施绩效研究的基本模型（见图 8-8），以期为未来这方面的研究提供方向。

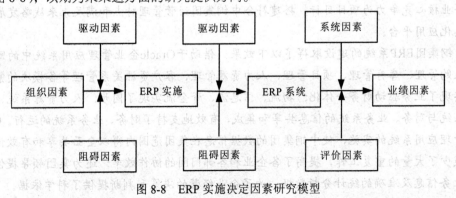

图 8-8　ERP 实施决定因素研究模型

虽然这一模型的效果还有待多方面的检验，但是从理论上来讲这一模型具有内在的因果关系。绩效评价在表象上是研究系统实施回报与实现预期之间的对应程度，然而更深层次的考虑应该是预期动机的实现程度和与此相关的所有因素，即对实施过程和因素模型的研究。显然，现有的研究已经触及了这一模型中的每一个方面，但并没有系统的把 ERP 实施绩效的研究整合起来，或者也没有从整合的角度去深入研究其中的某一个方面。

另外，对于因素模型的研究，我们也可以归纳出一个具有因果关系的研究模型（见图 8-9）。

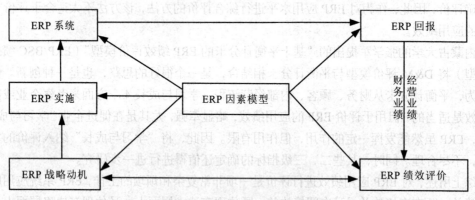

图 8-9　ERP 实施绩效评价模型

该模型所涉及的因素主要围绕 ERP 实施和 ERP 系统运行两个过程，其中应该包括决定ERP 实施的驱动因素、阻碍因素，决定 ERP 有效应用的驱动因素和阻碍因素，决定 ERP 系统绩效的系统因素、评价因素和业绩因素；同时，ERP 实施过程也构成了 ERP 运行的决定因素，组织因素构成了 ERP 实施、ERP 运行和 ERP 业绩的综合因素。每一类因素应该由若干具体因素构成，在这一概念模型的统驭下，研究每一类具体因素也应成为未来研究的方向。当然，在每一类因素的研究中并不应追求大而全，而应重点研究关键业绩指标（KPI）来考核评价，选择适合企业自身的评价方法。

8.5　关于 ERP 绩效评价未来研究的展望

~~案例分析~~

中钢集团ERP信息系统的应用

中钢集团ERP系统建设蓝图是以集团业务特征为驱动，借鉴Oracle信息系统中的业务实践和流程模型，以实现物流、资金流、信息流的统一，进一步优化业务流程、提升管理水平、提高企业核心竞争力为项目目标，搭建符合中钢集团经营管理特点和满足未来战略发展需要的信息化应用平台。

中钢集团ERP系统的建设取得了以下效果：借助于Oracle企业管理应用系统中的财务管理、采购管理、库存管理、项目管理、人力资源管理、客户资源关系管理等各模块的紧密集成，实现了业务驱动财务一体化；物流、信息流、资金流实现了同步；人力资源系统、客户管理系统与财务、业务系统的信息共享和集成，有效地支持了财务、业务系统的运行。Oracle企业管理应用系统的实施，使中钢集团的数据信息在集团范围内得以全面共享和有效使用，不仅减少了大量的重复工作，提高了各企业和各部门间的协作效率；还为集团领导提供了实时的业务信息及准确的统计分析数据，为了企业经营的决策和判断提供了科学依据。

通过实施Oracle财务管理系统，中钢集团强化了日常财务管理工作，大大提高了财务部门的工作效率和质量，确保了财务信息的及时性和真实性要求。并实现了以下管理目标。

① 贯彻"一个全面，三个集中"的财务管理思想，加强全面预算管理及分析，实现资金预算动态管理。

② 关注管理会计和财务会计两大财务管理中心，满足财务外部管理需求，强化财务内部管理职能。

③ 管理会计与财务会计账务融合，为客户等级管理及信用控制提供了数据支撑，降低了企业经营风险。

④ 通过实施财务、业务一体化，将财务管理延伸到业务前端，达到财务从核算职能向管理职能的转变。通过实施Oracle客户关系管理系统，中钢集团建立了一套能既能改善内部客户服务流程，又能提供强大的用户信息分类、存储、检索及统计分析和数据挖掘功能的客户关系管理系统，将客户合同、客户信用、客户商机三方面的管理有机地结合起来，取得了以下成效。

a. 实现集中管理，分级维护的客户管理模式；把公共关系客户纳入客户管理系统；信息共享，通过权限进行控制。

b. 制定客户关怀计划，自动把计划分配给相关实施人；根据战略客户、重点客户、一般客户实施不同的关怀策略；全面记录和跟踪销售线索，从线索中提取商业机会。

c. 通过10项指标综合评分，对客户进行评级，确认信用额度；合理分配客户的授信额度，有效防范资信风险；客户预警，反馈客户资信状况，并提醒或冻结合同签订。

d. 对客户合同实行统一管理，实现合同模板标准化、合同审批流程化、合同执行透明化、合同操作简捷化。

e. 客户分析平台，逐层查阅客户的交易、交往信息；全面分析客户的贡献度、满意度；分析供应商的服务能力，评价价格水平。

通过实施Oracle人力资源管理系统，中钢集团建立了一套从基础管理到高级管理，直至企业人才战略层面的人力资源管理系统，该系统的实施简化了中钢集团人力资源管理流程，使人力资源部门从管理流程中解放出来。借助Oracle人力资源管理系统，中钢集团完成了以下几方面的工作。

① 实现完善的雇员管理流程（招聘、调动、考核、培训等），提高工作效率，固化管理制度。

② 实现网上招聘，提升公司形象，吸引和招募企业内外的优秀人才。

③ 实现网上学习，为中钢集团的人才培养提供现代化手段。

④ 实现员工自助和经理自助，加强上下级沟通，完善各级主管的人力资源管理职能。

⑤ 实现全集团的工作信息和人员信息管理，加强人力资源管理与监控。

⑥ 进行企业人力资源分析，提供管理决策支持。

⑦ 增强中钢集团人力资源竞争能力和可持续发展能力。

⑧ 实现与财务、业务系统的信息共享和集成，有效支持财务、业务系统的运行。

通过实施Oracle采购管理、库存管理、项目管理系统，中钢集团实现了将企业的采购、库存、项目管理等环节的信息数据实时共享和统一管理，并在以下几个方面获得了良好的效果和回报。

① 贸易活动流程控制。

a. 贸易活动主要环节，通过工作流有效衔接和驱动。

b. 贸易环节与系统的有机结合，系统成为贸易活动的影子。

c. 审批与监控，在线审批和自动信用检查，避免风险。

d. 跟踪合同执行的整个过程，将分散的活动组织有序。

② 员工间的分工协作。

a. 有效地支持供销分离的运营模式，消除员工间、部门间的沟通屏障。

b. 提高团队合作效率，增强员工的专业化水平。

③ 公司间的协同作业。

a. 搭建贸易企业与货运公司的信息通道。

b. 网上业务处理，完成集团内部的租船订舱、保险、货代等业务。

c. 支持第三方物流的业务处理。

④ 业务信息透明化。

a. 实现对货物的动态管理，实时反映库存动态。

b. 从业务开始环节的预算到合同执行环节的结算，有效进行贸易合同的盈亏分析。

目前，中国国内贸易行业领域尚无大型企业集团建设ERP的成功案例。中钢集团ERP系统的成功实施无疑是一个重大的突破。在中钢集团ERP项目中，由于较好地解决了贸易行业的典型特点和ERP系统的结合问题，真正实现了贸易行业非常关注的物流、资金流、票据流、工作流、信息流五流合一问题，实现了从市场机会、销售线索、招标、合同执行、租船报船管理、物流操作、库管、资金预算及结算、财务核算全过程的管理，其成功经验对于同业有着重要的借鉴意义。

案例来自：www.e800.com.cn/articles/2011/0518/486347.shtml.

 小结

本章重点介绍了 ERP 绩效评价的方法，包括 D&M 模型和评价指标体系、ERP 应用评价的阶段理论、ABCD 检测表、Benchmarking Partners 的 ERP 项目评价体系、企业信息化效能指标等，并对各种评价方法做了详细的对比。希望读者在阅读本章时对各种方法的优缺点有较深入的了解，并能灵活运用。

 关键字

JIT: Just in Time 准时制
Benchmarking 定标赶超法
BSC: Balanced Score Card 平衡计分卡
ROI: Return on Investment 投资回报率

KPI：Key Performance Index　关键绩效考评

思考题

1. 简述 ERP 应用绩效评价的意义。
2. 简述 ERP 应用效益的表现。
3. 简述 ERP 应用绩效评价的方法有哪些，各自的优缺点是什么。
4. 简述 ERP 应用绩效评价的未来发展重点。

阅读书目

饶艳超. 我国 ERP 系统实施应用问题研究. 上海：上海财经大学出版社，2005.

陈孟建等. 企业资源计划（ERP）原理及应用. 北京：电子工业出版社，2006.

曹汉平，王强. 信息系统开发与 IT 项目管理. 北京：清华大学出版社，2006.

胡彬. ERP 项目管理与实施. 北京：电子工业出版社，2004.

第三部分 ERP 实验

第 9 章 ERP 综合实验

9.1 总体实验设计

9.1.1 实验目标

企业要提高竞争力，企业信息化建设是必由之路，ERP 为企业信息化建设提供了全面的集成解决方案。"企业资源规划"这一课程对 ERP 的相关知识、相关原理和设计应用进行了深入的讨论，通过课程中实验的学习，学生能掌握 ERP 的基本原理以及基本的设计方法。

通过本实验课程，加深"企业资源规划"的理论教学和解决问题的能力。实验从 ERP 的经典案例入手，引出 ERP 的原理、分析、设计、实施问题的探讨和学习，通过这些知识的讲解，使学生能初步地掌握企业资源规划的过程和方法。使学生能够对 ERP 有一个感性、具体的认识，能借鉴 ERP 应用的成功经验并运用到实际工作中去，为将来从事 ERP 相关的工作打下坚实的基础，以更好地适应社会对 ERP 应用人才的需要。

9.1.2 总体实验的体系结构设计

ERP 课程的教学内容、教学组织形式、教学方法、教学手段及其对学生的组织形式、学习方法等都是一种新的探索。本课程将 ERP 理论知识和相关知识的学习贯穿课程的始终，通过沙盘模拟对抗演练、ERP 理论学习、软件学习与操作、情景教学等多种形式，将学生置身于企业的虚拟环境之中，模拟企业的主要运作过程。让学生了解、认识企业复杂多变的生存环境，熟悉企业的业务流程，亲自体会并模拟企业的团队建设、经营管理、经营决策、营销策略及企业之间的竞争与协作等，通过对企业全方位的认识、参与，从而达到激发学生的学习兴趣，变被动学习为主动学习，自助学习的目的；更重要的是培养学生怎样将理论知识与企业实际运作紧密联系，学以致用的能力和分析问题、解决问题、进行科学决策的能力；通过 ERP 理论学习和模拟企业实际运作，还要求学生深刻理解 ERP 的管理理念和核心管理思想，为将来在实际工作中发挥作用打下一定的基础。具体来讲，ERP 实验的总体架构如图 9-1 所示。

该实验总体架构中，如何将科学的管理理论、财务理论、信息管理知识与企业的实际经营管理相结合，如何通过科学管理提高企业的经济效益和社会效益，是本实验课程的重点和难点内容。ERP 实验课程的主要教学内容如表 9-1 所示。

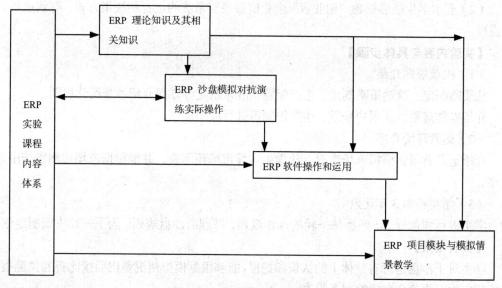

图 9-1　ERP 实验总体架构

表 9-1　ERP 实验课程的教学内容

教 学 项 目	教学组织形式	主要教学内容
沙盘模拟对抗演练	不同专业学生交叉分组（虚拟企业），各自扮演专业角色，以发挥专长，相互学习，共同提高	1．本课程所涉及的相关知识 2．企业运作环境和背景介绍 3．模拟对抗演练的组织和游戏规则 4．企业起始年经营情况 5．模拟企业生产经营全部过程和经营决策（一般要求连续经营 7 年以上） 6．总结。平时经营情况点评和课程结束前的总结
ERP 软件教学	学生自学与教师辅导相结合。以不同专业学生交叉分组组织自学、自助学习和按专业班级组织授课，课外辅导	1．企业生产经营特点、业务流程与基础数据的整理 2．ERP 企业管理信息系统初始化 3．生产制造系统 4．财务系统主要子系统及其账务处理 5．进、销、存系统
情景教学	以个人或不同专业交叉分组组成迷你企业，运用 ERP 软件分项目进行模拟操作	1．模拟某企业设计某产品物料清单 2．模拟某企业生产流程和产销排程 3．模拟某企业会计核算和账务处理 4．模拟某企业进、销、存业务流程和账务处理

其中，ERP 沙盘模拟和情景教学可依各个学校的具体教学进度有所取舍。课内的实验重点应放在 ERP 软件的辅导上。

9.2　ERP 沙盘模拟对抗演练

实验一　沙盘导入与规则介绍

【实验目的与基本要求】

（1）对"创业者"企业模拟经营系统的运行环境、决策方式等进行介绍，对决策思路和技巧进行简单的提示。

（2）要求学生能够熟悉"创业者"企业模拟经营系统的运行和决策方式，有效进行后续的进程。

【实验内容与具体步骤】

（1）决策规则介绍。

从战略制定、营销策略制定、生产配置、战术制定等方面介绍沙盘运营规则。

介绍操作规则，从用户登录、生产控制等进行演示操作。

（2）运营环境介绍。

介绍运营背景，模拟市场情况，让学生读懂市场预测表，并能根据市场预测表给出总体战略。

（3）学生模拟3年运营。

学生进行角色分工，熟悉每一轮的操作规则，并理清沙盘规则，为下一轮决策制定依据。

【实验结果】

学生对于沙盘运营有整体上的认识和把握，能够根据模拟情况做出后续比赛的预测报表，并能确定生产报表和主要的财务报表。

实验二　企业ERP沙盘模拟对抗

【实验目的与基本要求】

（1）使用"创业者"企业模拟经营系统进行模拟经营对抗。共进行7个回合，第一个回合2个学时，其余6个回合每个回合4个学时。

（2）了解制造型企业运行的相关协调、控制及专业知识的应用，能够利用运筹学、预测与决策等知识进行决策活动，在多回合中能够调整思路，观察对手，提高应变能力。

【实验内容与具体步骤】

（1）分组登录系统。

学生分角色登录系统，给出公司名称和企业组织架构。

（2）制定战略计划，编写预测表。

根据模拟回合的总结预测，进行分回合对抗，并填写预测表和运营情况记录表。

（3）投广告费，拿订单，分组运营。

制定营销策略，集中竞单，分组运营，进行6～8回合的对抗。

（4）结果展示。

根据系统汇总报表，给出打分排名和权益值。

【实验结果】

市场排名和权益等各项打分表。

实验三　模拟对抗过程总结答辩

【实验目的与基本要求】

（1）使学生能够较好地掌握沙盘竞赛中的决策方法与工具，并能够较为清晰地分析决策结果，锻炼学生的分析归纳能力，提高其理论知识在实际应用中的运用能力。

（2）能够对各环节的决策活动进行较为清晰的分析，并以小组汇报的方式进行集中讨论，最终汇报的成果形成一份小组的总结报告。

【实验内容与具体步骤】

（1）分组分角色汇报，辅以 PPT 演示。

学生根据比赛结果制作 PPT 汇报，汇报中包括运营情况总结与回顾，重点包括对抗经验介绍，得失总结，后续展望。

（2）回答教师的提问。

根据运营情况，回答教师的提问。

【实验结果】

小组分角色总结报告和汇报 PPT。

9.3　ERP 软件流程操作

实验一　企业进、销、存管理

【实验目标】

培养学生掌握 ERP 进、销、存管理的原理知识；理解企业进、销、存的基本流程及与其他模块的关系。并通过实验，使学生熟练操作 ERP 系统的进、销、存模块，具备基本操作技能，同时培养学生综合训练、分析问题、解决问题的能力。

【实验内容】

1. 基础数据设置

（1）基础档案设置

① 部门及职员档案，见表 9-2。

表 9-2　部门及职员档案

编　　号	部 门 名 称	职 员 编 号	职 员 名 称
01	采购部	0101	李钢
02	销售部	0201	林同
03	仓库	0301	薛明
04	装配车间	0401	刘华
05	成品车间	0501	朱丽

② 客户档案、供应商档案（基础档案——往来单位），见表 9-3。

表 9-3　客户档案、供应商档案

客 户 编 号	客 户 名 称	供 应 商 编 号	供 应 商 名 称
01	洛阳轴承厂	01	南京钢铁厂
02	武汉钢窗厂	02	苏州轴承厂
03	市物资公司	03	深圳机械批发公司
04	深圳电器批发公司		

③ 存货信息。

a. 计量单位，见表9-4。

表9-4　计量单位

计量单位组编码	计量单位组名称	计量单位组类别	计量单位编码	计量单位名称
1	无换算组	无换算	01	吨
		无换算	02	套
		无换算	03	台
		无换算	04	把

b. 存货分类，见表9-5。

表9-5　存货分类

分类编码	分类名称
1	原材料
101	原料及主要材料
102	外购半成品
2	燃料
3	低值易耗品
4	自制半成品
5	产成品

c. 存货档案，见表9-6。

表9-6　存货档案

存货编码	名　称	计量单位	所属分类	属　性	税率/%
10101	铸铁件	吨	101	外购、耗用	17
10201	轴承	套	102	外购、耗用	17
201	原煤	吨	2	外购、耗用	17
301	专用工具	把	3	外购、耗用	17
401	LY125半	台	4	自制、在制、耗用、销售	17
501	LY125	台	5	自制、销售	17

④ 仓库档案，见表9-7。

表9-7　仓库档案

编　码	名　称	计价方法
1	原料库	移动平均
2	半成品库	全月平均
3	产成品库	全月平均

⑤ 收发类别，见表9-8。

表9-8　收发类别

编　码	名　称	收发标志	编　码	名　称	收发标志
1	入库	收	2	出库	发
101	采购入库	收	201	销售出库	发
102	产成品入库	收	202	领料出库	发

编　码	名　　称	收 发 标 志	编　码	名　　称	收 发 标 志
103	半成品入库	收	203	调拨出库	发
104	调拨入库	收	204	盘亏出库	发
105	盘盈入库	收	205	其他出库	发
106	其他入库	收			

（2）期初数据

采购期初数据：上月末从南京钢铁厂购进原煤200吨，入1号仓库，入库类别为11采购入库，暂估单价6 000。

销售期初数据：上月发给武汉钢窗厂铸铁件10吨，从1号仓库出货，出库类别为销售出库。

库存期初数据，见表9-9。

表9-9　库存期初数据

仓　　库	存货编码	存货名称	数量/套	单价/元
1	10101	铸铁件	200	3 100
1	10201	轴承	300	360
2	401	LY125 半	120	25 000
3	501	LY125	300	30 000

2．实验流程

（1）采购业务处理

① 向苏州轴承厂订购轴承400套，请填制采购订单并做审核。

② 向苏州轴承厂采购的轴承已全部到货准备检验，请填制采购到货单。

③ 经过检验后发现采购的轴承有10套不符合要求需要退回厂家，请填制到货退回单。

④ 其余390套轴承验收入1号仓库，入库类别为采购入库，请填制采购入库单。

⑤ 收到苏州轴承厂开来的增值税专用发票，数量390套，发票单价为355元，请填制采购专用发票。

⑥ 对上述采购轴承的业务进行采购结算处理。

⑦ 本月向南京钢铁厂采购原煤100吨，货到验收入1号仓库，请通过订单到货及入库流程完成相关处理。

⑧ 本月收到南京钢铁厂开来采购原煤业务的专用发票，数量为300吨，发票单价为6 100元，请填制采购专用发票。

⑨ 对上述采购原煤的业务进行采购结算处理。

⑩ 向深圳机械批发公司订购专用工具数量200套，货到入1号库，发票没收到，请填制采购订单、到货单和入库单。

⑪ 期末工作。月末结账（按操作向导进行月末结账的工作）。

⑫ 账簿查询。查询未完成业务明细表、订单执行情况统计表、暂估入库余额表、入库明细表及发票明细表等。

（2）销售业务处理

① 当月10日销售给武汉钢窗厂LY125成品5台，填制销售订单并进行审核。

② 根据销售合同将武汉钢窗厂的 5 台 LY125 成品从 2 号仓库出货，请填制销售发货单并审核。

③ 将上述销售业务进行销售开票处理，开具普通发票，单价为 31 000 元。

④ 当月 25 日武汉钢窗厂退回 1 台 LY125 成品入 1 号仓库，填制销售退回单并审核（红字发货单）。

⑤ 根据客户和税务当局规定给对方开具红字普通发票。

⑥ 期末工作。月末结账（按操作向导进行月末结账的工作）。

⑦ 账簿查询。查询销售订单执行情况表、销售发货开票收款勾对表、销售明细账、销售明细表等。

（3）库存业务处理

① 从苏州轴承厂购进轴承（10201）400 套，入 1 号仓库，入库类别为采购入库，单价为 355 元。

② 从南京钢铁厂购进原煤 200 吨，入 1 号仓库，入库类别为 11 采购入库，单价为 6 000 元。

③ 退回苏州轴承厂 10 套轴承，从 1 号仓库退回厂家，入库类别为采购入库，单价为 355 元。

④ 销售给武汉钢窗厂 LY125 成品 5 台，从 3 号仓库出货，出库类别为销售出库。

⑤ 销售给市物资公司 LY125 半成品 10 台，从 2 号仓库出货，出库类别为销售出库。

⑥ 销售给武汉钢窗厂的 LY125 现退货 2 台，退回 3 号仓库，出库类别为销售出库。

⑦ 装配车间从 1 号仓库领用轴承 250 套，出库类别为领料出库。

⑧ 成品车间完工产成品 LY125 14 台，入 3 号仓库，入库类别为产成品入库。

⑨ 装配车间完工自制半成品 LY125 半 20 台，入 2 号仓库，入库类别为半成品入库。

⑩ 月末仓库盘点发现轴承多 1 套，半成品 LY125 少 1 台。

⑪ 单据审核（单据列表界面进行相关单据的审核）。

⑫ 期末工作。月末结账（按操作向导进行月末结账的工作）。

⑬ 账簿查询。

- 现存量。
- 流水账。
- 库存台账查询。
- 收发存汇总表。
- 存货分布表。

【实验总结】

实验总结是为了考察学生对 ERP 实验，尤其是对企业进、销、存流程的掌握程度。学生实验报告应包括如下内容。

实验的基本内容记录

实验的基本评价及体会

课程学习能力测评

主要参考文献

实验总结评价（教师）

实验成绩记录

在学生上机过程中，教师应熟悉 ERP 系统进、销、存的流程，并注意学生角色的转换。在具体应用时，可以先单模块运用，然后再将进、销、存模块联用。总体来说，进、销、存模块的总流程如图 9-2 所示。

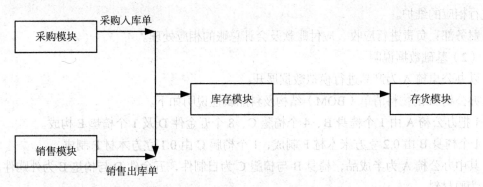

图 9-2 进、销、存模块的总流程

实验二 企业生产管理

【实验目标】

培养学生掌握 ERP 生产管理的原理知识；理解企业生产管理的基本流程及与其他模块的关系。并通过实验，使学生熟练操作 ERP 系统的生产管理模块，具备基本操作技能，同时培养学生综合训练、分析问题、解决问题的能力；理解物料需求计划的编制过程及所需要的数据准备。

【实验内容】

1. 基础数据设置

（1）ERP 企业背景说明

① A 企业是一家以办公桌椅、文件柜为主要产品，面向订单生产的制造类企业，其基本组织结构如下。

销售部（分管成品库）

生产部（分管两个生产车间及半成品库）

采购部（分管原料库）

财务部

② 各部门主要职能描述。

销售部：负责制定销售预测计划，并对接到的客户订单进行系统录入及相应处理，形成销售需求信息。

成品库：负责系统中产成品的完工入库及销售出库业务，并对产成品库存信息进行相应的维护。

生产部：负责制定满足销售需求的主生产计划及物料需求计划；维护自制件及产成品的相应工单与领料单；安排车间生产并进行成本核算。

半成品库：负责系统中半成品的出入库业务，并对半成品库存信息进行相应的维护。

车间 1：按系统生成的领料单到对应仓库领取相应物品进行自制零部件的生产，生产完工送至半成品库。

车间 2：按系统生成的领料单到对应仓库领取相应料品进行最终产成品的生产。

采购部：负责依照系统制定的采购计划执行采购，并对采购单的执行情况进行跟踪。

原料库：负责系统中原材料与外购件的采购入库及生产领用出库业务，并对原料库存信息进行相应的维护。

财务部：负责进行应收、应付账款及会计总账的相应处理。

（2）基础数据说明

以办公桌椅 A 为产品进行模拟数据展开。

办公椅 A 的物料清单（BOM）结构及料品属性说明如下。

1 把办公椅 A 由 1 个椅身 B、4 个椅腿 C、8 个五金件 D 及 1 个椅垫 E 构成。

1 个椅身 B 由 0.2 立方米木材 F 制成，1 个椅腿 C 由 0.1 立方木材 F 制成。

其中办公椅 A 为半成品，椅身 B 与椅腿 C 为自制件，五金件 D 与椅垫 E 为外购件，木材 F 为原材料。

当前数据信息如下。

① 成品库现有 40 把办公椅 A 可用。

② 半成品库现有 20 个椅身 B 可用。

③原料库现有 100 个五金件 D、30 立方米木材 F 可用。

④ 一车间无在制品。

⑤ 二车间现 20 把办公椅 A 在制（已领料）。

办公椅 A 的成本数据如下。

① 直接材料成本。

五金件：单价为 1 元/个，用量为 8 个，成本为 8 元。

椅垫：单价为 12 元/只，用量为 1 个，成本为 12 元。

木材：单价为 50 元/立方米，用量为 0.6 立方米，成本为 30 元。

②直接人工费用。

椅身 2 元；椅腿：0.5 元 × 4 = 2（元）。办公椅 5 元，共 9 元。

③制造费用。

椅身 4 元，椅腿 0.5 元 × 4 = 2（元），办公椅 5 元，共 11 元。

生产实际成本：原料成本+直接人工费用+制造费用 = 70（元）。

2. 实验流程

① 销售部门接到一个新的客户订单进行系统录入及审核。

② 系统将订单纳入主生产排程系统由生产部门进行统一规划，形成主生产计划，并依此进行 MRP 展开，生成满足实际需求的相应料品的采购及生产规划信息。

③ 采购部门执行采购，料品到货验收入库后系统形成应付账款由财务部进行相应处理。

④ 生产车间按系统规划工单到对应仓库领取相应料品进行生产，产成品完工办理入库。

⑤ 销售人员将产成品按订单交货期进行发货，系统形成应收账款由财务部门进行相应的处理。

【实验总结】

实验总结是为了考察学生对 ERP 实验，尤其是对生产管理流程的掌握程度。学生实验报告应包括如下内容。

实验的基本内容记录

实验的基本评价及体会

课程学习能力测评

主要参考文献

实验总结评价（教师）

实验成绩记录

教师在指导学生上机实验时，如果能记清生产管理系统的流程，则在实验时一般不会出现问题。总体来说，生产管理系统的总流程如图 9-3 所示。

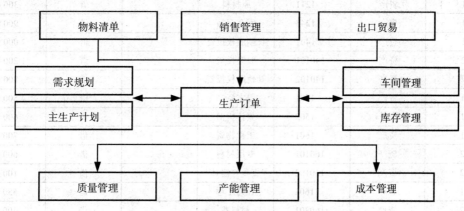

图 9-3　生产管理系统的总流程

实验三　企业财务管理

【实验目标】

培养学生掌握 ERP 财务管理的原理知识；理解企业财务管理的基本流程及与其他模块的关系。并通过实验，使学生熟练操作 ERP 系统的财务管理模块中的总账模块，具备基本操作技能，同时培养学生综合训练、分析问题、解决问题的能力。具体实验目标如下。

① 掌握企业日常账务处理流程。

② 掌握凭证的输入方法。

③ 掌握凭证的审核方法。

④掌握银行对账的方法。

⑤掌握月末结账的处理方法。

【实验内容】

1. 基础数据设置

（1）会计科目设置

会计科目设置见表 9-10。

表 9-10 会计科目设置

级　次	类　型	科目编码	科目名称	辅助核算	方　向	期初余额/元
1	资产	1001	现金		借	25 000
1	资产	1002	银行存款		借	1 000 000
2	资产	100201	中国建设银行		借	600 000
2	资产	100202	招商银行		借	400 000
1	资产	1111	应收票据	客户往来	借	
1	资产	1131	应收账款	客户往来	借	300 000
1	资产	1133	其他应收款		借	16 000
2	资产	113301	个人款	个人往来	借	16 000
2	资产	113302	单位款	客户往来	借	
1	资产	1151	预付账款	供应商往来	借	
1	资产	1211	原材料		借	300 000
1	资产	1243	库存商品		借	900 000
1	资产	1401	长期股权投资		借	2 000 000
2	资产	140101	股票投资		借	1 200 000
2	资产	140102	其他股权投资		借	800 000
1	资产	1501	固定资产		借	4 500 000
1	资产	1502	累计折旧		贷	600 000
1	资产	1601	工程物资		借	700 000
2	资产	160101	专用材料		借	600 000
2	资产	160102	工具与器具		借	100 000
1	资产	1603	在建工程		借	550 000
2	资产	160301	材料费		借	400 000
2	资产	160302	人工费		借	100 000
2	资产	160303	其他费用		借	50 000
1	负债	2111	应付票据	供应商往来	贷	
1	负债	2121	应付账款	供应商往来	贷	600 000
1	负债	2131	预收账款	客户往来	贷	
1	负债	2171	应交税金		贷	
2	负债	217101	应交增值税		贷	
3	负债	21710101	进项税额		贷	
3	负债	21710102	销项税额		贷	
2	负债	217102	应交所得税		贷	
1	权益	3101	实收资本		贷	8 000 000
1	权益	3111	资本公积		贷	821 000
2	权益	311101	资本或（股本）溢价		贷	821 000
1	权益	3121	盈余公积		贷	270 000
2	权益	312101	法定盈余公积		贷	270 000
1	权益	3141	利润分配		贷	
1	成本	4101	生产成本		借	
2	成本	410101	材料成本		借	
2	成本	410102	人工成本		借	

级　次	类　　型	科目编码	科目名称	辅助核算	方　　向	期初余额/元
2	成本	410103	其他		借	
1	成本	4105	制造费用		借	
1	损益	5101	主营业务收入	部门核算	贷	
1	损益	5501	营业费用		借	
2	损益	550101	工资		借	
2	损益	550102	福利费		借	
2	损益	550103	业务招待费	部门核算	借	
1	损益	5502	管理费用		借	
2	损益	550201	工资		借	
2	损益	550202	福利费		借	
2	损益	550203	办公费	部门核算	借	

注：会计科目调整完毕后需做指定科目，将 1001 指定为"现金总账"科目，将 1002 指定为"银行总账"科目（在"会计科目"界面单击"编辑"→"指定科目"）。

（2）辅助核算目录设置

① 部门、人员档案如表 9-11 所示。

表 9-11　部门、人员档案

部门编码	部门名称	部门人员编码	人员名称
01	行政部	0101	刘娟
02	财务部	0201	周政

② 客户档案如表 9-12 所示。

表 9-12　客户档案

省别编号	省　别	地区编号	地区名称	客户编号	客户名称
1	省内	101	南京	101001	南京通用电器
		102	苏州		
		103	无锡	103001	无锡电子集团
2	省外	201	广东		
		202	辽宁		

③ 供应商档案如表 9-13 所示。

表 9-13　供应商档案

供应商编码	供应商名称
001	南纺股份
002	苏州建达

（3）结算方式

结算方式如表 9-14 所示。

表 9-14　结算方式

结算方式编码	结算方式名称
01	南纺股份
02	苏州建达
03	电汇
04	银行承兑汇票

（4）期初余额录入

各科目的期初数据见上述会计科目的余额，各辅助明细余额如表 9-15～表 9-17 所示。

表 9-15　辅助明细余额（一）

1131 应收账款余额——300 000

客户编码	摘　要	方　向	金额/元
101001	欠货款	借	100 000
103001	欠货款	借	200 000

表 9-16　辅助明细余额（二）

113301 个人款余额——16 000

部门编码	职员编码	摘　要	方　向	余额/元
01	0101	借款	借	7 500
02	0201	借款	借	8 500

表 9-17　辅助明细余额（三）

2121 应付账款余额——600 000

供应商编码	摘　要	方　向	金额/元
001	应付期初	贷	430 000
002	应付期初	贷	170 000

2．实验流程

① 填制凭证。

a. 从中国建设银行提现金 8 000 元备用（现金支票−8855）。

b. 从南纺股份购进原材料 500 000 元，款未付（进项税率为 17%）。注：500 000 为无税价格。

c. 财务部周政还款 8 500 元

d. 零星报销:行政部、财务部买办公用品各花费 1 200 元和 2 000 元。注:行政部、财务部报销入账"管理费用"的明细科目。

② 审核凭证。

③记账。

④ 期末处理。

a. 结转期间损益。

b. 结账。

⑤ 账簿查询。

a. 定义并查询管理费用多栏账。

b. 练习查询出纳账簿、科目账及一系列辅助账。

【实验总结】

实验总结是为了考察学生对 ERP 实验，尤其是对企业财务管理流程的掌握程度。学生实验报告应包括如下内容。

实验的基本内容记录

实验的基本评价及体会

课程学习能力测评

主要参考文献

实验总结评价（教师）

实验成绩记录

教师在指导学生上机实验时，如果能记清总账系统的流程，则在实验时一般不会出现问题。总体来说，总账系统的处理流程如图 9-4 所示。

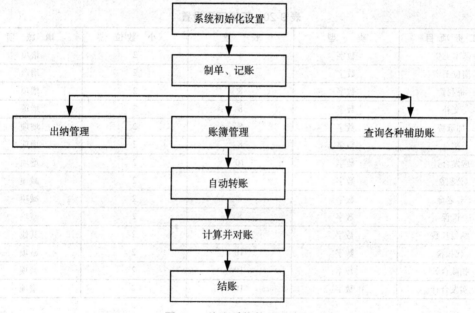

图 9-4 总账系统的处理流程

实验四 企业人力资源管理

【实验目标】

培养学生掌握 ERP 人力资源管理的相关原理性知识；理解企业人力资源管理的基本流程及与其他模块的关系。通过实验，使学生熟练操作 ERP 系统的人力资源管理模块，具备基本操作技能，同时培养学生综合训练、分析问题、解决问题的能力。

【实验内容】

1. 基础数据设置

① 部门档案的设置如表 9-18 所示。

表 9-18　部门档案设置

编　码	名　称
01	办公室
02	财务部
03	销售部
04	生产车间

② 人员档案的设置如表 9-19 所示。

表 9-19　人员档案设置

人员编号	人员姓名	人员类别	行政部门	性别	开户行	账号
0101	王芳	在职人员	办公室	女	招商银行	320102345612231
0201	李丽	在职人员	财务部	女	招商银行	320102345612456
0301	林同	在职人员	销售部	男	招商银行	320102345612467
0401	王刚	在职人员	生产车间	男	招商银行	320102345612688

③ 工资项目的设置（请按表 9-20 的信息设置好工资项目并对顺序进行相应调整）。

表 9-20　工资项目设置

工资项目	类　型	长　度	小　数/位	增减项
基本工资	数字	8	2	增项
岗位工资	数字	8	2	增项
福利费	数字	8	2	增项
交补	数字	8	2	增项
加班费	数字	8	2	增项
奖金	数字	8	2	增项
应发合计	数字	10	2	增项
公积金	数字	8	2	减项
养老金	数字	8	2	减项
医保	数字	8	2	减项
纳税基数	数字	8	2	其他
代扣税	数字	10	2	减项
扣款合计	数字	10	2	减项
实发合计	数字	10	2	增项

④ 工资类别基本设置。

a. 增加公积金和养老金的公式（均为基本工资的 8%）、医保的公式（为基本工资的 2%）、纳税基数公式 = 基本工资 + 岗位工资 + 加班费 - 公积金 - 养老金 - 医保。

b. 录入人员工资数据（见表 9-21）。

表 9-21　人员工资　　　　　　　　　　　　　　　　单位：元

编　号	姓　名	部　门	基本工资	岗位工资	交　补
0101	王芳	办公室	1 000	500	100
0201	李丽	财务部	1 200	500	100
0301	林同	销售部	1 500	500	200
0401	王刚	生产车间	800	600	100

⑤ 发放奖金基本设置。

2. 实验流程

工资类别的日常处理：

① 扣缴所得税的设置与调整。

② 工资变动。

③ 银行代发设置与数据输出。

④ 工资签名表与工资发放条的设置与调整。

⑤ 工资分摊。

多次数发放工资类别的期末处理。

【实验总结】

实验总结是为了考察学生对 ERP 实验，尤其是对企业人力资源管理流程的掌握程度。实验总结应包括如下内容。

实验的基本内容记录

实验的基本评价及体会

课程学习能力测评

主要参考文献

实验总结评价（教师）

实验成绩记录

9.4　ERP 情境教学

1. 用户设置业务场景

① 创建销售员王兵，用户代码为 XS020，在 SAP 系统中应用销售模块所有权限，库存模块查看权限，其他模块禁止权限。

② 创建财务人员古情，用户代码为 CW110，在 SAP 系统中应用财务模块所有权限，其他模块分配查看权限。

2. 业务伙伴场景

① 公司销售部门开发了一个新的客户：北京好又多仓储超市，提出申请要求技术人员维护到系统中。

② 公司根据市场管理的需要，在基础价格基础上，按照客户贡献价值的不同设置了相关销售折扣，其中，大客户按基础价格 1.1 因子比例销售、小客户按 1.5 因子比例销售、零售按 1.75 因子比例销售。

③ 公司针对大客户价格政策作出补充规定，2009 年 4 月 1 日之前按照价格政策执行，2009 年 4 月 1 日到年底按大客户价格的 5%OFF 折扣销售；并且规定 2009 年 4 月 1 日之前销售数量在 100～999 按 2%OFF 折扣销售、1 000 及以上按 4%销售；规定 2009 年 4 月 1 日之后的销售数量在 100～999 按 6%OFF 折扣销售、1 000 及以上按 8%销售。

④ 公司销售部门与北京好又多仓储超市客户签订了年度价格协议，该协议规销售商品统一按基础价格的 1.1 供货；打印机 A00001、A00002、A003 要提高市场占用率，公司计划按基础价格的 95 折报价；服务器 S10000 因产品特殊，将按基础价格减少 1 000 元供货。

⑤ 公司销售部门与北京好友多仓储仓储超市签订补充协议规定，规定 A00001、A00002、A003 这 3 种物料的将应一次供货数量给予不同的折扣优惠：0~99 台九五折、100~999 台九四折、1 000 台以上九二折。

3. 物料清单主数据场景

① 物料主数据中有高尔夫球杆（A1008）、高尔夫球（A1007）、发球座（A1014），可以单独销售，但客户有时会整套需求，比例关系见表 9-22。请建立 BOM 表，以便利销售员选用。

表 9-22　比例关系

上级/下级	物料编号	物料名称	数量比例	价格清单
上级	V001	高尔夫套件	1	
下级	A1008	高尔夫球杆	1	普通采购价格
下级	A1007	高尔夫球	6	普通采购价格
下级	A1014	发球座	1	普通采购价格

② 公司业务扩展后，又做起了溜冰板的生意。做了一段时间后，发现溜冰板的生产只是简单的组装，因此决定自己生产，见表 9-23 和表 9-24。

表 9-23　资料（一）

上级/下级	物料编号	物料名称	数量比例	价格清单
上级	V002	溜冰板	1	
下级	A2001	溜冰板-轮子	4	普通客户售价
下级	A2002	溜冰板-板	1	普通采购价格
下级	A2003	溜冰板-轴	2	普通采购价格
下级	A2004	φ6 螺丝	8	普通采购价格

表 9-24　资料（二）

上级/下级	物料编号	物料名称	数量比例	价格清单
上级	A2001	溜冰板-轮子	1	
下级	A2008	溜冰板-轮子-轮胎	1	普通采购价格
下级	A2007	溜冰板-轮子-边框	1	普通采购价格
下级	A2005	φ8 螺丝	4	普通采购价格

③ 随着冰雪运动冰上高尔夫的兴起，公司发现越来越多的客户会同时订购高尔夫套件和滑冰板，但比例关系不固定。为便于销售员快速输入销售订单，销售部请技术工程师建立新的物料：冰上高尔夫套件（V900），同时请生产经理在 SBO 中创建冰上高尔夫套件（V900）的 BOM，见表 9-25。

表 9-25 资料（三）

上级/下级	物料编号	物料名称	数量比例	价格清单
上级	V900	冰上高尔夫套件	1	
下级	V002	溜冰板	1	普通客户售价
下级	A1008	高尔夫球杆	1	普通采购价格
下级	A1007	高尔夫球	6	普通采购价格
下级	A1014	发球座	1	普通采购价格

4. 库存物料主数据场景

① OEC 中国有限公司新开发一种产品：激光打印机 HP1600P。基础价格 1 800 元。进行批次序列号管理以便跟踪产品质量。计量单位为台，尺寸为 100 cm×120 cm×80 cm。放在成品仓库保管，并且最小安全库存为 1 000 台。使用移动平均价格来统计存货账。该产品的发货方法为反冲。

② OEC 中国有限公司为了生产激光打印机 HP1600P，需要采购原材料为激光喷头 QHB38-2094K。该原材料的计量单位为个。采购包装单位为箱，每箱个数为 12 个。供应商为珠海信达电子公司。供应商的目录编号为 QHB38。该原材料的库存评估的基础价格为 500 元/个，评估方法为标准。计划方法为物料需求计划，采购提前期为 5 天。发货方法为手动。

③ OEC 中国有限公司为了生产激光打印机 HP1600P，还需要采购原材料强化塑胶颗粒（灰白），该原材料的计量单位为千克，采购计量单位为吨，基础价格为 10 元/千克。该原材料的包装方式为 1 吨 10 箱，每箱 100 千克。管理者需要知道在原料采购时的具体箱数和千克数。供应商为广州嘉诚公司。

④ OEC 中国有限公司生产的产品激光喷头 QHB38-2094K。使用的原材料为激光喷头 QHB38-2 094K，当该原材料在库存不足的情况下可以采用原材料激光喷头 QHB38-2094G 来代替。原材料激光喷头 QHB38-2 094G 与原材料激光喷头 QHB38-2 094K 功能上没有什么区别，只是一个是精生产，一个是普通生产，在成本上有点差别，激光喷头 QHB38-2094G 比原材料激光喷头 QHB38-2 094K 低 40 元/个。

⑤ OEC 中国有限公司为了生产激光打印机 HP1600P，用到原材料强化塑胶颗粒（灰白），由于广州嘉诚公司不再生产该原料，由其他供应商生产供应。

⑥ OEC 中国有限公司为了跟踪产品激光打印机 HP1600P 的售后服务情况，需要统计每个月的服务工程师的差旅费用，为此，在系统定义了一个名为激光打印机 HP1600P 服务费的人力类型的物料主数据。该物料的计量单位为人天。基础价格为 300 元/人天。

⑦ 由于电子产品科技更新较快，一段时间后，OEC 中国有限公司停止生产产品激光打印机 HP1600P。但还有部分应收账款还没有收回。一个月后，所有应收账款全部收回，并且不再接受该产品的售后服务请求。

5. 价格清单场景

① OEC 中国有限公司（新）中维护一套销售价格清单如表 9-26 所示。

表 9-26　销售价格清单

价格清单行	价格清单名称	基础价格清单名称	比例因子	舍入方法
价格清单 01	标准价格	标准价格	1	不舍入
价格清单 02	零售客户价格	标准价格	1.5	不舍入
价格清单 03	批发商价格	标准价格	1.3	不舍入
价格清单 04	大客户价格	批发商价格	0.9	舍入到十位金额

② OEC 中国有限公司（新）里的物料为激光打印机 HP1600P，价格清单设定为标准价格，价格为 1 000 元，并将业务伙伴 C3 000 的付款条款里的价格清单设定为大客户价格。双击每行价格清单查看弹出的物料激光打印机 HP1 600P 单位价格的变化情况。

③ OEC 中国有限公司（新）为了激励大客户 C3 000 购买激光打印机 HP1600P，特对其制定了特殊价格为 1 100 元/台。创建一张给 C3000 的激光打印机 HP1600P 的销售单，看看销售单上的价格是如何取得的。

④ OEC 中国有限公司某日对销售价格做了调整：激光打印机 HP1600P 的标准价格由原来的 1 000 元调整为 950 元。零售客户的价格比例由原来的 1.5 调整为 1.4。

⑤ OEC 中国有限公司（新）经过一段时间对 C3000 的销售情况跟踪，发现 C3000 的采购量很少，不符合大客户的价格采购量，所以 OEC 中国有限公司对销售策略做了调整，不再执行大客户销售价格政策，C3000 的价格政策也由原来的大客户价格变成批发客户价格政策。

⑥ OEC 中国有限公司（新）在撤销了大客户销售价格政策以后，销售量有所下滑，为了挽救市场，销售部决定对所有为"物料"类型物料组的物料进行打 9 折的优惠活动。

6. 销售机会业务场景

① 公司销售员王勤（A004）与客户石家庄汉德贸易公司联系，了解客户的需求，并了解到客户在 IT 设备上最近有 10 万元左右的采购预算与计划，并与客户方联系人王晓东约定 2 天后来公司面谈，了解公司的产品。

② 2 天后公司销售员王勤（A004）与客户代表王晓东一起就公司产品作了第一次面对面的交流，向客户重点介绍了公司产品的特点与应用效果，并了解了客户具体的产品需求，客户代表表示要把相关情况汇报给公司相关负责人。

③ 客户代表王晓东把相关情况汇报后，客户负责人对产品比较感兴趣，要求公司派遣相关销售人员到办公地点谈判相关产品价格、付款条款问题。

④ 公司销售员王勤应邀到客户现场与客户就产品的价格政策做了详细说明，双方对产品所能提供的价格折扣做了初步商讨，并明确了感兴趣的产品及其数量，并要求公司销售员明确对此报价。

⑤ 公司销售员王勤针对会议讨论结果，对客户感兴趣的产品做了报价，并发给客户。

⑥ 客户接到报价后，认为价格仍然存在商讨空间，双方就价格做了进一步磋商，销售员并就超出自己权限范围的价格折让与公司领导协商后最终达成一致。

客户经过比价对公司报出的价格比较满意，正式向公司下达了，订单金额最终确定在 11 万元左右。

7. 销售报价业务场景

① 2009 年 2 月 1 日北京龙发电子贸易有限公司（客户编号为 C20000）通过我公司的销

售员王勤咨询了产品 IBM Infoprint 1312 喷墨打印机（物料号为 A00001）和产品华硕 Intel AMX 主板（物料号为 C00001），要求提供一次 2 小时的现场服务，并初步确定订货意向。

② 销售员王勤登录到 SBO 系统，按公司规定在系统的报价模块中录入客户要求的 A00001、C00001 物料及服务（L10001），王勤同时考虑到客户可能对其他打印机类型比较感兴趣，因此把其他打印机作为备选项报给客户，请客户参考。

③ 公司要求报价要遵循规范的格式报出，如下表 9-27 所示。

表 9-27　报价格式

物　料	数　量	价　格	……	总　额
硬件				
****	****	****	****	****
小计				****
服务				
****	****	****	****	****
小计				****
备选项				
****	****	****	****	****
总计				****

④ 王勤录入报价单后，并经过销售经理审批通过后打印出报价单，然后再传真给北京龙发电子贸易有限公司的采购员李诚，并告知客户采购员此报价在一个月内有效。

⑤ 北京龙发电子贸易有限公司对价格不满意，与王勤联系要求 9 折价格采购；并对备选的打印机感兴趣要求正式对此报价，列入采购范围；王勤与公司经理协商后，申请了 9 折销售价，重新修改了报价单，并传与北京龙发电子贸易有限公司。

⑥北京龙发电子贸易有限公司对新报价表示满意，确认向公司进行采购。

⑦ 王勤收到客户的报价确认后，在系统中把该报价确认为正式销售订单，要求公司内部组织发货。

⑧ 业务场景同上，但客户最终拒绝了本次报价，王勤按公司业务规定取消了本次报价。

8. 销售审批业务场景

① 2009 年 2 月 5 日，北京龙发电子贸易有限公司的采购员李诚打电话给销售员王勤，提出产品 IBM Infoprint 1312 喷墨打印机（物料号为 A00001）订货 200 台和产品华硕 Intel AMX 主板（物料号为 C00001）订货 2 000 件的需求，并向公司开始询价，要求王勤给出这两种产品的报价。

② 王勤登录 SBO 系统查询到 IBM Infoprint 1312 喷墨打印机的基准售价为 3 500 元，产品华硕 Intel AMX 主板的售价也为 3 500 元。使用 SBO 系统的报价模块，录入报价单，系统根据预配置的审批业务流程激活审批流程。

③ 张涛在系统中看到王勤的报价申请后，在系统中查看本次申请，发现所报价格为公司最高对外售价，可以打 9 折对外报价，因此在系统中拒绝本次报价，并要求王勤重新修改报价。

④ 王勤在系统中收到销售经理的审批意见后，按照销售经理的意见修改报价，重新提请销售经理审批。

⑤ 张涛在系统中通过系统信息收到新的报价单后，同意本次报价。

⑥ 王勤根据审批结果，把该报价单添加为系统正式报价单并打印传真给北京龙发电子贸易有限公司的采购员李诚。

9. 销售订单业务场景

- **业务场景01—按库存销售**

① 当前业务公司为按库存销售型公司，公司规定在有效库存充足时可以下单，在有效库存不能满足订购的前提下，禁止订单的下达。

② 销售员王勤接到客户：北京龙发电子贸易公司的订单，订购（A00001）BM Infoprint 1312 喷墨打印机 1 000 件、（C00001）华硕 Intel AMX 主板 100 件及 10 个小时的现场服务，并要求在订购日后 10 天发货。

③ 销售员王勤在系统中填写销售订单，并检查各项订购物料是否存在有效库存，发现 A00001 物料库存量不足，与客户联系后把订购数量调整为 90 件。

④ 销售员王勤确认销售订单并打印后，把销售订单反馈给客户，并同步传递到仓库作为后续业务流程的依据。

- **业务场景02—按单生产下的销售**

① 当前业务公司为按订单生产型公司，公司在生产能力能够满足订购需求的情况，接受销售订单。

② 销售员王勤销售员王勤接到客户北京龙发电子贸易公司的订单，订购（A00001）BM Infoprint 1312 喷墨打印机 100 件，并要求在订购日后 1 个月内发货。

③销售员王勤与生产部门联系，确认能否在 1 个月内生产完毕。

④ 销售员王勤经过与生产部门沟通，确认生产能力能够满足要求时，在系统中下达生产订单打印输出后，并把销售订单传递到生产部门通知生产部门备货生产。

- **业务场景03—信用控制**

① 客户订购量持续增多，导致客户的欠款增多，这种情况下公司如果客户出现问题不能及时回款，产生不良账款，将导致公司的财务风险，这种情况下应启用信用控制，对客户的信用预先作出评估，对超出信用时拒绝发出货物。

② 公司为所有客户授予 100 000 元的信用额度，并启动信用控制。

③ 销售员王勤接到客户北京龙发电子贸易公司的订单，订购（A00001）BM Infoprint 1312 喷墨打印机 100 件、（C00001）华硕 Intel AMX 主板 100 件。

④ 销售员王勤在 SBO 系统中录入客户订购物料，在添加保存时，系统告知该客户的欠款将超出该客户的信用，拒绝销售订单的生成。

⑤ 销售员王勤认为该客户一直合作良好，应给予更高的信用授权，以便业务的正常进行，因此把该问题反馈到销售经理，要求把该客户的信用提高到 200 000 元，并同时把该销售订单保存为草稿。

⑥ 销售经理研究后，认为该客户确实为公司优质资源，应给予更多的信用授权，因此通过公司内部的主数据维护流程，提请系统技术维护人员更改该客户的信用金额。

⑦ 销售员王勤在技术人员修改完信用限额后，把销售订单草稿从系统中查询出并重新确认成正式销售订单，同步打印发给相关公司、后勤部门执行。

- 业务场景 04-根据销售订单创建采购

① 部分贸易公司,尤其是外贸公司习惯于在接到客户订单后按照客户的订单要求从外部采购,本业务场景支持的是直接根据销售订单创建采购订单以便于采购顺利开展后续业务。

② 销售员接到国外公司(C70000)安捷公司的订单需求,订购(P10001)"PC - P4 2.4G,DDR 512M,400G HD"10 件、(P10002)"PC-P4 2.4G,DDR 1024M,400G HD" 10 件,要求在 14 个工作日内通过远洋货运发出。

③ 销售员王勤根据客户需求在系统中创建销售订单,并设置该客户要求的 SHIPDATE 时间,以及客户的工作语言,并按照客户的语言打印出相关单据,并把相关销售订单传递到采购部门要求采购部门采购。

④ 采购部门在系统中查到相关销售订单,并通过销售订单的生产采购订单的按钮选项分配相关供应商生产草稿状态的采购订单。

- 业务场景 05—客户要求停止订单继续执行

订单执行过程中,客户因为各种原因要求停止销售订单的继续执行,公司业务人员与客户协商后,根据订单的状况进行相应的取消或关闭处理。

10. 销售交货业务场景

- 业务场景 01—按订单全额交货

① 销售员王勤(A004)按客户北京龙发电子贸易公司的定货要求在系统中创建销售订单,订购(A00001)BM Infoprint 1312 喷墨打印机 2 件、(C00001)华硕 Intel AMX 主板 2 件,并要求在订单下达后 5 个工作日内交付。

② 销售员王勤打印该销售订单并把该订单传送到仓储部门,要求仓储部门及时按订单规定的送货地址送货。

③ 仓库管理员王丽(A006)接到销售订单后,检查仓库库存,在库存足够情况下按照该销售订单创建交货。

④ 王丽打印相关交货单,并把该交货单与货物一起交付运输责任人或外协运输单位按交货单地址送货。

- 业务场景 02—按订单部分交货

① 销售员王勤(A004)按客户北京龙发电子贸易公司定货要求在系统中创建销售订单,订购(A00001)BM Infoprint 1312 喷墨打印机 2 件、(C00001)华硕 Intel AMX 主板 2 件,并要求在订单下达后 5 个工作日内完全交付,但在库存不足时允许部分交货。

② 销售员王勤打印该销售订单并把该订单传送到仓储部门,要求仓储部门及时按订单规定的送货地址送货。

③ 仓库管理员王丽(A006)接到销售订单后,检查仓库库存,发现(A00001)IBM Infoprint 1312 只有 1 件,(C00001)华硕 Intel AMX 主板缺货,应该客户允许部分交货,因此根据订单创建(A00001)IBM Infoprint 1312 的销售交货单。

④ 王丽打印相关交货单,并把该交货单与货物一起交付运输责任人或外协运输单位按交货单地址送货。

- 业务场景 03—负库存销售

① 在实际业务场景中,会出现入库与出库业务不能协调一致的情况,往往货物不能及时办理入库,但货物的出库又不能因等待入库手续的履行而停滞所采用的权宜方法。

② 在该业务场景中，系统通过特别配置也允许在库存不足时创建销售交货，但该业务场景应针对实际业务场景进行分析，非必要情况下应禁止使用

- 业务场景 04—客户要求退货（应收发票未确认）

① 客户北京龙发电子贸易公司订购（A00001）BM Infoprint 1312 喷墨打印机 2 件、（C00001）华硕 Intel AMX 主板 2 件，在收到货后发现（C00001）华硕 Intel AMX 主板 2 件存在质量问题，要求退货。

② 销售员王勤接到客户退货请求后，确认货物存在问题，允许该部分物料退回公司，并通知仓库接收该部分退货。

③ 仓库管理员王丽（A006）接到该退回货物后，在系统中根据原销售发货单创建销售退货单，并打印单据传递到客户。

- 业务场景 05—客户要求交货（应收发票未确认）

① 客户北京龙发电子贸易公司发现（A00001）IBM Infoprint 1312 喷墨打印机 1 件存在质量问题，要求退货。

② 销售员王勤经过调查，确认该货物非因对方保管出现的故障，且在质量保证期内，因此通知仓库办理退货手续。

③ 仓库管理员王丽（A006）接到该退回货物后，在系统中直接创建销售退货单，并打印单据传递给客户。

- 业务场景 06—信用控制

① 公司要求加强对客户北京龙发电子贸易公司进行重点信用控制，在交货时如果超出该客户信用禁止发货。

② 仓库管理员王丽（A006）接到销售订单后，创建销售交货，并检查信用状况，在本次交货超出信用时通知销售员王勤。

③ 销售员王勤在接到通知后，通知客户对前笔货款进行清理，并在货款付出后通知仓储部门发货，仓储部门定期检查未清的销售订单，在客户货款得到清理情况下，重新创建交货发出货物。

11. 销售应收发票业务场景

- 业务场景 01—按交货创建应收发票

① 销售员王勤（A004）按客户北京龙发电子贸易公司的定货要求在系统中创建销售订单，订购（A00001）BM Infoprint 1312 喷墨打印机 2 件、（C00001）华硕 Intel AMX 主板 2 件，并要求在订单下达后 5 个工作日内交付。

② 销售员王勤打印该销售订单并把该订单传送到仓储部门，要求仓储部门及时按订单规定的送货地址送货。

③ 仓库管理员王丽（A006）接到销售订单后，检查仓库库存，在库存足够情况下按照该销售订单创建交货，并打印相关交货单随货同行一份到客户，一份到财务。

④ 财务宋凯（A005）接到交货单后根据交货单创建应收发票，增加销售收入、应收账款，并通过增值税控机打印增值税发票。

- 业务场景 02—按退货创建贷项凭证

① 客户北京龙发电子贸易公司在盘点仓库时发现（A00001）IBM Infoprint 1312 喷墨打

印机 1 件存在质量问题，要求退货。

② 销售员王勤经过调查，确认该货物非因对方保管出现的故障，且在质量保证期内，因此通知仓库办理退货手续。

③ 仓库管理员王丽（A006）接到该退回货物后，在系统中直接创建销售退货单，并将打印单据传递到客户，同时传递一份退货单到财务。

④ 财务宋凯（A005）接退货单后，通过应收贷项凭证功能应收贷项发票，系统自动减少销售收入、应收账款，同时向税务机构申请，打印红字发票邮递给客户作为账务处理依据。

- 业务场景 03——按应收发票创建贷项凭证（发票出现错误）

① 销售员王勤（A004）按客户北京龙发电子贸易公司的定货要求在系统中创建销售订单，订购（A00001）BM Infoprint 1312 喷墨打印机 2 件、（C00001）华硕 Intel AMX 主板 2 件，并要求在订单下达后 5 个工作日内交付。

② 销售员王勤打印该销售订单并把该订单传送到仓储部门，要求仓储部门及时按订单规定的送货地址送货。

③ 仓库管理员王丽（A006）接到销售订单后，检查仓库库存，在库存足够情况下按照该销售订单创建交货，并打印相关交货单随货同行一份到客户，一份到财务。

④ 财务宋凯（A005）接到交货单后根据交货单创建应收发票，增加销售收入、应收账款，并通过增值税控机打印增值税发票邮递到客户。

⑤ 客户接到发票后，发现该发票存在问题，把发票退回到公司，并要求公司重新开具。

⑥ 财务宋凯（A005）接到退回的发票经过确认，发现该发票总金额、税款、不含税金额的相互运算关系不匹配，需要修改。

⑦ 财务宋凯（A005）在系统中填写根据该应收发票创建贷项凭证，系统自动冲销销售收入、应收账款、税金，同时也把原始发货库存冲回。

⑧ 财务宋凯（A005）在系统中找到相关应收发票单据，重新复制一份创建新的交货发票，并调整销售金额；但该发票由于没有根据交货创建，因此该应收发票不仅增加应收、收入、税金，也将导致库存减少。

⑨ 财务宋凯根据此新发票在增值税控系统中打印增值税发票并邮递到客户。

- 业务场景 04——客户把发票与货物同时退回

① 销售员王勤（A004）按客户北京龙发电子贸易公司的定货要求在系统中创建销售订单，订购（A00001）BM Infoprint 1312 喷墨打印机 2 件、（C00001）华硕 Intel AMX 主板 2 件，并要求在订单下达后 5 个工作日内交付。

② 销售员王勤打印该销售订单并把该订单传送到仓储部门，要求仓储部门及时按订单规定的送货地址送货。

③ 仓库管理员王丽（A006）接到销售订单后，检查仓库库存，在库存足够情况下按照该销售订单创建交货，并打印相关交货单随货同行一份到客户，一份到财务。

④ 财务宋凯（A005）接到交货单后根据交货单创建应收发票，增加销售收入、应收账款，并通过增值税控机打印增值税发票邮递到客户。

⑤ 客户认为该批货物存在严重质量问题，把该批货物与发票一并退回公司，财务据此创建应收贷项凭证，仓储不再填写相关退库凭证。

12. 采购订单业务场景

① 2009 年 3 月 26 日采购人员钱国钧根据 MRP 物料需求计划（方案号 200903），向供应商 V80000 南京天地信息设备有限公司采购物料 C00006 10/100MB 网卡 675 件，物料价格由供应商主数据关联的价格清单自动获得，要求交货日期为 2009 年 4 月 12 日。

② 2009 年 3 月 26 日，采购人员钱国钧根据仓库部门提供经审批的采购申请 A00002 IBM Infoprint 1222 喷墨打印机 50 件，作为临时性采购，向供应商 V1010 珠海信达电子公司下达采购订单，要求交货日期为 2009 年 4 月 5 日，物料价格由供应商主数据关联的价格清单自动获得。

③ 2009 年 3 月 26 日，销售员王勤接到客户订单对产品 A00005 HP Color Laser Jet 4 激光彩色打印机要货 180 件，由于公司剩余存货不足，并经公司管理层决定直接转成向供应商 V1010 珠海信达电子公司采购，并把对客户的交期作为对供应商的要求交货期为 2009 年 4 月 20 日，物料价格由供应商主数据关联的价格清单自动获得。

④ 2009 年 3 月 26 日，采购人员钱国钧收到研发部门提供的采购请求：内存条，要求型号为 DDR2 800 2G，数量为 50 件，要求交货时间为 2009 年 4 月 7 日，由于产品正在测试阶段，所需采购物料并没有在系统中正式编码，钱国钧与各家供应商联系后，供应商 V80000 南京天地信息设备有限公司可以提供该产品，报价为 165 元/件，经价格管理员核准价格后在系统中下达采购订单。

13. 采购入库业务场景

① 2009 年 4 月 3 日，供应商 V1010 珠海信达电子公司送货到公司，分别对应第 89 号、第 90 号采购订单，相关物料、数量分别为 A00002 IBM Infoprint 1222 喷墨打印机 50 件，A00005 HP Color Laser Jet 4 激光彩色打印机 100 件，经质检人员抽检检验合格后，仓库人员陈强点料入库，并根据送货单和质检单在系统中办理采购收货业务。

② 2009 年 4 月 3 日收到供应商 V60000 大连威海公司提供的货品，物料明细为 888888 IE 复刻版 10 件和 999999 双飞燕 MX 鼠标 30 件，同时产生其他费用 100 元，要求按数量分摊到物料成本。

2009 年 4 月 3 日收到 84、85 号收货采购订单的运费发票，金额为 300 元，需要分摊到对应收货采购订单的入库成本中。

③ 续业务①，2009 年 4 月 3 日，生产人员在实际领用过程中发现 A00005 HP Color Laser Jet 4 激光彩色打印机出现不良品 5 件并退回仓库，由采购人员与供应商协商办理退货，根据合同约定供应商同意无条件退货，仓库人员陈强根据采购人员开具的退货单，安排不良品出库并由供应商带回。

14. 采购应付发票业务场景

场景 1：应付发票

① 参照采购收货订单创建应付发票：采购人员收到供应商提供发票，提交财务，根据已有收货采购订单，对应在系统中录入应付发票。

② 假设采购管理流程简单化，在收货的同时，直接收到供应商提供的应付发票。

场景 2：应付贷项凭证

① 在收到应付发票后，发现货物存在质量问题，要求退货。

② 在操作应付发票时发生失误，要求对应付发票进行冲销。

③ 月末盘点仓库，发现有货物存在质量问题，但由于时间久远，只有供货的供应商信息可查，要把该批物资退回供应商并抵扣该供应商的应付账款。

场景3：应付预留发票

在签订供货合同前，供应商与我公司约定，先提供发票才能交货，本月收到该供应商提供的发票。

15. 库存收发货业务场景

① OEC 中国有限公司给 C30 000 客户进行代加工生产一批产品：100 台激光打印机 HP1600P。原料为强化塑胶颗粒（灰白）100 公斤，由 C30 000 客户提供并放在 OEC 中国有限公司的客供库管理。

② OEC 中国有限公司实验室为了检测产品激光打印机 HP1600P 的打印次数寿命，从产品仓库领了一台到实验室做实验，实验后的打印机将报废。

③ OEC 中国有限公司在上海有销售部门和仓库，需要将 20 台激光打印机 HP1600P 转到上海的仓库便于销售及时供货。

④ OEC 中国有限公司为了生产激光打印机 HP1600P，需要用到 30cm（长）× 50cm（宽）× 55mm（厚）规格尺寸的钢板，而 OEC 中国有限公司购买的原料是钢卷：300m × 1m × 5mm，这样规格的钢卷重量为 2 吨，需要把这样的钢卷给外面的加工商加工厂成钢板，但是 OEC 中国有限公司为了检查加工商在加工过程中是否有合理损耗或偷料（提供的钢卷是 2 吨，实际回来的钢板是 1 吨）。SBO 中采用以下方案处理：首先在系统通过转储将钢卷转到加工商仓库（实际货物也发出，记录钢卷编号），加工商加工后在系统登记收到的钢板的数量（张数）和对应的裁剪的钢卷编号。然后通过系统的自定义报表查询收到的该钢卷编号的重量和对应的钢板重量（单张重量 X 张数）之间的差值来分析是否合理损耗。如果在合理损耗内，可将加工商的仓库内的钢卷通过库存交易-发货发掉（加工掉了）。如果不在合理范围内，应收回的钢卷数量再通过库存转储的方式收回到 OEC 中国有限公司的原料仓库。

16. 物料需求计划业务场景

为了降低库存，改变以前完全按库存生产的内部供给方式，加强供、产、销部门之间的联系，公司决定启用 SBO 系统中的 MRP 模块。根据 ERP 系统服务商咨询顾问的要求，企业需要设定如表 9-28 所示的计划参数。

表 9-28 计划参数

序　号	内　容	路　径	备　注
1	消耗预测	管理 → 系统初始化 → 一般设置	库存→计划
2	采购件默认供应商	库存 → 物料主数据	采购页面
3	计划方法	库存 → 物料主数据	计划数据页面
	采购方法		
	订单周期		
	多重订单		
	经济批量		
	提前期		

① 根据公司的产销形态，做下月按周的销售预测。根据按周的销售预测运行 MRP，使系统自动产生供给订单，数据如表 9-29 所示。

表 9-29　订单数据

物 料 编 号	物 料 名 称	下月第一周	下月第二周	下月第三周	下月第四周
A1007	高尔夫球	600	600	600	600

② 公司接到客户深圳特达外贸公司（C60000）订购溜冰板（V002）1 000 块，要求发运日期为 3 月 20 日，客户对包装有特殊要求，不能使用库存数量及正在生产的数量，需要单独生产。请根据此信息安排采购计划和生产计划。

③ 公司接到客户深圳特达外贸公司（C60000）订购高尔夫球（A1007）2 000 个，要求发运日期为 3 月 15 日。请运行 MRP，保证交货期。

17. 生产发货业务场景

① 现在仓库没有溜冰板（V002）的库存，但根据销售情况，需要在 3 月 15 日生产出 60件，根据经验损耗率，需要下单的数量是 63 件。创建标准生产订单。

② 3 月 15 日入库的 63 件溜冰板（V002），有两件的轮子有问题，需要更换。创建特殊生产订单。

③ 3 月 15 日入库的 63 件溜冰板（V002），有 1 件报废品，需要把能用的零部件拆装入库。创建分装生产订单。

18. 委外生产场景

① 企业没有启用生产模块，出于配方的高度保密性，也没有在 SBO 中输入 BOM 数据。现在有一批产品需要外包给北京海龙电子公司（V10000）生产，具体数据如表 9-30 所示。

表 9-30　数据

上级/下级	物 料 编 号	物 料 名 称	数量/件	备 注
上级	VC001	名发油漆	100	加工单价为 5 元/件
下级	A8001	油漆原料 1	90	普通采购价格
下级	A8002	油漆原料 2	100	普通采购价格

② 公司业务扩展太快，溜冰板（V002）供不应求，生产能力成了瓶颈。但由于未来经济形势的不确定性，公司董事会没有批准扩大生产能力的提案。现在有 20 000 件溜冰板公司来不及组装，需要外包给北京海龙电子公司（V10000），加工费是 1 元/件。

参考文献

[1] Laudon, Kenneth C. Pearson.Management Information Systems，Prentice Hall，2011

[2] Stephen Haag，Management Information Systems for the Information Age，Irwin/McGraw-Hill，2007

[3] Grant, Kevin Hackney, Ray Edgar, David Cengage, Strategic Information Systems, Learning Business Press，2009

[4] Mutsaddi, Ashutosh.Configuring SAP ERP Sales and Distribution，SYBEX INC，2010

[5] Norris, Grant, Hurley, James R., Hartley, Kenneth M., Dunleavy, John R. E-Business and ERP: Transforming the Enterprise，Wiley，2000

[6] Gardiner, Geoff.Open Erp for Retail and Industrial Management，Tiny Sprl，2011

[7] Kremzar, Mike John .Erp: Making It Happen; The Implementers' Guide to Success with Enterprise Resource Planning，Wiley & Sons，2011

[8] Magal, Simha R., Word, Jeffrey.Integrated Business Processes with ERP Systems，Wiley，2011

[9] Mcleod.R，George P.Schell.管理信息系统(第9版).北京：北京大学出版社，2006

[10] 周跃进.企业资源管理控制一体化. 北京：机械工业出版社，2011

[11] 陈兵著.倍增式经营：企业资源高效利用黄金法则. 南京：凤凰出版社，2011

[12] 郑称德，陈曦.企业资源计划(ERP) . 北京：清华大学出版社，2010

[13] 常丹.企业资源规划（ERP）综合实训. 北京：中央广播电视大学出版社，2008

[14] 朱岩，敬娟琼.企业资源规划教程. 北京：清华大学出版社，2008

[15] 刘红军.企业资源计划（ERP）原理及应用. 北京：电子工业出版社，2008

[16] 程国卿，吉国力.企业资源计划（ERP）教程. 北京：清华大学出版社，2008

[17] 张涛. 企业资源计划（ERP）原理与实践. 北京：机械工业出版社，2010

[18] 陈孟健.企业资源计划（ERP）原理及应用（第2版）. 北京：电子工业出版社，2010

[19] 杨尊琦，林海.企业资源规划（ERP）原理与应用.北京：机械工业出版社，2006

[20] 杨建华，张群，杨新泉.企业资源规划与流程再造.北京：清华大学出版社，2007

[21] 潘宪生.企业业务流程重组.北京：科学出版社，2004

[22] 王茁，顾洁.三位一体的商务智能（BI）——管理、技术与应用.北京：电子工业出版社，2004

[23] 路明.客户关系管理理论与实务.北京：电子工业出版社，2004

[24] 罗鸿.ERP原理、设计、实施（第3版）——信息化经典丛书.北京：电子工业出版社，2005

[25] 饶艳超.我国ERP系统实施应用问题研究.上海：上海财经大学出版社，2005

[26] 黄小原，卢震，赵晓煜.ERP理论与构建.北京：科学出版社，2006

[27] 杜作阳.企业资源计划应用教程.武汉：华中科技大学出版社，2005

[28] 朱江，陆娜，韦海英.企业资源计划.广州：广东经济出版社，2006

[29] 曹汉平，王强.信息系统开发与 IT 项目管理.北京：清华大学出版社，2006

[30] 胡彬.ERP 项目管理与实施.北京：电子工业出版社，2004

[31] 程控.MRPII/ERP 实施与管理.北京：清华大学出版社，2003

[32] 李健.企业资源计划（ERP）及其应用.北京：电子工业出版社，2004

[33] 傅德彬.ERP 实施宝典.北京：国防工业出版社，2004

[34] 陈庄.ERP 原理与应用教程.北京：电子工业出版社，2006

[35] 闪四清.ERP 系统原理和实施.北京：清华大学出版社，2006

[36] 陈孟建.企业资源计划（ERP）原理及应用.北京：电子工业出版社，2006

[37] 宋卫.企业资源计划（ERP）原理与实施. 北京：机械工业出版社，2006

[38] 张世询.ERP 精髓与实施.北京：电子工业出版社，2005

[39] 牛鱼龙.ERP 知识与应用.深圳：海天出版社，2005

[40] 郑宽明，何宁.企业资源计划–理论 实践，北京：科学出版社，2004

[41] 李嘉平，翁锦萍编著.大型 ERP 实施全接触 Step By Step.北京：电子工业出版社，2004

[42] 许建刚，王新玲等编著.ERP 应用教程.北京：电子工业出版社，2005

[43] 李健.企业资源计划（ERP）及其应用.北京：电子工业出版社，2004

[44] 罗鸿，王忠民.ERP 原理 设计 实施（第二版）.北京：电子工业出版社，2003

[45] 汪国章.ERP 原理实施与案例. 北京：电子工业出版社，2003

[46] 制造业信息化门户网　http://erp.e-works.net.cn/erp/

[47] IT168 技术频道　http://tech.it168.com/erp/index.shtml

[48] ERP 十万个为什么　http://www.erpwhy.com/

[49] ERP 百科网　http://www.erpwiki.com.cn

[50] 比特网　http://www.chinabyte.com/